一関市博物館［編］

学問の家 大槻家の人びと

玄沢から文彦まで

吉川弘文館

刊行にあたって

明治二十二年（一八八九）から二十四年にかけて、日本初の本格的な国語辞典とされる『言海《げんかい》』全四冊が出版された。諸外国に並び立つ近代的な国家として必要な日本語の統一を形にした国語辞書がようやく世に出されたのである。明治八年（一八七五）、文部省に勤めていた大槻文彦《おおつきふみひこ》は、国語辞書編纂《へんさん》を命じられた。それは文彦が、和漢洋の学に通じていると認められてのことという。『言海』のあとがきにあたる「ことばのうみのおくがき」に、「おのれは漢学者の子にて、わづかに家学を受け、また、王父が蘭学の遺志をつぎて、いさゝか英学を攻めつるのみ、国学とては、さらに師事せしところなく、受けたるところなく、たゞ、おのが好きとて、そこばくの国書を覧わたしつるまでなり」と自ら謙遜気味に綴《つづ》っている。漢学者の父は大槻磐渓《ばんけい》、王父（祖父）は、大槻玄沢《げんたく》である。

大槻玄沢（一七五七—一八二七）は、現在の岩手県一関市域にあった中里村に生まれ、二二歳の時に江戸に出て、『解体新書』を著したことで有名な杉田玄白に医学を、前野良沢にオランダ語を学び、彼らの跡を継いで蘭学を発展させた。蘭学の入門書『蘭学階梯《らんがくかいてい》』、杉田玄白の命により『解体新書』を改訳した『重訂解体新書』をはじめ多数の著書を残すとともに、わが国最初の蘭学塾「芝蘭堂《しらんどう》」を開き、全国で蘭学や医療の分野で活躍した人材を育て、日本の外国語学習と科学の発達に大きく貢献した。

文彦の父磐渓（一八〇一—一八七八）は、玄沢の二男で、玄沢がオランダ語の翻訳に当時の学術用語である漢文の知識が重要と考えていたことから、漢学者になるべく育てられた。磐渓は、その期待に応える一方で、西洋砲術を学び文武両道の道を究めて仙台藩に仕えた。またペリー来航時は、開国論を幕府に上書し、戊辰戦争時は、佐幕、開国論を唱え、奥羽《おうう》越列藩同盟《えつれっぱんどうめい》の結成にも関わり、仙台藩が降伏した後には戦犯として捕えられるなど波乱の生涯を送った。

文彦（一八四七―一九二八）は、幕末には仙台藩に仕え、明治になると文部省に入省し、辞書の編纂を命じられた。文法研究から始めさまざまな困難を乗り越えて、着手してから一六年後に、文部省からではなく自費出版という形で、三万九一〇三語を収録した『言海』を完成させた。文彦には国語学の外、歴史・伝記・地誌などの著作もある。

以上の三人が大槻三賢人といわれるが、玄沢の長男玄幹《げんかん》（一七八五―一八三七）は、父の跡を継いで仙台藩医となり、父同様に幕府が設けた蛮書和《ばんしよわ》解《げ》御《ご》用《よう》を勤め蘭書の翻訳作業に従事し、日本初のオランダ文法書といわれる『蘭学凡《らんがくはん》』や『西音発微《せいおんはつび》』などの著作を残した蘭学者であった。また、磐渓の二男で文彦の兄如電《じよでん》（一八四五―一九三一）も博識の学者として知られる。漢学、国学を学び、慶応二年（一八六六）に磐渓が隠居すると家督を相続、明治五年（一八七二）に文部省に入り字書取調掛、教科書編集などに携わったものの、二年後に退官し、翌年家督を弟の文彦に譲っている。その後は、洋学史研究のほか、和漢洋の学から音曲、舞踊など多方面に才能を発揮し、『日本洋学年表』『日本全図暗射指南譜』などの著作を残し、祖父と父の伝記『磐水事略』『磐渓事略』を執筆出版するなど先人顕彰に力を尽くした。文彦が国学を学んだのは、この二歳上の兄の影響もあるだろう。

磐渓の号は、奥羽山脈を源に、中流の名勝厳美《げんび》渓《けい》を経て北上川に合流する、一関を流れる磐井川にちなんでいる。磐渓は江戸生まれでありながら、父の故郷一関を慕い、それはのちの如電、文彦兄弟にも受け継がれている。一関は、単に玄沢の生まれた地というだけでなく、そこには宗家《そうけ》（本家）があり、一族の要の地であった。宗家は、仙台藩領の西岩井の一三ヵ村を束ねる大肝入《おおきもいり》を勤めた家である。歴代の当主は、和歌や俳諧、葛西氏の歴史研究において功績のある四代清慶《きよよし》（丈吉《じょうきち》）、江戸の昌平黌《しょうへいこう》に学び、大肝入の立場から時代の変化に対応した施策を仙台藩に献策した七代清臣《きよおみ》（丈作《じょうさく》）に代表されるように、行政上だけでなく文化的な面でも地域を支えるリーダーであった。

また大槻家には、玄沢から始まる江戸の分家のほかに、仙台の分家があった。仙台藩の藩校養賢堂《はんこうようけんどう》の学頭を四〇年余り勤めた平泉《へいせん》、その跡を継いで学頭となった習斎《しゅうさい》親子である。一関の宗家、江戸と仙台の分家は、相互に助け合い影響し合いながら、それぞれの分野で活躍した学者を輩出したのである。

令和五年（二〇二三）六月二十七日、一関市所蔵の大槻家関係資料四〇四八点が国の重要文化財に指定された。江戸大槻家に関連する資料が「我が国の歴史上重要な事象又は人物に関する遺品で歴史的または系統的にまとまって伝存し、学術的価値の高いもの」と評価されたものである。

江戸大槻家の資料は、磐渓から文彦へ伝えられたもの、文彦自身に関する資料が中心となっているが、磐渓の兄玄幹、仙台の大槻家、文彦の姉が嫁いだ福山藩医森家、それぞれの家系が途絶えた際に文彦に託され、また如電が関東大震災で焼け出され文彦の家に身を寄せたことにより、はからずも一族の資料が文彦の元に集まることとなった。如電の実子で文彦の養子となった茂雄《しげお》が受け継ぎ、一部の資料は静《せい》嘉《か》堂文庫《どうぶんこ》や早稲田大学などに納められ、早稲田大学図書館の大槻玄沢関係資料は平成六年（一九九四）に重要文化財に指定されている。ご子孫の厚意により一関市に寄贈されたもの、また研究者などの手を経て収蔵されたものも含めて、今回の指定となっている。

重要文化財大槻家関係資料は、著述稿本類四一五点、文書・記録類二八五九点、書画類二二二点、典籍類一九〇点、器物類一九五点、写真一六七点で構成された一括資料である。時代としては江戸時代から昭和まで含まれ、歴代の学者の著作、書画、詩歌作品をはじめ、それら作品の背景となる草稿や調査資料、記録類、書籍印刷のための版木、写真、書簡、愛用の品や収集品など、多彩なもので構成されている。

今後、必要な修理保存処置を行いながら、未来に伝えていくとともに、研究し活用していかなければならない。本書は、その入口に立って、学問の家大槻家のアウトラインとともに、今後の研究や活用の可能性を知っていただきたいという願いのもとにまとめたものである。

令和六年十月十日

一関市博物館

目次

＊カバー（表）図版解説
司馬江漢作「地球図」は、日本初の銅版世界図。大槻玄沢がオランダ語書物を翻訳したことで、銅版画の制作に成功した。原図は、玄沢がオランダ人より入手したもの。
＊本文中の写真図版のうち、断りのないものは、一関市博物館の所蔵である。

大槻家略系図

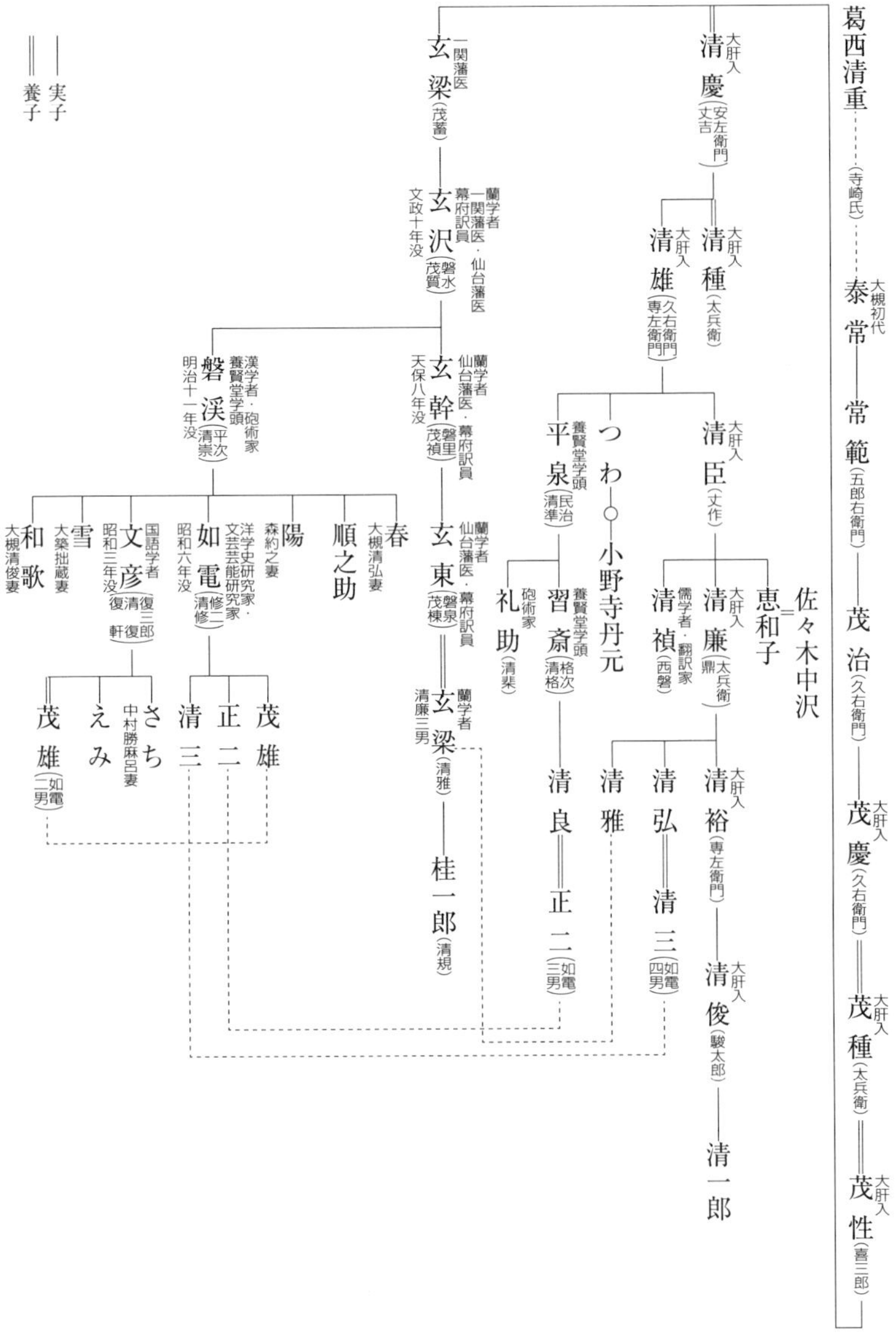
葛西清重（寺崎氏）
泰常〔大槻初代〕
常範（五郎右衛門）
茂治（久右衛門）
茂慶〔大肝入〕（久右衛門）
茂種〔大肝入〕（太兵衛）
茂性〔大肝入〕（喜三郎）
清慶〔大肝入〕（安左衛門 丈吉）
清種〔大肝入〕（太兵衛）
清雄〔大肝入〕（久右衛門 専左衛門）
清臣〔大肝入〕（文作）
つわ
小野寺丹元
平泉 養賢堂学頭（民治 清準）
佐々木中沢
恵和子
清廉〔大肝入〕（太兵衛 鼎）
清禎 儒学者・翻訳家（西磐）
習斎 養賢堂学頭（格次 清格）
礼助 砲術家（清棐）
清裕〔大肝入〕（専左衛門）
清弘
清雅
清俊〔大肝入〕（駿太郎）
清一郎
清三（如電四男）
清良
正二（如電三男）
玄梁 一関藩医（茂蕃）
玄沢 蘭学者 一関藩医・仙台藩医 幕府訳員 文政十年没（磐水 茂質）
玄幹 蘭学者 仙台藩医・幕府訳員 天保八年没（磐里 茂禎）
磐渓 漢学者・砲術家 養賢堂学頭 明治十一年没（平次 清崇）
玄東 蘭学者 仙台藩医・幕府訳員（磐泉 茂棟）
玄梁 蘭学者 清廉三男（清雅）
桂一郎（清規）
春 大槻清弘妻
順之助
陽 森約之妻
如電 洋学史研究家・文芸芸能研究家 昭和六年没（修二 清修）
文彦 国語学者 昭和三年没（復三郎 清復 復軒）
雪 大築拙蔵妻
和歌 大槻清俊妻
茂雄
正二
清三
さち 中村勝麻呂妻
えみ
茂雄（如電二男）
—— 実子
＝ 養子

大槻家の人びと

相馬美貴子

はじめに

「西に頼《らい》氏あり東に大槻《おおつき》氏あり」。江戸時代後期の儒学者松崎慊堂《こうどう》（一七七一―一八四四）が、江戸時代中期・後期に儒学者・詩人、あるいは歴史家などとして名をなした頼春水《しゅんすい》（一七四六―一八一六）、頼山陽《さんよう》（一七八〇―一八三二）、頼三樹三郎《みきさぶろう》（一八二五―一八五九）らを輩出した広島の頼家と並び賞し、大槻家を学問の一族として称えた言葉という（大槻如電―一九一二年）。

「大槻氏」の学者とは、松崎と同時代に江戸蘭学の中心人物として活躍していた大槻玄沢《げんたく》（磐水《ばんすい》）（一七五七―一八二七）、その息子玄幹《げんかん》（一七八五―一八三八）、磐渓《ばんけい》（一八〇一―一八七八）、仙台藩の藩校養賢堂《ようけんどう》の学頭《がくとう》であった大槻平泉《へいせん》（一七七三―一八五〇）、習斎《しゅうさい》（一八一一―一八六五）、平泉の甥で、儒学者であり海外情報にも目を向けた大槻西磐《せいばん》（―一八五七）のことであろう。その後、磐渓の二人の息子大槻如電《じょでん》（一八四五―一九三一）、文彦《ふみひこ》（一八四七―一九二八）も父祖に続き明治から昭和にかけて学問の道で業をなした。松崎の言葉は、この兄弟のことをも予想していたかのようである。

一関には一族の宗家（本家）があり、そこから玄沢から始まる江戸の分家と、平泉に始まる仙台の分家が生まれた。大槻家について研究されてきた大島英介氏は、一関の宗家（本家）を根、仙台の分家を葉、江戸・東京の分家をそれらの栄養を十分に吸って咲いた大輪の華に例えている（大島英介―一九九九年）。その姿は、どのようなものであったのか、具体的に、みていこう。

図１　大槻丈作肖像　『近世名家肖像図巻』より　東京国立博物館所蔵　出典：Colbase（https://colbase.nich.go.jp/collection_items/tnm/A-9153?locale=ja）

一　宗家・大槻家の人びと

大槻家の先祖

大槻家の人びとをはじめ、優れた学者を輩出した一関市は、岩手県南部に位置し、秋田県、宮城県に接しているが、江戸時代、現在の岩手県南部は、宮城県全域と福島県新地町に続く地域を領有する仙台藩伊達氏の支配下にあった。そのうち、現在のＪＲ一ノ関駅西側一帯は、仙台藩の分家大名田村氏一関藩の城下町であった。田村氏は、飛び地を含め六二万石の仙台藩の中に、三万石を分けられた内分分家大名《ないぶんぶんけだいみょう》である。

大槻の宗家は、仙台藩領の磐井郡西岩井一三ヵ村（中里《なかさと》村・前堀《まえぼり》村・作瀬《さくのせ》村・細谷《ほそや》村・樋口《ひぐち》村・山目《やまのめ》村・赤荻《あこおぎ》村・五串《いつくし》

村・猪岡《いのおか》村・平泉村・達谷《たっこく》村・中尊寺村・戸河内《へかない》村）の肝入《きもいり》を束ねる大肝入《おおきもいり》を代々勤めた家である。屋敷は、中里村内にあるが、中里村の町場は隣村山目村の町場へ続き奥州街道の宿駅《しゅくえき》山目町と呼ばれた。そのため、宗家の所在地は、中里、しばしば山目とも称されている。

宗家の系譜は、おおよそ如電の著した『磐水事略』で触れられているが、同家に残る系図類から若干補足しつつ述べていきたい。

大槻家の先祖は、中世の葛西《かさい》一族の寺崎氏から出ている。平泉藤原氏を滅亡させた源頼朝は、御家人葛西清重《きよしげ》を奥州惣奉行に任命して軍事・警察方面を管掌させ、現在の宮城県北部および岩手県南部にあたる牡鹿《おしか》、気仙《けせん》、磐井《いわい》、胆《い》沢《さわ》、江刺《えさし》の五郡と、黄海《きのみ》、興田《おきた》の二保《ほ》を与えた。その後葛西氏は、桃生《ものう》郡、登米《とめ》郡、本吉《もとよし》郡を加えた一帯を支配する戦国大名へと成長した。しかし、葛西晴信は、天正十八年（一五九〇）、豊臣秀吉の小田原出陣に際して遅参の罪を問われて領地を没収され、佐沼城（現宮城県登米市）の一戦で敗れた。四〇〇年余り続いた葛西氏は滅亡に至ったのである。

清重の孫である清次《きよつぐ》の家系は、桃生郡（現宮城県石巻市）の寺崎城を居城とし、代々寺崎氏を称していた。一二代信泰のとき、その弟の泰常《やすつね》は千葉氏を称し一〇万刈の地を支配し、金沢《かざわ》の飯倉《いいくら》（現一関市花泉町）に居館を造り移り住んだ。館内に槻の巨木があったことから「大槻殿」と呼ばれていた。

天正十六年（一五八八）、浜田安房守《あわのかみ》広綱が反乱を起こしたとき、泰常は宗家の葛西晴信に従って浜田を討ち、その戦功で七千刈の地を加増された。このとき、大槻を姓とし大槻但馬守《たじまのかみ》と称したといい、この泰常が大槻家の初代となる。

泰常は、天正十八年、葛西氏の没落により領地を失い、翌年、葛西家再興を目的として兵を起こすも伊達政宗に敗れて、桃生郡糠塚《ぬかづか》（現宮城県石巻市）で討死した。その子の常範《つねのり》は家臣の増子某に助けられて赤荻村に逃れて土着し、その子の茂治《しげはる》の二代にわたって開墾を行い十数町歩の田畑を起こしたという。

仙台藩大肝入

その子の茂慶《しげよし》（久右衛門）の時、万治二年（一六五九）、赤荻村（現一関市）の肝入となり、天和二年（一六八二）に仙台藩領磐井郡西岩井の大肝入となった。大肝入とは配下に村の肝入を従え、藩の代官に直属するもので、村役人としては民政上の最高職として、藩と百姓の間を取次ぎ、郡内の年貢などの徴収や事件・争論の裁定にもあたった。藩から五〇石の知行地または年に金五両が支給され、年貢などの免除、苗字帯刀が許可されるなどの特権が与えられていた。

大肝入としての初代は茂慶であるが、茂慶には子がなく親戚筋からの養女に登米伊達氏の家臣から養子として迎えた茂種《しげたね》（太兵衛）に継がせた。二代茂種は、赤荻村から山目に転居し、以来大槻家は代々その地に住むこととなった。文彦は自身がまとめた系譜に、茂種のことを「家事を整へ生産ヲ起シ田陌等ヲ買入ル皆此時ヨリナリト云」「茂種生レテ厳毅身丈六尺容貌威ありて荘端治民生産ノ才アリシト云」と伝えている。茂種は、先代茂慶の養女に婿茂性《しげうじ》（喜三郎）を迎えた。三代茂性は、娘に上伊沢郡の大肝入千田《ちだ》家から清慶《きよよし》（丈吉・安左衛門）を婿に迎え、早くに隠居して自身は赤荻村に居を移した。清慶は、寛保元年（一七四一）に四代目の大肝入となった。

四代　大槻清慶

清慶は、大槻玄沢（磐水）の伯父にあたり、幼き日の玄沢に大きな影響を与えた人である。元禄十三年（一七〇〇）に生まれ、安永五年（一七七六）に没している。通称を安左衛門、丈吉といった。『磐水事略』には、「博覧強記にして妄雑異事記等の手記十数巻あり。磐水常に其傍に坐して旧事古伝を聞く事をこの上もなき楽しみとし毎事必ずその本末を慥《たしか》めて深く記憶に留め置きしぞ。されば伯父も此児は後来必ず大槻の家名を揚げん者ぞと誇顔に人々に語りしといふ」と、清慶自身の学識と玄沢との関係が記されている。

栗原郡（現宮城県）大肝入の菅原南山《すがわらなんざん》に漢詩を学び『妄雑詩文集』を著している。そこには、上野古逕《うえのこけい》（画家）、磐井強恕（漢学者）といった仙台藩士を詩友《しゆう》として招き、大槻家で詩会を催した記事がある。

宝暦三年（一七五三）に成立した和歌集『浦の藻屑』には享保元年（一七一六）、一六歳の時詠んだ歌が一七句記載されている。俳諧は、はじめ岩谷堂《いわやどう》（現岩手県奥州市）の風郭舎（又は松調舎）和倫に学び、延享元年（一七四四）に山本朱桃（白英・長安房）に学んだという。俳号として曲肱《きよくこう》、和中を用い、桃水園・一枕亭《いつちん》と号した。一枕亭曲肱の号は、寛保二年（一七四二）、仙台藩五代藩主伊達吉村《だてよしむら》が金ヶ崎（現岩手県金ヶ崎町）付近まで鶉狩《うずらがり》の途中、往復とも大槻家に宿泊した際に一枕の二字を大書し、それを賜ったことに由来する。曲肱の出典は、論語の「肱を曲げて枕とす。楽しみはその中にあり」である。

また、俳諧の社中「山笑庵《さんしようあん》」を主宰している。社中で建立した、平泉の中尊寺金色堂脇の延享三年（一七四六）、一関の配志和《はいしわ》神社の明和六年（一七六九）建立と推定される芭蕉の句碑は、現在も残っている。また、俳諧を通じて一関藩医の建部清庵《たけべせいあん》（二代）との交流もあった。

このほかに、大槻、寺崎、その本流の葛西の家譜の調査を行い、さらに伊沢、江刺、西磐井に残る葛西古文書を収集し、『妄雑家譜類記』（延享二年）、『奥州葛西系譜』（延享四年）、『葛西古文書集』（明和三年）などを著している。後に大槻文彦が自家の系譜から始め、葛西氏の家譜を研究しているが、清慶の調査がその下敷きとなっている。前述した『磐水事略』に記載されている大槻の歴史もまた清慶の調査によったものといえる。

清慶は、俳諧・和歌・歴史研究において、地域社会に与えた影響が大きい。また、玄沢は、この人によって漢学の素養を育まれたといい、学問の家大槻家にとって、鍵となる人物といえよう。

六代　大槻清雄

清慶は娘に婿をとり、跡を継がせた。これが大肝入五代の清種《きよたね》（太兵衛）であったが、宝暦三年（一七五三）に三二歳の若さで急死した。その後、中里村の影田平太夫が一〇年間大肝入を務めたが、宝暦十三年に大槻清雄《きよお》（六代）が大肝入となった。清雄は、清慶の子で中里村の小野寺家に婿入りしていたが、清種の急死により呼び戻され、夫婦で大槻の籍に入り家督を継いだのである。

清雄は、元文五年（一七四〇）に生まれ、享和二年（一八〇二）に没している。通称久左衛門《きゅうざえもん》、専左衛門《せんざえもん》といった。父清慶と同様、和歌、俳諧に親しみ俳号は菊山と称した。天明六年（一七八六）に、白井秀雄（のち菅江真澄）が来遊した際に厚遇し、秀雄の著書「雪の胆沢辺」に二首の和歌が記載されている。また秀雄から〝和歌秘伝抄〟を伝授されている。

天明三年（一七八三）に、この地方は冷害による大飢饉に見舞われる。清慶は、その中にあって、窮民の救済にあたり荒地が出ないよう村々を廻り指導し成果をあげたという。

七代　大槻清臣

清臣《きよおみ》は、清雄の子で、はじめ清古《きよふる》、通称丈作、西巌と号した。生年は不詳だが、文政八年（一八二五）に六〇歳で没している。江戸の昌平黌《しょうへいこう》（昌平坂学問所）に学び、経義に深く詩文に長じたといい、松崎慊堂、仙台藩の志村東嶼《しむらとうしょ》らの儒学者との交流が知られる。文化八年（一八一一）五月に仙台藩に提出した上書では、大肝入の立場から、宝暦の飢饉を経て変化した民風に対応した施策の必要性を訴えている。また藩に献策した赤子養育法は、幕府老中首座で寛政の改革を実行した白河藩主松平定信の領内政策に影響を与えたといわれている。

一関市博物館の近くに国の名勝天然記念物、厳美《げんび》渓《けい》がある。渓谷美が愛でられるが、大槻家管轄下の西岩井を南北に分断する流れであり、清臣は村人の便のため橋の建設を企て文化元年（一八〇四）に着工、文化三年に完成させた。渓谷橋は「厳美渓橋」、橋脚がない特殊な構造であることから「天工《てんぐ》（天狗）橋」と呼ばれ、また厳美渓は五串村の渓谷「五串渓《いつくしけい》」と言ったことから「五串渓橋」とも称されている。

かつて橋の上流右岸の岩盤に高さ二メートル余りの「厳美渓橋碑」があった。残念ながら昭和二十二年（一九四七）のカスリーン台風の際に流されてしまい、現在は三分の一ほどが残り一関市博物館に保管されている。全体像は以前に採られた拓本によって知ることができる。

碑には「厳美渓橋之記」と題が刻まれているが、これは松平定信の書である。碑文は、松崎慊堂によって執筆され、文字は屋代弘賢《やしろひろかた》が書いている。文政二年（一八一九）正月、五串村の西方、磐井川右岸にある猪岡村の肝入佐藤時茂によって施工された。松平定信は、幕府老中首座として寛政の改革を実施したことで知られる陸奥白河藩主であるが、文化九年（一八一二）に隠居している。松崎慊堂は、肥後国（現在の熊本県）に生まれ、寛政二年（一七九〇）、二〇歳

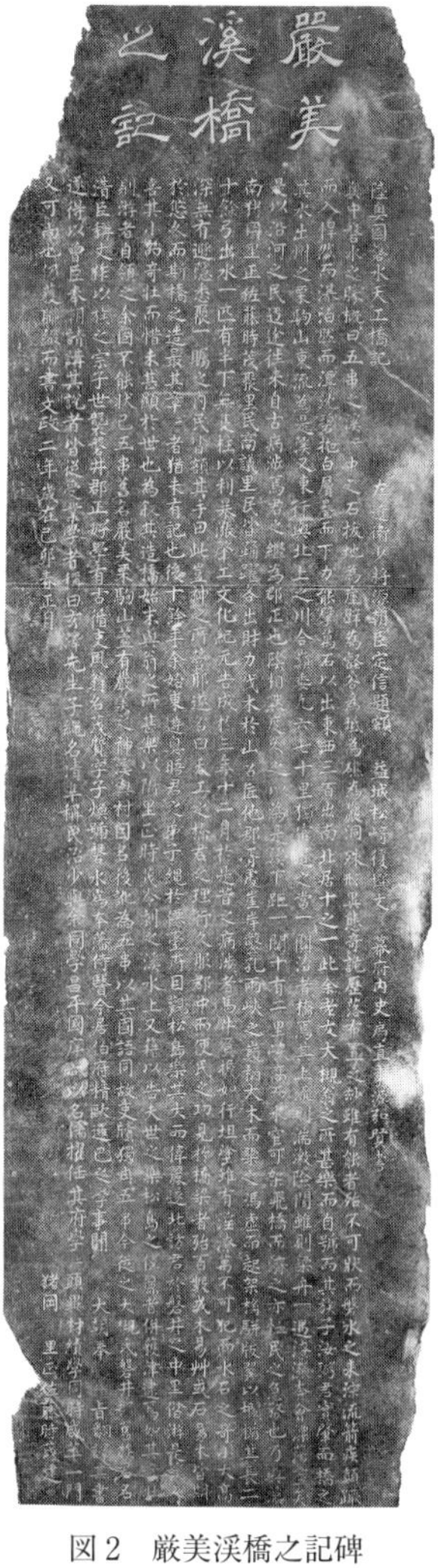

図2　厳美渓橋之記碑拓本

の頃、昌平黌に入り、さらに林述斎《じゅつさい》の家塾で佐藤一斎らと学んだ著名な儒学者で考証家としても知られていた。屋代弘賢は、幕府の右筆《ゆうひつ》を務め能書家《のうしょか》として知られ、また松平定信の寛政の改革の下で作られた『寛政重修諸家譜《かんせいちょうしゅうしょかふ》』『集古十種《しゅうこじっしゅ》』の編纂にも従事した。時代を代表する三人が関わった石碑が、どのようにして一関の地に建てられたのであろうか。

松崎慊堂は文政元年（一八一八）五月二十七日、厳美渓を訪れている。彼の日記『游東陬録《ゆうとうすうろく》』によると、嫡子の泰輔を同伴して五月四日に江戸を発足、仙台に二十一日に着いている。昌平黌の学友である大槻平泉と旧交をあたため、多賀城碑や松島などを遊覧し二十六日に一関に宿し、翌二十七日に大槻家を訪れ、ここではじめて、清臣、磐渓、そして佐々木中沢《ちゅうたく》に出会っている。

図３　天　狗　橋　大槻磐渓画

磐渓は、この時一八歳にして初めて「帰省」していたのである。磐渓もこの旅を『戊寅遊記』と題した日記に記録している。それによると、父玄沢の弟子佐々木中沢を同伴し、五月六日に江戸を発足、十三日仙台に到着した。そこで藩校養賢堂や一族の養賢堂学頭大槻平泉を訪ね十八日まで滞在し、二十一日に宗家に着き、近くの乱梅祠《らんばいし》、龍沢寺、平泉の毛越寺、中尊寺、高館などに行き数日を過ごしていたところ、二十七日に松崎慊堂が大槻家を訪れたのである。慊堂との初めての出会いが宗家であった。早速この日、清臣、磐渓、中沢らが慊堂を五串渓（厳美渓）

に案内し、平泉方面へも足を伸ばして宿泊して翌二十八日に清臣らは先に中里村に帰り、慊堂のみが平泉を見て夕方中里村へ戻り、その夜、慊堂と磐渓は臥床《がしょう》を連ねたという。

再度、慊堂の日記に戻ると、大槻家を辞去する二十九日には「汝弼《じょひつ》（清臣）又五串渓橋の記を請う。諾して別る。」とあり、碑文の作成を清臣から依頼されたとあるが、旅の途中で大肝入から頼まれただけで執筆を承諾するものであろうか。大島英介氏は、玄沢から執筆を依頼され、現地視察のために宗家を訪ね厳美渓を訪れた、ちょうどその時に磐渓がいあわせたのも、偶然ではなく玄沢のもくろみから実現したもの、さらに厳美渓碑に松平定信、屋代弘賢の労を煩わせることができたのも玄沢、さらには六代仙台藩主伊達《だて》宗村《むねむら》の息子で、幕府若年寄、玄沢とも交流の深い堀田《ほった》正敦《まさあつ》がその労をとったのであろうと推測されている。このとき玄沢六二歳、松平定信六一歳、屋代弘賢六一歳、丈作五三歳、松崎慊堂四八歳、大槻平泉四六歳、佐々木中沢二九歳、磐渓一八歳である。玄沢の交友関係が、厳美渓の美しさと橋を建設した清臣の功績を、当時最高の学者たちの文や書によって後世に伝える石碑をふるさとに残したといえよう。また、のちに磐渓は、慊堂を文章の師として仰ぐこととなり、磐渓もまた、この時の旅で生涯の糧となるプレゼントを玄沢から贈られたといえる。

ところで、現在の厳美渓橋は幾度かの建て替えを経ているが、今も「天工橋」として、対岸を結ぶ無くてはならない橋である。そして厳美渓橋の碑は、前述のように一部を残して失われてしまったが、地元のライオンズクラブによって厳美渓河畔に復元されている。

清臣の後は、清廉《きよかど》、通称太兵衛が継いでいる。清廉は、磐井、衣関と号し、生年は不詳だが、明治三年（一八七〇）七五歳で没している。この人も昌平黌に学んだ経史に長じた能吏であったとされている。頼三樹三郎（鴨崖《おうがい》）が北遊の途中に滞留し、その時平泉、厳美渓を案内している。

以上のように歴代の大肝入は、その役目上領内に目を配るだけでなく、来訪者と交流を持ったり江戸で自ら学んだりして先進的な文化、学問に触れ、それを地域にもたらした。その気風が、江戸や仙台で活躍する学者を生み出したといえよう。

二　江戸の分家の学者たち

大槻玄梁

江戸の分家は、仙台藩医として江戸定詰となった大槻玄沢からはじまるが、分家としてはその父玄梁《げんりょう》、さらにその父である大肝入三代の茂性《しげうじ》から語る必要がある。茂性は、娘婿の清慶に家督を譲ると隠居して赤荻村に移り、その後、享保七年（一七二二）に玄梁（茂蕃《しげずみ》）が誕生した。玄梁は、一二歳で父茂性と死別、後に一関藩医建部《たけべ》清庵《せいあん》（初代）元《げん》水《すい》の弟子となって外科稽古を積み、元水没後は、二代清庵由正《よしまさ》に学び、その後仙台藩医の松井玄潤《げんじゅん》の門人となり内科も修行した（『家譜書上』）。千葉玄良（元良）と称し、玄沢を名のった時期もあった。延享四年（一七四七）、オランダ流外科を山目駅（中里村）で開業、玄沢誕生後の明和二年（一七六五）に一関藩医に取り立てられ五人扶持を賜り、大槻玄梁と改めている。

天明四年（一七八四）に、六三歳で没したが、一関藩医であったため、一関の瑞川寺に葬られた。瑞川寺にある墓は一族では玄梁のみであったため、文彦が中里の龍沢寺にある宗家の墓地に改葬した。その折、死後百十余年たっていたので遺骨はわずかに残るだけであったが、石で作った入れ物の中から一尺八寸、幅八寸五分ほどの銅板が出てきた。銅板には玄沢の字で、玄梁の柩であり「あわれみてほる事なかれ」などと刻まれており、文字には朱漆が入れられていた。文彦、如電は、この文をあらかじめ知っていたならば改葬などしなかったものをと後悔し、改めて玄沢の篤実さに触れたと『磐水事略』に記している。

大槻玄沢

名は茂質《しげかた》、字は子煥《しかん》、号を磐水といった。宝暦七年（一七五七）九月二十八日、中里村（現一関市）に生まれた。一関藩医となった父とともに一関城下に移り、一関藩医建部清庵（二代）由正の門人となる。清庵は、飢饉の対策書としては日本初の出版となる『民間備荒録《みんかんびこうろく》』やその続編ともいえる『備荒草木図《びこうそうもくず》』などを著した。また『解体新書』執筆に取り組んでいた江戸の杉田玄白と文通があり、その往復書簡はのちに玄沢らによって『和蘭《おらんだ》医事問答』として出版された。この書は、当時においては蘭学の入門書であり、現代においては杉田玄白の『蘭学事始』と並び、当時の医学や草創期の蘭学事情を知るための良書となっている。清庵は「一関に過ぎたるもの二つあり、時の太鼓に建部清庵」と讃えられるほど尊敬を集めた医師である。玄沢は、清庵から朝夕命じられたことを細筆で自分の爪の先に書付け、忘れることがなかったといい、清庵塾ではこれを「大槻の爪帳《つめちょう》」といい、塾生の模範にしたという。

玄沢は、二二歳の時に江戸に出て杉田玄白に入門して蘭学を学び、やがて江戸に日本で最初の蘭学塾「芝蘭堂《しらんどう》」を開き、多くの門人を育てた。父の没後、跡を継いで一関藩医となり、後に仙台藩医に取り立てられ、文化八年（一八一一）には、海外情報の収集に目を向けた幕府が行ったオランダの百科事典の翻訳事業、蛮書和解御用も務め、本知合せて三〇〇石高となった。蘭学の入門書『蘭学階梯』、杉田玄白から命じられて『解体新書』を改訳した『重訂解体新書』をはじめ多数の著書を残した。文政十年（一八二七）、七一歳の時、江戸で没している。

大槻玄幹

名は茂楨《しげえだ》、字は子《し》節《せつ》、号は磐里《ばんり》。天明五年（一七八五）九月九日、玄沢の長男として一関で生まれ、同七年、仙台藩医となり江戸定詰《じょうづめ》を許された父とともに江戸に移る。享和三年（一八〇三）、一九歳の時、仙台の大槻平泉（民治）とともに江戸を発ち、諸国を巡りながら長崎に遊学し、二年を経て文化二年（一八〇五）九月に江戸に戻っている。長崎では、中野《なかの》柳圃《りゅうほ》（志筑忠雄《しづきただお》）、オランダ通詞馬場佐十郎、吉雄《よしお》権之《ごんの》助《すけ》らに学び、この経験がのちの、日本初のオランダ文法書といわれる『蘭学凡《らんがくはん》』や『西音発微《せいおんはつび》』などの著述に結び付いた。文化四年には、前年より起こったロシア船の暴行事件の対応で松前蝦夷《まつまええぞ》に赴く堀田摂津守（正敦）に随行している。堀田正敦は、仙台藩六代藩主・伊達宗村の息子で当時堅田藩主であった。一関藩主の田村宗顕《たむらむねあき》は息子で、蝦夷地へ向かう途中一関で対面をはたしている。なお、玄沢は文化三年に『北辺探事』としてロシア情報をまとめて正敦に示すなど正敦との交流が深い。息子の正衡《まさひら》が玄沢の肖像画を、正敦が賛を書いた掛軸（重要文化財）があり、双方の父子ともども互いに支え合う関係であった。

さて、玄幹は文政七年（一八二四）には蛮書和解御用となり蘭書の翻訳作業に父とともに従事し、仙台藩においては近習医師となっている。文政十年に父が亡くなると跡を継ぎ、天保八年（一八三七）十二月十三日、五三歳で没した。玄沢が寛政六年閏十一月十一日（一七九五年一月一日）にはじめて開催した太陽暦での元旦の祝宴「新元会」（オランダ正月）は、天保八年まで四四回続いたと『磐水存響』にあるので、玄幹は、天保八年十二月六日、西暦一八三八年のオランダ正月を開催した七日後に没したこととなる。

なお、文化十年に生まれた息子茂棟《しげたか》（玄東）は、父の没後跡を継ぐが、天保十三年七月、三〇歳の若さで没した。子がなかったため、宗家から大槻清廉《きよかど》末子の清雅《きよまさ》を養子として迎えた。

大槻磐渓

享和元年（一八〇一）、玄沢の二男として江戸に生まれた。幼名は六二郎で、実名は清崇《きよたか》、通称は平次郎（後に平次）。磐渓の号は、一八歳の時、初めて玄沢の郷里一関を訪れ五串渓（厳美渓）の渓谷美に感動したことに由来するという。

玄沢がオランダ語を翻訳する際に、当時の学術用語である漢文の知識の重要性を感じていたことから、磐渓は漢学者になるべく育てられ、一七歳の時、昌平坂学問所で学びはじめた。文政五年（一八二二）、二二歳の時、仙台の養賢堂学頭大槻平泉から養賢堂の指南見習に登用されたが、父玄沢の広く学問修行を成すべき時期であるとの考えから江戸に戻り、さらに漢学に励むこととなった。学問修行の成果が認められ、天保三年（一八三二）、三二歳の頃、仙台藩に新規取り立てとなり、江戸定詰を命じられた。一方で江川《えがわ》太郎左衛門《たろうざえもん》から西洋砲術を学び、藩の「西洋砲術稽古人」「西洋流砲術指南取扱」として文武両道の道を究めた。ペリー来航時は、開国論を幕府に上書し、戊辰戦争時は、佐幕、開国論を唱え、奥羽越列藩同盟《おううえつれつぱんどうめい》の結成にも関わり、仙台藩が降伏した後、中里村の大槻宗家滞在中に戦犯として捕らえられた。のちに息子らや支援者の尽力により釈放され、その後は悠々自適な日々を送ったといい、明治十一年（一八七八）に没している。

文章家として高名で、開国論をまとめた建白書「献芹微衷《けんきんびちゆう》」や「米利幹議《めりけん》」「魯西亜議」、戦国大名の活躍をまとめた『近古史談』、漢学者として孟子研究をまとめた『孟子約解』、自身の漢詩文集『寧静閣集《ねいせいかく》』などの著書がある。また「愛古堂《あいこどう》」と名のるほどの好古家《こうこか》であり、手元にある書状類をまとめて仕立た巻子《かんす》や、書画、刷り物、包装紙など種々のものを貼り込んだスクラップブック『塵積成山《じんせきせいざん》』類など、次の世代に遺したものが多い。

大槻如電

弘化二年（一八四五）、磐渓の二男として江戸で生まれた。通称は修次（二）、諱は清修《きよなが》。如電は隠居して僧籍に入ってからの名である。林家で漢学、仙台藩の藩校養賢堂で句読師となる一方仙台藩士から国学を学び、慶応二年（一八六六）に磐渓が仙台藩の藩校養賢堂の学頭を辞して隠居すると二二歳で家督を相続した。明治四年（一八七一）海軍兵学寮の皇漢学教官となり、明治五年に文部省に勤務して字書取調掛、教科書編集などに携わったものの、二年後には退官し、翌年家督を弟の文彦に譲った。これは自由奔放な生き方の自分よりも、弟に家を任せた方が適切だと考えたことによるといわれている。

その後は、洋学史研究のほか、和漢洋の学から音曲、舞踊など多方面に才能を発揮し、知識人、博学者として知られ、『日本洋学年表』『日本全図暗射指南譜』などの著作を残した。また、祖父と父の伝記『磐水事略』『磐渓事略』を執筆出版するなど先人顕彰に力を尽くしている。弟文彦が『大言海《だいげんかい》』執筆半ばにして亡くなると、編纂事業を引き継いだが、刊行を待たずに、昭和六年（一九三一）に没した。

三人の男子がいたが、長男茂雄は文彦の後継となり、ほかの二子も一族の養子となり、自身を継がせることはなかった。

大槻文彦

弘化四年（一八四七）、磐渓の三男として江戸に生まれた。実名は清復《きよしげ》、号は復軒《ふくけん》、通称は復三郎で、明治に入ってから文彦と名のった。

文久元年（一八六一）には仙台藩の藩校養賢堂「諸生主立仮役《しょせいしゅだちかりやく》」（助教）、慶応二年（一八六六）には藩から洋学稽古人を命じられた。慶応三年には、横浜で「万国新聞紙」の記者を務めながら英学を学び、戊辰戦争の動乱の中では、

図４　『大言海』底稿

文彦が『言海』の増補改訂のために書きとめたメモ的な草稿。後に『大言海』と名付けられて出版される。

仙台藩の密偵として江戸に潜伏し、情報収集や武器の調達にあたった。

明治になると、近代国家として国語の統一が必要と認識され、文部省に入省していた文彦が辞書の編纂を命じられた。文法研究からはじめさまざまな困難を乗り越えて、着手した明治八年（一八七五）から一六年後、日本初の近代的国語辞書『言海』を完成させた。

明治二十五年〜二十八年、宮城尋常中学校長（仙台第一高等学校の前身）と宮城県書籍館長（今の宮城県図書館）を兼務し、明治三十年には文法をまとめた『広日本文典』を出版、その後国語調査委員会委員として活躍した。明治四十五年から『言海』の改訂版『大言海』の執筆に着手するも、昭和三年（一九二八）肺炎のため、執筆半ばで亡くなる。事業は如電が中心となって引継ぎ、如電死去の翌年昭和七年（一九三二）に第一巻が刊行され、十年に全巻が完結した。

国語学のほかにも地誌や仙台藩の歴史など多方面にわたる著作がある。

三　仙台の分家の学者たち

大槻平泉

名は清準《きよのり》、字は子縄《しじょう》、通称は民治《みんじ》。安永二年（一七七三）に六代清雄の子として生まれた。玄沢にとっては従弟の子、玄幹・磐渓にとっては、はとこにあたる。はじめ志村東嶼に学び、のちに江戸に出て昌平黌に入り、舎長となった。文化六年（一八〇九）に養賢堂の学頭として起用されると、大規模な学制改革と施設拡充を行い、文化十四年に講堂を完成させた。また、大槻玄沢らの助言と建議に基づき、文化十二年には医学校を独立させて、全国に先駆けて蘭科の設置を行った。

享和三年（一八〇三）、玄幹の長崎行きに同行し、玄沢や息子たちが仙台や宗家を訪問した際には、仙台の平泉を頼っている。嘉永三年（一八五〇）、七八歳で没するまで、養賢堂学頭を勤めた。

大槻習斎

文化八年（一八一一）、平泉の長男として生まれた。名は清格《きよただ》、字は文礼、通称を格治《かくじ》といった。昌平黌で古賀侗庵《こがどうあん》に学び、嘉永三年（一八五〇）に父が没すると、養賢堂学頭を引き継いだ。養賢堂では、西洋学問所をひらき、蘭学局にロシア語科などを開設、また大砲の鋳造や洋式軍艦「開成丸」の建造にあたるなど幕末の情勢に対応した。平泉と同様に慶応元年（一八六五）に五五歳で没するまで学頭を勤めた。その後は磐渓が学頭を勤めており、仙台藩の教学は平泉以降、大槻一族がリードしたといえる。

四　大槻家に連なる学者たち

佐々木中沢

寛政二年（一七九〇）、磐井郡上黒沢村（現一関市萩荘《はぎしょう》）の肝入を勤めた家に生まれた。名は養三、号は蘭嵎《らんぐう》と称した。一関藩医建部清庵に学び、二五歳で江戸へ出て、大槻玄沢の芝蘭堂に入門している。芝蘭堂の四天王といわれた宇田川玄真《うだがわげんしん》・橋本宗吉《はしもとそうきち》・山村才助《やまむらさいすけ》・稲村三伯《いなむらさんぱく》らに次ぐ玄沢の高弟とされる。のちに馬場《ばば》佐十郎《さじゅうろう》、桂川甫賢《かつらがわほけん》にも学んでいる。

文化十四年（一八一七）、一関藩の藩医となり、大槻清臣の長女・恵和子と結婚する。文政五年（一八二二）には玄沢、桂川甫賢の推薦により、仙台藩医学校蘭方外科助教となり、女囚の解剖を行い『存真図《ぞんしんず》腋《えき》』をまとめた。ハイステル外科書を翻訳し『増訳八刺《ぞうやくはつし》精要《せいよう》』、コレラの症状や予防法を記した『壬午天行病説《じんごてんこうびょうせつ》』などを著した。しかし医学校内には女囚の解剖に批判的な者もおり、学頭が急逝すると、仙台藩の蘭学の主流は養賢堂蘭学局に移り、中沢はおよそ三年で医学校を退職することとなった。晩年は一関で過ごし、弘化三年（一八四六）に五七歳で没した。

小野寺丹元

小野寺家に婿養子に入っていた大槻清雄が、大肝入を務めていた清種の死により夫婦で大槻家に入り、この二人の間に生まれた娘つわが小野寺家の養女となった。その孫が丹元である。つまり、丹元の祖母は、大肝入清臣（文作）と大槻平泉（民治）の姉にあたる。丹元は、はじめ大槻平泉の門に入って学んだが、平泉の命により文政四年（一八二一）、江戸に赴きオランダ語およびロシア語を学び、文政七年に帰藩した。その後、長崎遊学を経て『魯西亜国字』『新訳外国形勢略乗』を著した。嘉永三年（一八五〇）に養賢堂学頭となった大槻習斎が、蘭学局にロシア語を加えたので、丹元はその教師となった。安政三年（一八五六）、ペストの予防並びに治療法を述べた『済世《さいせい》一方《いっぽう》』を刊行。自序に、「蘭学局総裁　小野寺将順」とある。また、仙台藩領の種痘（天然痘の予防接種）の推進に努力している。安政六年（一八五九）には幕府の蕃書調所教授手伝役を拝命、蕃書調所を改称した開成所教授方を務めている。一度仙台に戻ったが、明治九年（一八七六）に東京で没している。

おわりに

一族は、宗家をふるさととし、拠り所とした。例えば、江戸で生まれた磐渓が初めて宗家を訪れた時、「帰省」と言っている。文彦は、祖先の歴史を調べ、初代大槻泰常が住んでいた大槻館のあった場所、命を落とした場所など、ゆかりの地に碑を建てている。また、宮城尋常中学校長となった明治二十五年（一八九二）からの八年間は宗家に籍を置き、晩年には避暑を兼ねて宗家に身を寄せ執筆や研究を行っている。

宗家を中心とした一族を結びつけるものとして大槻家の家訓がある。正式には「悦岩公（大槻茂種）御遺訓御直書」といい、初代大肝入を勤めた久右衛門茂慶が、その職を二代太兵衛茂種に譲ったときに与えたもので、「遺誡《いかい》」と呼ばれ「役儀《やくぎ》謹慎《きんしん》之事」と題した七ヵ条である。大島英介氏による意訳を引用する。

大肝入役職で慎むべき事

① 依怙《えこ》贔屓《ひいき》をしないように心がけること。

② 遊興がましいことは堅く慎むこと。

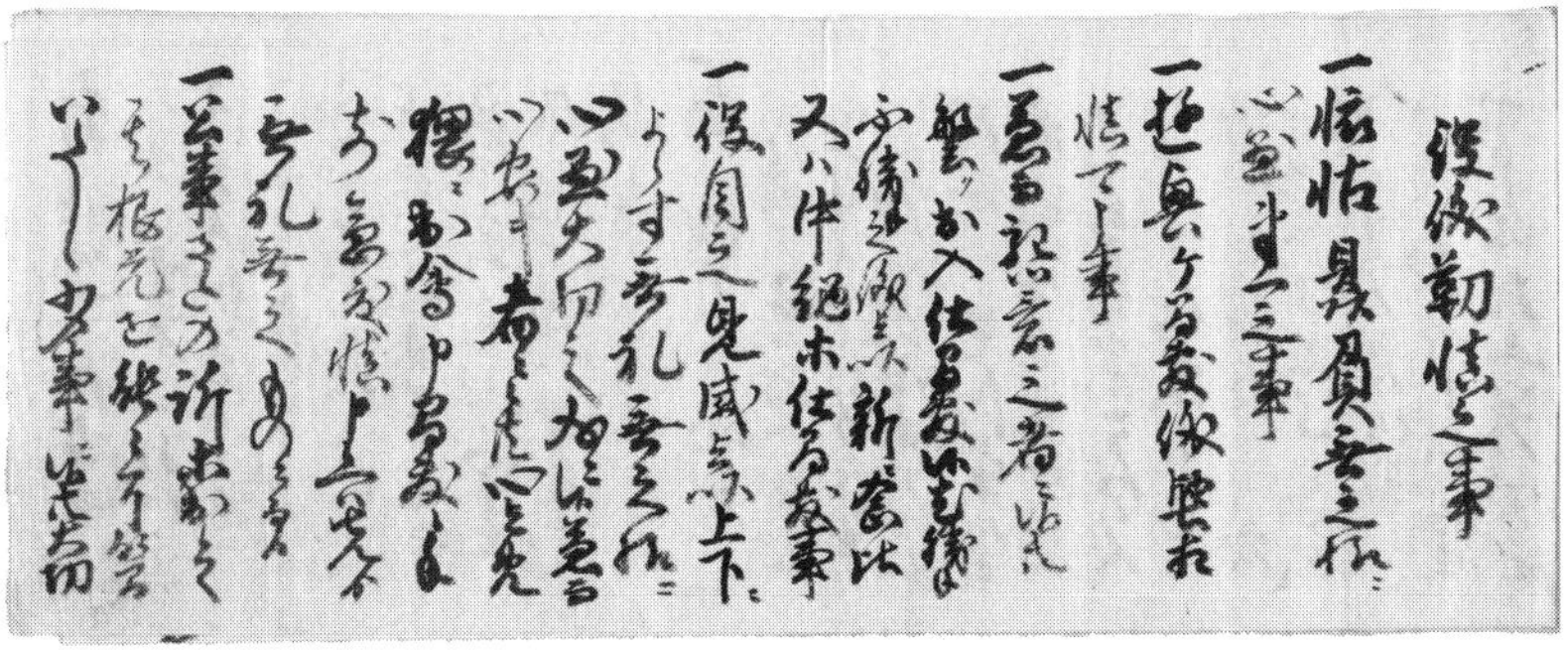

図5　大槻家家訓　個人蔵

③　以前から懇意の者であっても頻繁に交際しないこと。当然、自分の都合のよしあしによって、親密になったり、のけ者にしたりしてはいけない。

④　役目の権威があっても、上下によらず無礼のないように心がけること。たとえ気安い相手でも、自分から心をとめて慎むならば、無礼はないものだ。

⑤　公事沙汰《くじざた》（訴訟事件）の訴えには、その根元をよく考えて処置すること。古言に、大事は小事より起こるという。たとえ悪人の申し出があっても先入観念をもたず、その中味をよく吟味するがよい。悪人にこだわると心が迷い、その判断が間違うことがある。

⑥　要件は溜めておかず、その時々に必ず吟味すること。重要な件でないからといって日延べすると、ほかの件が入りこんできて、ついに失念して手落ちになることがある。

⑦　肝入、検断などの下級役人たちの賢愚をよく承知しておくこと。賢者の言葉は至って道理よく、愚者のそれはくだらないように聞こえるものだ。それゆえ、愚者の言葉はできるだけ入念に聞いてやることが必要である。

これは、大肝入が次の大肝入へ直接伝達したものであったが、五代清種の急死により、伝達ができなくなったことがあった。玄梁は、自身は医者であるが平素の心がけにもなるからと、清種と連名で授かって秘蔵していたので、これを兄清慶の要望に応えて清雄に伝授した。その以後、歴代の大肝入へ受け継がれたものが今に伝えられている。

如電は、『磐水事略』にこの「遺誡」は、「宗家は固《もと》より我等の如き文家に至るまで其業の何たるかを問わず心得とすべき」とし、「磐水が如き大偉人を出せし種子なればなり」、「この遺誡を伝えて斎へ職を奉じたる大槻の家は、家督世々其職に堪ふる人を出し、子弟も各自に学を修め身を立て、儒家に医家に其業を成就せしめしもの前後数人あり、磐水ぞ其中の翹楚《ぎょうそ》なる、之に次ぐ者を平泉清準とす」としている。如電、文彦もまた、そこに連なる学者であった。

大槻玄沢――蘭学の普及をめざして――

相馬美貴子

はじめに

玄沢《げんたく》は、その生涯を通じて多数の著書、訳書を残している。息子玄幹《げんかん》の伝えるところによれば、刊行したもの一五部・四五巻、草稿に属するもの一二一部・一九八巻、通計二四三巻であったという。その中にあって、代表作としてあげられるのが、蘭学入門書『蘭学階梯《らんがくかいてい》』と、師杉田玄白から依頼され『解体新書』の改訂として執筆した『重訂解体新書』である。『蘭学階梯』は、天明八年（一七八八）玄沢三二歳の、『重訂解体新書』は文政九年（一八二六）、七〇歳の時の刊行で、年齢的にも、蘭学入門書と医学書という面でも対照的である。

『重訂解体新書』は、ひととおりの原稿ができたのは、刊行の二八年前の寛政十年（一七九八）とされているが、より詳細で精密であることをめざしたため、また仙台藩での学者としての務めや、文化八年（一八一一）からの蛮書《ばんしょ》和解御用《わげごよう》への出仕などにより多忙を極めたこともあって、刊行は大幅に遅れ、出版された時に玄白はすでに亡く、玄沢はその翌年没している。

図１　大槻玄沢肖像　佐野藩主堀田正衡画

大槻文彦《ふみひこ》が編纂した国語辞書『言海』のあとがきにあたる「ことばのうみのおくがき」は、「先人（大槻磐渓）、嘗《かつ》て、文彦らに、王父（大槻玄沢）が誡語なりとて語られけるは、「およそ、事業は、みだりに興すことあるべからず、思いさだめて興すことあらば、遂げずばやまじ、の精神なかるべからず。」と語られぬ」から始まる。国語辞書の編纂を文部省の仕事として命じられてから、幾多の困難を乗り越え一六年をかけて出版までこぎつけた文彦の支えになったのが、「遂げずばやまじ」という玄沢の言葉というが、『重訂解体新書』にかけた玄沢の取り組みを思うと納得できるところがある。

玄沢の著作に関しては、大槻文彦の後継となった大槻茂雄《しげお》が大正元年（一九一二）に『磐水存響《ばんすいぞんきょう》』と題して世に出している。その後、玄沢の活動分野の多様さから、蘭学あるいは洋学史としてだけでなく、医学史、語学、薬学、対外関係など多彩な分野から、また門人を介してみる玄沢の影響、逆に門人の残した資料から玄沢の学術、教育に関してなどさまざまな研究がなされてきた。なかでも『大槻玄沢の研究』では、各種の資料から玄沢の生涯を詳細に明らかにした佐藤昌介氏による「大槻玄沢小伝」のほか、医学、本草学、地理学、砲術、語学に関して専門的な立場から玄沢の業績について論及されている。また、大島英介氏は「ふるさとを愛した蘭学者大槻玄沢のプロフィール（横顔）をふるさとの立場で考えてみたい」と『槻弓の春―大槻玄沢の横顔―』を著している。

各分野での専門的な研究の蓄積があるが、本章では、日本初の蘭学入門書という言葉だけで、その価値を語り、それで終わってしまうことの多い『蘭学階梯』について、あらためて見ていきたいと思う。もっとも、『蘭学階梯』は、蘭学史、また蘭語学史において、ひとつの基準となる著作であるため、これもまたさまざまな形で研究されている。特に、杉本つとむ氏は、精緻な分析を行い『江戸時代蘭語学の成立とその展開Ⅱ—蘭学者による蘭語の学習とその研究—』をまとめられている。本章では、はじめに玄沢の生涯をたどり、次に『蘭学階梯』について「日本初の」「刊行された」「入門書」の視点から、見直してみたい。

一　玄沢の生涯

江戸遊学

玄沢は、宝暦七年（一七五七）九月二十八日に中里村（現一関市）に医師玄梁《げんりょう》の長男として生まれた。その後、父は一関藩医として召し抱えられ、玄沢は明和六年（一七六九）、一三歳の時、父の同僚で師でもある二代建部《たけべ》清庵《せいあん》（由正）に入門した。清庵は、杉田玄白と文通があり、のちにその書簡は、玄梁や玄沢、清庵の子で玄白の養子となった杉田伯元《はくげん》らによって『和蘭《おらんだ》医事問答』という名で出版されている。玄沢の人生において、清庵に学んだことはその後の人生を大きく左右することとなった。

清庵は、安永二年（一七七三）、『解体新書』が出版される一年前、嗣子《しし》亮策《りょうさく》（由水）を玄白の天真楼塾《てんしんろうじゅく》に入れて学ばせた。玄沢の江戸遊学について、清庵ははじめ許さなかったというが、安永六年（一七七七）五月に帰国した亮策の説得もあり、許可したという。翌年三月、二二歳の玄沢は、藩から二年間の江戸遊学を許可されて、江戸勤番の父玄梁を頼って江戸に行き、四月初旬に藩主の参勤に随行して出府した亮策の紹介で、玄白の天真楼塾に入門した。その後一年、さらに一年の延長が認められ、通計四年にわたる遊学を終えて、天明二年（一七八二）五月に帰国した。その月に結婚し、七月には、江戸勤番を命ぜられて再び出府、愛宕下《あたごした》の藩邸の長屋に住んで、天明四年四月四日にその任を終えた。

玄沢は、このほぼ五年の間、主として玄白に医学を学ぶかたわら、前野良沢《まえのりょうたく》について蘭語を学び、師の玄白を助けて、ドイツの外科医ハイステルの外科書の蘭訳本の翻訳に従事していた。

長崎遊学

玄沢は、勤番として在府中の天明四年（一七八四）春に、父玄梁を通じて藩に長崎遊学を願い出て許可された。ハイステル外科書を翻訳するにあたり、語学力の不足を痛感しており、長崎に赴きオランダ通詞に語学を学び、できればハイステルの外科書の序章を、彼らの指導により翻訳したいと考えたようだ。『先考行実《せんこうぎょうじつ》』によれば、玄沢は三月から四月にかけて病に倒れたため、勤番の期間を終えた後、帰国を延期して玄白の天真楼塾において養生したとあるが、佐藤昌介氏は長崎遊学の目的から推して仮病の公算が大きいとしている。しかし、父の危篤の報に接し、急ぎ帰国することとなった。父は、同年七月三日に病死し、玄沢は八月下旬に二八歳で家督を相続した。

翌天明五年二月、玄沢は藩主の参勤にしたがって出府し、藩邸内の長屋に入ったが、再度病におかされ、今回も玄白のすすめで天真楼塾で養生したという。これも仮病とみられている。一関藩の本藩である仙台藩から、玄沢貰い受けの件が非公式にもたらされたのは、玄白の塾で「養生」していた同年八月頃のことである。仙台藩当局が、玄沢が近々長崎に遊学することを知って、取り急ぎ一関藩主に玄沢貰い受けの使者を派遣することとしたようである。この旨の通告があったのが、九月十一日であった。

そのような状況の中、十月七日早朝、玄沢は長崎遊学の旅に出る。この遊学について玄沢は「瓊浦紀行《けいほきこう》」と題してまとめている。「瓊浦」、瓊の浦（たまのうら）は、長崎の古い呼び名である。旅の途中、各地の学者たちを訪ねて交流をもっているが、十月二十二日から翌月六日までは大坂に滞在し、木村蒹葭堂《けんかどう》（孔恭《こうきょう》）とたびたび会っている。蒹葭堂は商家で文人、あるいは本草学者としても知られ、玄沢の助けを得て『一角纂考《いっかくさんこう》』をまとめている。その後序を玄沢が寄せているが、そこに玄沢が蒹葭堂宅で、ヨハン・アンデルセンの『グリーンランド地理志』をみせられ、長い歯を二本持ったイッカクの図を見て驚いたことが記されている。玄沢は蒹葭堂のためにこの書を翻訳し、『一角纂考』は、玄沢の『六物新志《ろくぶつしんし》』とともに蒹葭堂蔵版として天明八年に上梓されて知友に頒布された後、寛政七年（一七九五）に市販されている。

十一月七日に大坂を発ち、長崎には十一月十五日に着いた。『瘍医新書《よういしんしょ》』の例言に「笈《おい》を負うて西遊し、遠く崎港に至る。訳官本木蘭皐《もときらんこう》氏に就いて、以て素懐を告ぐ。而《しこう》して読法を習ひ、訳説を受くる。先《ま》づ斯編開巻第一外科誘導より始む」とあり、遊学の目的達成のためにオランダ通詞の本木良永《よしなが》（蘭皐）、正栄父子に指導を受けたことがわかる。「瓊浦紀行」に、「会読」という文字がたびたび出てくるが、これはハイステル外科書の序章を本木良永の指導のもと読んだことと思われる。本木良永は、寛政五年（一七九三）に『新制天地二球用法記』という天文学に関する訳書を著すなど、オランダの科学に関心を寄せていた。

またオランダ通詞で、外科医としても高名な大通詞吉雄耕牛《よしおこうぎゅう》の家をたびたび訪れている。オランダ屋敷とも噂された屋敷の様子に「目ヲ驚スニ堪タリ」と感激し、吉雄の診察や刑死体の解剖を見学している。そして十二月二日には、吉雄邸で開かれた太陽暦による元旦の祝宴「オランダ正月」に招かれている。板の間座敷の中でコロートタ－フル（大テーブル）を囲み、音曲も奏でられて催された酒宴の様子を、座敷、料理、調度いずれも「蘭ノ通ナリ」と評している。森島中良の著した『紅毛雑話《こうもうざつわ》』（天明七年刊）には、玄沢が長崎で「紅毛の卓袱《しっぽく》」を食した時の「パスティソップ（鴨肉入りのスープ）」などの献立が紹介されている。玄沢は、のちに家塾芝蘭堂《しらんどう》において寛政六年閏十一月十一日（一七九五年一月一日）を第一回として、毎年西暦の元旦に新元会（オランダ正月）を開いているが、この時の体験を再現したものであろう。

また出島にもしばしば出入りしている。出島の入口には番所が設けられていたが、通詞らのはからいによって通過できていた様子である。出島では、オランダ商館員と会い、召使の「クロボウ」や、料理室で豚の屠殺を目にしたほか、蘭人の病気治療にあたり薬の調合もしている。そのような医術が評価されたのか、長崎を旅立つ前には食事に招かれ、蘭人と同じテーブルで料理を堪能している。ほかにも、唐人屋敷や丸山遊廓など、長崎ならではの異国情緒に触れ、得難い体験をしている。

三月一日に、江戸の玄白からの書状により、仙台藩への移籍の正式決定が知らされ、至急の帰京が指示された。三月二十六日には長崎を発ち、五月八日に杉田玄白の家に着いている。長崎には四ヵ月あまりの滞在であった。この長崎遊学にあたり、主として学費を援助したのは、福知山藩主朽木昌綱《くつきまさつな》であったようである。朽木は、前野良沢に弟子入りしており、オランダ商館長のティチングとも交友があり、蘭癖大名《らんぺきだいみょう》として有名である。いわば同門である玄沢を高く評価しており『蘭学階梯』の出版に際しても援助している。

仙台藩移籍へ

長崎から帰府した玄沢は、五月二十八日に正式に仙台藩から並医師《なみいし》（藩から禄を受けている医師）としての辞令を受けた。本藩への移籍にあたって、玄沢は江戸詰と藩邸外に住むことを要求している。師の玄白は真のオランダ流外科を起こそうと同志とともに翻訳などに打ち込んできたが、近年は年老いて成就が難しくなってきた、そのため自分が志を継ぐものであり、このことはゆくゆくは国家の益にもなることでもある、成就させるためには同志のいる江戸にいなければならないと理由を述べている。結果、玄沢の願いがかない、一代の江戸定詰が許されている。切米《きりまい》一〇両、扶持方一五人扶持、石高にすれば一二〇石余りであるが、天明の飢饉の最中でもあり、与えられた俸禄はほとんど名目にすぎなかったという。天明六年（一七八六）、京橋一丁目に、八月には本材木町に移り、私塾芝蘭堂を開いた。

二年後の天明八年一月十一日に御番医師に昇格、さらに四月に御近習医師となり姫君付を命じられ、まもなく藩主が下向したため、留守番外科を務めることとなった。留守番外科は藩邸内に住むことが慣例とされていたが、玄沢は翻訳のためには同学との会合も必要であるため、外宅と隔日出勤、夜勤一〇日を勤務条件として交渉し、最終的に御用の時のみの出勤を許されている。とはいっても、近習外科が不足していたため、事実上は日勤同様であったという。

『磐水存響』によれば、天明六年に家塾「芝蘭堂」を開いたとあるが、門人帳というべき「載書《さいしょ》」（早稲田大学図書館所蔵、重要文化財）には、寛政元年（一七八九）に定めた「芝蘭堂入学盟記」に続き、九四人の署名血判がある。ただし山村才助《やまむらさいすけ》や宇田川《うだがわ》（安岡）玄真《げんしん》ら高弟と言われる人びとの記載がないことから、より多くの門人がいたことが推し量られる。門人には、京都蘭学の祖となった小石元俊《こいしげんしゅん》・元瑞《げんずい》親子、『阿蘭陀《おらんだ》始制《しせい》エレキテル究理原《きゅうりげん》』『蘭科《らんか》内外三法《ないがいさんぽう》方典《ほうてん》』を著した大坂の橋本宗吉《はしもとそうきち》、わが国初の蘭日辞典『ハルマ和解』を完成させた稲村三伯《いなむらさんぱく》、『西説内科《せいせつないか》撰要《せんよう》』『和蘭《わらん》内景医《ないけいい》範提綱《はんていこう》』を著すなど内科をはじめ医学の諸部門を開拓した津山藩医宇田川玄随《げんずい》・玄真《げんしん》、『増訳訂正采覧異言』を著した地理学者山村才助、そして一関の佐々《ささ》木中沢《きちゅうたく》などがいるが、ほかにも蘭学や医療に取り組んだ門人は全国に広がっていた。

前後して、西洋薬物に関する著作がある。先に述べた木村蒹葭堂の『一角纂考』とともに出版された『六物新志』

は、当時蘭学者の間で話題となっていた薬物である一角（ウニコウル）、サフラン、ニクズク、ミイラ、エブリコ（アガリスク）、人魚について、蘭書数冊を参考にしながら考証したものである。漢籍と蘭書によってタバコに関する記事を集めた『蔫録《えんろく》』は、文化六年（一八〇九）の出版であるが、天明年間（一七八一—一七八九）末に成立した二冊本と、寛政年間（一七八九—一八〇一）末に成立した三冊本の二種類の草稿がある。また、一般大衆に向けた西洋文物の啓蒙書として『蘭説弁惑《らんせつべんわく》・磐水夜話《ばんすいやわ》』（寛政十一年刊）、『蘭畹摘芳《らんえんてきほう》』（初編文化十四年刊）がある。いずれも、西洋の文物に関する質問に対する玄沢の回答を、門人がまとめた形をとっている。例えば『蘭説弁惑・磐水夜話』の最初の項目は「踵《きびす》なし」で、オランダ人には踵が無いと聞いたが本当なのか、という質問に対し、玄沢は同じ人間であるので体の構造は同じであると、科学者らしい態度で答えている。現代の人からみれば、たわいもないことであるが、外国人を見るのはごく限られた機会しかない当時のこと、啓蒙書としては、このようなことから始めなければならなかったのである。

玄沢は、長崎遊学でオランダ人と会っているが、江戸においても、将軍への拝謁のために参府したオランダ商館長一行と宿舎長崎屋で面会している。寛政六年に初めて面会がかない、生涯に六度の対話の機会を得て、書物にはない最新の情報や医療器具、珍しい文物に触れている。

医学書の翻訳

長崎遊学を経て翻訳の能力が向上すると、ハイステル外科書の翻訳も形をなしてくる。序章を「誘導編」の名でまとめると、本文の翻訳に着手し、寛政二年（一七九〇）のはじめに至って、いちおうの翻訳を終えたようである。文政八年（一八二五）に『瘍医新書』として序章の外科誘導のみ刊行している。これに先立って、息子玄幹が文化十一年（一八一四）に「包帯編総論」を『外科収功《げかしゅうこう》』、文政七年に「尻臀手術論」を玄沢の校閲のもとに抄訳した『要術《ようじゅつ》知新《ちしん》』を、文政五年には、佐々木中沢が玄沢の訳を増補して『増訳八刺《ぞうやくはっし》精要《せいよう》』を刊行しており、玄沢門下全体として西洋外科学の大綱を明らかにした。

玄沢がハイステル外科書の翻訳を終えた寛政二年頃、杉田玄白から『解体新書』の改訂を命じられて着手している。

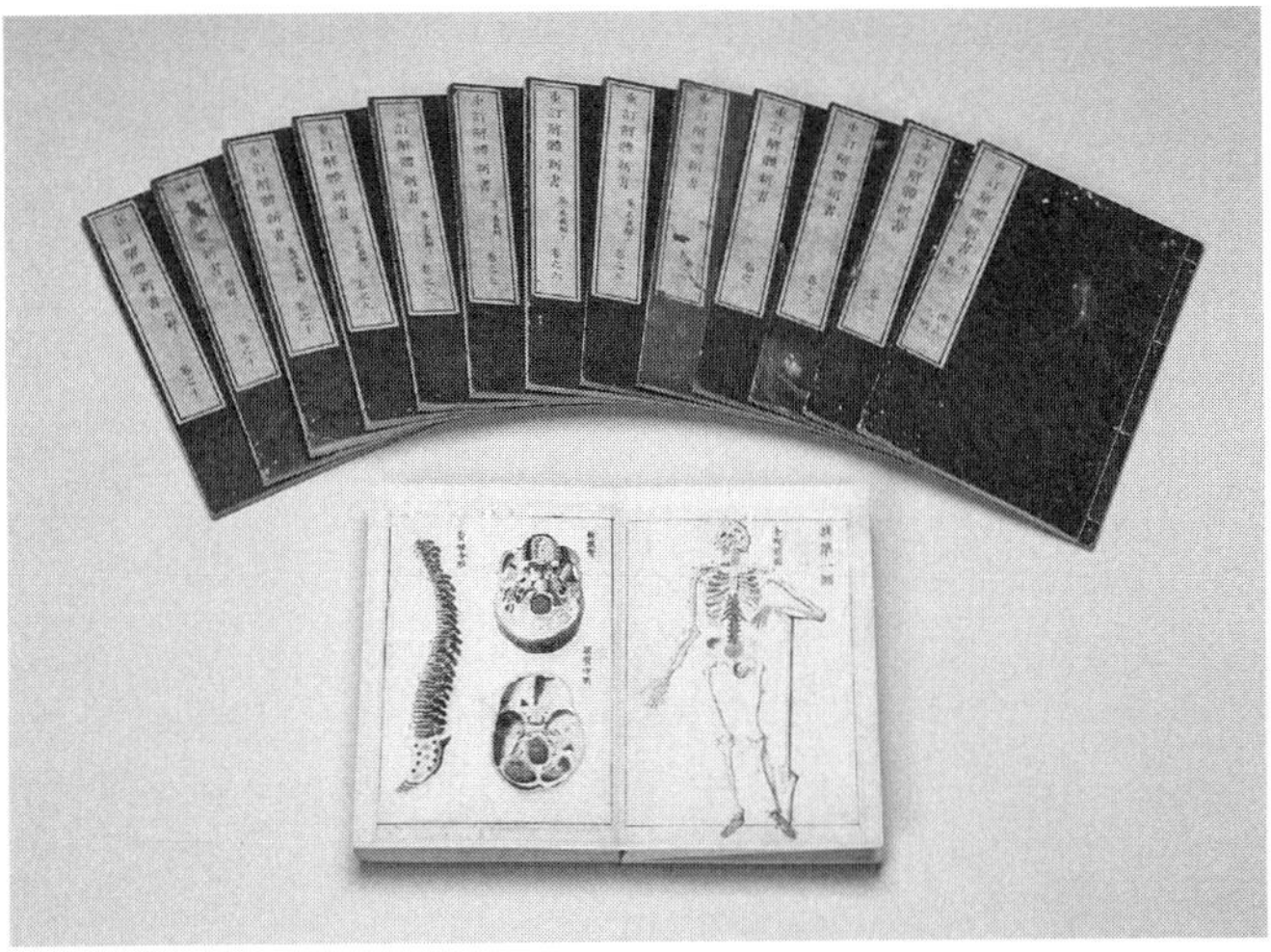

図2 『重訂解体新書』

玄白は、蘭学草創期の未熟な状況を承知しつつも、まず世に出すことを第一として出版を急いだために、『解体新書』が不完全な翻訳であることを自覚しており、校訂して再版することを念願していた。しかし、名声が高まったために暇がなく、時が経つにつれ、老いにより自身で成し遂げることが難しいと感じるに至っていた。玄白は著著『蘭学事始』で、玄沢を「この男の天性を見るに、凡そ物を学ぶこと、実地を踏まざればなすことなく、心に徹底せざることは筆舌に上せず、一体豪気は薄けれども、すべて浮きたることを好まず、和蘭の窮理学《きゅうりがく》には生まれ得たる才ある人なり」と、その堅実さ、実証性を高く評価し、オランダの科学を研究するのに向いているとみていた。また『蘭学階梯』出版、芝蘭堂開塾の流れを見て「この人を生じ、これらの書（『蘭学階梯』）の出づることとなりしも、翁が本志を天の助け給ふの一つにやと思ふことなり」と、玄沢の存在を天の助けとみて、『解体新書』の改訂を玄沢に託したのである。

『重訂解体新書』は、刊行は文政九年（一八二六）と先になるが、訳述は、文化元年（一八〇四）には、いちおうできあがったものと考えられている。刊行されたものは、序文、例言からなる第一冊と、本文四冊、名義解六冊、付録二冊の計一三冊および銅版解剖図一冊からなる。本文、いわゆる「ターヘルアナトミア」の訳述は、『解体新書』に比べ翻訳の正確さは数段勝さるといわれ、玄沢に限らずこの間の蘭学者の語学力の進歩が明らかである。名義解は、解剖学上の用語を解説したもので、ほかのオランダ解剖書の知識も活用されているほか、漢方医学から訳語とした用語に関しても、漢方医学上の意味をそのままにあてはめることは正しくないことを説明している。例えば、蘭語の“hart”に、位置と形象が一致しているため「心」を訳語としたが、漢語の「心」は「神を蔵する府となし、蘭はすなはち、以て血を配するの原となす」と、理解の違いがあることを示している。付録には、科学的な見地から漢方医学に比して蘭方医学の信頼性を述べるなど、玄沢の医学観が記されている。解剖図版も『解体新書』が小田野直武《おだのなおたけ》によるる木版刷りであったものを、西洋の銅版画の技法を導入して、より精密な図版を実現している。

緊迫化する対外関係の中で

文化元年（一八〇四）九月六日、長崎郊外にロシアの遣日使節レザノフを乗せた軍艦ナデジュダ号が姿を現し、日本に通商を要求した。レザノフは、一二年前の寛政五年（一七九三）、根室に渡来したラックスマンに幕府が与えた長崎入港許可状（信牌《しんぱい》）を持参していたので、当然通商が許可されるものと思っていた。しかし幕府の許可を得られず日本を離れることとなった。この船に同乗していた仙台藩領の漂流民四名は、日本側に、そして仙台藩に引き渡された。江戸へ送られた漂流民から聞き取りをし、一二年に及ぶ見聞をまとめることを命じられたのが、玄沢と儒学者志《し》村弘強《むらひろゆき》であった。玄沢は、漂流民の証言に考察を加え、門人に絵を描かせるなどして、文化四年五月九日に『環海異聞《かんかいいぶん》』と題し藩に提出した。

玄沢がこの任に着いた裏には、幕府若年寄堀田《ほった》正敦《まさあつ》の意向が働いていた。堀田は、六代仙台藩主・伊達宗村《むねむら》の子で、後に堀田家に入り、寛政八年からは、幼君伊達周宗《ちかむね》の後見役となっていた。自身が和漢・本草の学識に富み、大槻玄沢の二年年長と年も近く、玄沢の活動を支援し、また玄沢が正敦のブレーンをつとめるといった間柄であった。

図３『環海異聞』

文化三年から四年にロシア船員による乱妨事件がおこるが、幕府は仙台藩に藩兵五百余名の出兵を、幕府若年寄の堀田正敦にも蝦夷《えぞ》行を命じている。堀田は、玄沢の息子玄幹を随伴し六月二十一日に江戸を出発、十月十五日に帰府している。これに関連して玄沢は、文化五年正月二日に仙台藩から蝦夷地御用聞役を命じられている。文化四年から五年にかけて、当時の世界情勢をまとめた『捕《ほ》影問答《えいもんどう》』を著しているが、これらも堀田正敦の対外政策の参考とするためのものであった。

このようなロシアとの緊張関係が続く中、幕府は、天文方高《てんもんかたたか》橋景保《はしかげやす》に命じて世界地図の編纂を行わせるとともに、高橋の配下に選任の翻訳官を設け、オランダ通詞馬場《ばば》佐十郎《さじゅうろう》を起用し、フランスのショメールの家事百科事典の蘭訳八冊本の翻訳書『厚生新編《こうせいしんぺん》』の編纂を計画した。文化八年五月十五日に仙台藩を通じて玄沢に蛮書和解御用《ばんしょわげごよう》の内命が下された。この幕府の仕事を拝命するということは、個人として取り組んできた蘭学が公に認められたことであり、玄沢にとって一段と晴れがましい事態であった。この翌年八月に藩主の下向に随行して仙台に入り、さらに一関・中里への帰郷を果たしているが、その紀行文は「昼錦抄」と題している。「昼錦」は故郷に錦を飾る例えである。

玄沢は、この訳述を進める中で『厚生新編』の写しを、ひそかに仙台藩の江戸藩邸に納めている。文政五年（一八二二）、仙台藩医学校の助教となった佐々木中沢が、葡萄酒の新造を計画し、玄沢に『厚生新編』の借用を依頼したことを契機に、江戸藩邸に納入した『厚生新編』が活用されていないため、医学校への移管を藩に申し出ている。翌年、医学校の母胎である藩校養賢堂《ようけんどう》に移管することが決まり、その際玄沢は『厚生新編』が幕府の秘書であることから『生計纂要《せいけいさんよう》』と名称を変更させている。これは現在、宮城県図書館に所蔵されている。

長く刊行が待たれていた『瘍医新書』を文政八年に、続いて翌年『重訂解体新書』を刊行した。その翌年正月二日夜、玄沢は持病の腹部の病気が重くなり、三月末日の夜明けに七一歳の生涯を閉じている。当館は、『文政九・十稔丙戌臘月・丁亥日暦』と題した文政九年十二月一日から、翌年三月末日までの玄沢の日記を所蔵している。三月二十六日の後半から三十日までは、玄幹のものと思われる別人の筆跡となっているものの、日付、天候に続き、自身の体調や来客など、決して多くはないがほぼ毎日記録している。なお、これに先立つ文政九年六月二十六日から十一月三十日までの六ヵ月間の日記（重要文化財）が、早稲田大学図書館に所蔵されている。訪問客が薬を持参したり、針治療を施すなどしており、門人や親しい人びとに囲まれて過ごし、筆を執り続けた玄沢の最期の日々が読み取れる。

二　『蘭学階梯』出版の経緯

「蘭学階梯」の諸本

『蘭学階梯』の題簽《だいせん》および本文は「蘭学階梯」だが、見返しは「蘭学楷梯」となっている。見返し右肩が「彩雲堂主人蔵刻　玄沢大槻先生著」と「仙台大槻先生著」の二種が確認されており、後者が上巻十丁表の、前野良沢の門人名の順番が改訂されていることから後刷と考えられている。序文は、朽木龍橋《くつきりゅうきょう》（昌綱《まさつな》）、荻野信敏《おぎののぶとし》、下巻の跋《ばつ》は、宇田川玄随と桂川甫周《かつらがわほしゅう》で、いずれも天明三年（一七八三）の冬である。跋文の順序が異なるものもある。もっともこれは、版の相違ではなく製本上の差異である。

通常のものは、半紙版であるが、国立国会図書館の亀田次郎旧蔵書のひとつが大型の美濃版本で、見返しは「彩雲堂主人蔵刻　玄沢大槻先生著」である。「彩雲堂主人」とは、福知山藩主朽木昌綱のことである。亀田氏は、この本を古書店で目にし、朽木が「最初刻成印刷して、其の知己諸方へ寄贈したもので、普通流布本の半紙本は、後に其板木によって大槻玄沢が刊行し、其の際に、見返し右側の文字を取り換えたもの」と考えている。大槻家旧蔵の『蘭学階梯』の板木一式が伝えられている（当館所蔵・重要文化財）が、それには、板木を削り埋木をして版を修正した痕跡があり、そのことからも裏付けられる。なお、半紙本も美濃版本も版は同じで、余白の大小による違いである（松村明―一九七六年、大島晃一―二〇〇〇年）。蘭癖大名として知られる朽木は、玄沢の長崎遊学に際しても経済的な援助をし、玄沢のパトロンのひとりであった。『蘭学階梯』の出版に際しても援助していることは、『磐水事略』でも触れられている。

当館でも数種の『蘭学階梯』を収集したが、そのひとつに半紙本で見返しが「彩雲堂主人蔵刻」のあるものがある。逆に宮城県図書館は、美濃版本で「仙台大槻先生著」のものを所蔵している。また、奥付の刊記が当初は「天明戌申」と誤植であったものを「天明戊申」と修正していることなどにより、印刷の時期や順序がある程度推定される。

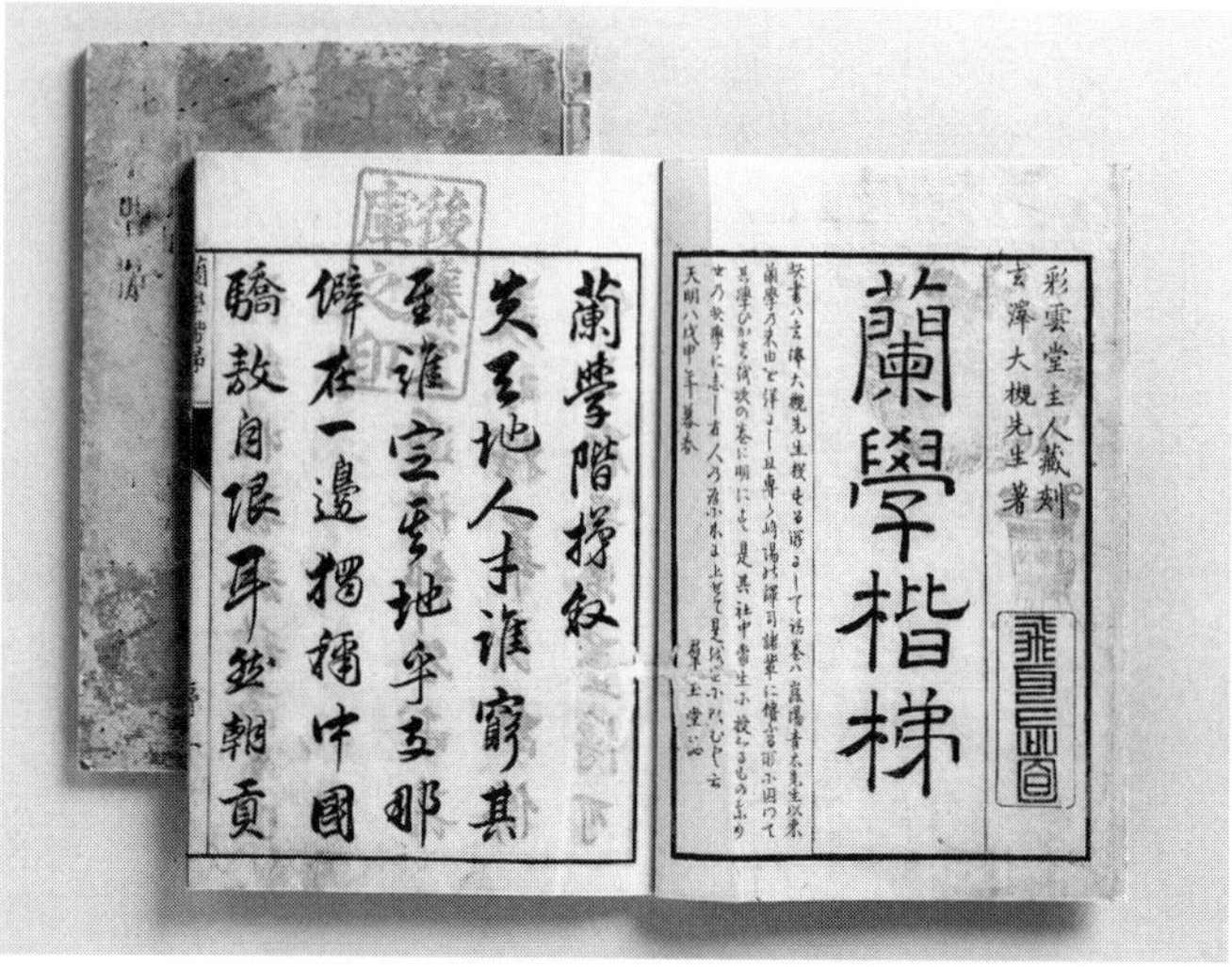

図 4 『蘭学階梯』初版本（半紙版）

図 5 『蘭学階梯』版木

奥付で確認できる出版年は、天明八年と寛政二年（一七九〇）、同五年であるが、同じ刊行年のものでも発行者が代わっているので、いずれにしろ幾度も出版され、需要が多かったことを知ることができる（大島晃一―二〇〇〇年）。

執筆の経緯

『蘭学階梯』の序文および跋文は「天明癸卯之冬」、つまり天明三年（一七八三）冬、玄沢の例言が天明三年秋である。刊行されたのは天明八年、江戸の松本善兵衛、松本平助から出版されたのが最初と考えられる。ただ、見返しに「彩雲堂主人」があるものは、その前なのであろう。

玄沢は、文化十三年（一八一六）に『蘭訳梯航《らんやくていこう》』を著している。これは、塾生の問に答えるという問答式で書かれている。その第一の「蘭学トハ如何《いか》ナル事ニテ、何ニノ為《た》メニ学ブコトナリヤ」という問いの答えが、「コレハ、翁廿五六ノ時、蘭学階梯トイヘル小冊二冊ヲ著シテ、其《その》学ビカタノ大略ヲ述べ」で始まっている。二五、六歳ならば、天明元年か二年となる。『蘭学階梯』の序文と跋文のいずれもが、天明三年である。ただ、『蘭学事始』に、長崎遊学の後「江戸永住の人となることを得たり。さて、嘗《かつ》て編集し置ける蘭学階梯といふ書ありしを、帰府の後、蔵版して同志に示せり。」とあり、内容からみても長崎遊学の成果が反映されていることが明らかであるので、この頃にいちおうの原稿ができ、長崎遊学の成果を反映させて、天明八年に刊行されたとみられる。

『蘭学階梯』に先立ち、その準備稿にあたるものの存在が指摘されている。杉本つとむ氏は『蘭学梯航』、佐藤昌介氏は『和蘭鏡《おらんだかがみ》』が草稿にあたるとしている。佐藤氏は、早稲田大学所蔵の大槻玄沢旧蔵本『畹港漫録《えんこうまんろく》』（重要文化財）の裏文書を『和蘭鏡』の序文と跋文であるとし、次のように考察している。序文は、無記名で日付はないが、跋文は、末尾に、「天明癸卯秋九月東都江漢司馬峻識」とあり、天明三年九月に司馬《しば》江漢《こうかん》が記したものである。それによると、漢画を生業としていた江漢が舶来の図画および器械の精妙さに感心し、自ら作りたいと考えたが、その方法を学ぶには蘭書を読むしかない、そこで玄沢の門をたたき、先生や同好の士と研究し、その一端を得た。江漢が創製した銅版画の製法は、玄沢が訳した蘭書の知識に基づくものである。玄沢に入門書の執筆を請うたところ、『和蘭鏡』二編を著した。「この書、固《もと》よりただ初学の階梯、甚《はなは》だ高論を務めずと雖《いえど》も、実に三千年来、未だ説かざるところなり」と記している。『和蘭鏡』の本文は残っていないので確たることはいえないが、『蘭学階梯』と、異名の同一本もしくはそれに近いものとみなしてよいのではないか。『蘭学階梯』の序文および跋文は「天明癸卯之冬」とあるので、『和蘭鏡』の成立の後、二、三ヵ月の間に、書名が変更されて『蘭学階梯』となり、序跋の筆者も変わったと推定され、それは、『蘭学階梯』の出版にあたり朽木昌綱が出版費の援助をしたこと、そして天明五年の長崎遊学にも朽木の資金援助があったことが関わるであろうとの推測である。

このことは、前述した見返しの違いとも関わってくると思われる。佐藤氏は、『和蘭鏡』と『蘭学階梯』との関係に注目したのは、蘭学の普及と発達に大きな役割を果したとされる『階梯』が、直接には、司馬江漢ら庶民層蘭学愛好者のために執筆したもの、もしくはこれに手を加えたものであり、当時玄沢が、庶民層も含めてひろく蘭学の普及と啓蒙につくしていたことを指摘したかったからと述べている。『和蘭鏡』の本文が不明な以上同一のものと断言はできないが、『蘭学階梯』の内容からみて、読者を「庶民層蘭学愛好者」とし、蘭学の普及を目的としていたことは疑いがないであろう。

三　『蘭学階梯』の内容

玄沢の執筆姿勢

『蘭学階梯』は題箋に乾・坤とあるが、本文内では上・下とされているので、それに倣って記述する。上巻は「総説」「通商」「裨益《ひえき》」「精詳」「慕効《ぼこう》」「興学」「立成」「禦侮《ぎよぶ》」「勤戒」の九章で構成されているが、冒頭、二名の序文に続いて、天明三年（一七八三）秋の玄沢による例言がある。例言の内容を要約する。

例言は八項目からなり、第一には、建部清庵と杉田玄白の交流を経て、清庵の子亮策と玄沢が玄白の塾に入ると「同臭ノ士来《きたり》テ、此《この》学ノ大法ヲ示サンコトヲ請テヤマズ、故《ゆえ》ニ不才ヲ顧ミズ、此編二巻ヲ著シテ其需《そのもとめ》ニ応ズ、初巻ハ此学ノ職トシ由《よ》ル所ヲ記シ、次巻ハ其学ノ大要ヲ示ス」と述べ、小冊であるが、「其略ヲ挙テ初学ニ便ス」と、自身の蘭学学習の経緯をごく簡単に書き、執筆の趣旨を明らかにしている。

二番目には、「和蘭ノ学」が青木昆陽《あおきこんよう》から始まり、自分は専門とする医術の本の翻訳に事を発し同好の士と学んできたが、「学ノ興リシハ未ダ二十年ニモ満タザルコトナレバ、事々物々全ク備ハラズ。殊《こと》ニ此編ハ余ガ短才未熟ニシテ述ル所ナレバ、恐クハ謬誤少カラズシテ、識者ノ笑ヲ取ルコト多カラン」「後者ノ訂正ヲ俟《ま》ツ」とことわっている。

三番目に「蘭学トハ、即チ和蘭ノ学問ト云コトニテ阿蘭陀ノ学問ヲスルコトナリ」と蘭学を定義し、和蘭の文字は、オランダすなわちネーデルランドの明人の音訳の一つであると説明し、「吾ガ輩単ヘニ蘭ト唱へ、蘭学・蘭書・蘭人ナドト称スルハ、上略ノ辞ニシテ、其本義ヲ失フニ似タレドモ、惟其唱ヘ易キニ取ルナリ」と、用語について触れてあり、玄沢の学者としての厳格さを垣間見ることができる。

四番目は「支那」、五番目は「羅甸《ラテン》」、六番目は「天下四大州」の用語を説明をしている。

七番目は「音訳ヲ為スニ片仮名ノ字ヲ合セテ知ルセシハ、一字ニテハ彼ノ語音ニ協和シ難キガ故ナリ」として拗音《ようおん》、促音《そくおん》の表記の例を示し、長音については「上ヨリ直下ニ引ク音ニハ—ヲ記ス」、また「蘭語片仮名ニテ記スルモノ、上下混同セザルヤウニ「　」ノ勾画ヲ設ク」とし、八番目に、「点例ノ編中ニ点記を書スルニ、各々□ヲ以テ囲ム者ハ、左右ニ混ゼシメザルガ為ナリ」、と書いている。

ここに紹介したのは、まず用語の定義付、記述法の例を示したということが、この種の、つまりオランダ語の文字、綴りを示した最初の出版であるという事情、初学の者に向けた書であることに配慮したものであること、また当時において、表記法が確立したものでなかったことを示したかったからである。内容とともに、それをどのように表記するか、それも模索しながらの出版であっただろう。

オランダとの交商の有益性

「総説」から「慕効」までは、オランダとの交商の起源と、医学に限らずオランダからもたらされる文物の有用性を説いている。「万邦ノ美ヲ取ラントナラバ、彼ノ書ヲ読ムニ如《し》クハナシ」と蘭学の必要性を説く一方で、当時「ヲランダズキと称スル人アリ」と当時の富裕な人びとの流行を記し「然《しか》レドモ彼ガ長ヲ択《えら》ミ取テ、我短ヲ補フ心ナキハ悲シキコトナリ」とその風潮を嘆いている。

その後、蘭学の歩みを述べている。「興学」では青木昆陽、和蘭通詞の西、吉雄、北島見信《きたじまけんしん》の名をあげ、「立成」で蘭化先生（前野良沢）、同好の士として杉田玄白、中川淳庵《なかがわじゅんあん》、桂川甫周、朽木昌綱ら自身につながる蘭学の歩みを述べている。

続く「禦侮」では蘭学に対する排斥の動きに対して「其善ヲ択テ、コレニ従ハハ、何ノ非ナル所カアラン」とし、「勧戒」として蘭学の効用を述べ自分達が目指す所は「民用ヲ助ケ、国家昌平、聖恩ノ万一ヲ報ゼンコトヲ欲シテナリ」と結んでいる。

下巻　蘭学学習の方法

下巻は、「文字」「数量」「配韻」「比音」「訓詁」「転釈」「修学」「訳辞」「訓章」「釈義」「類語」「成語」「助語」「点

例」「書籍」「学訓」、桂川甫周と宇田川玄随の跋からなる。跋文の順番は版本によって異なり定まっていない。「文字」から「訓詁」までは、文字と発音という初歩的な内容で、続く「転釈」から「点例」までは蘭文を読み解くための単語や文章を与え、いかに蘭文を解釈すべきかを教えている。

「文字」は「アベセ」二六字と書体、「数量」は数字の書き方、読み方、「配韻」はアルファベットの二字あるいは三、四字の組み合わせによる発音の例と、五十音にあてたアルファベットの書き方、ただし、蘭化先生（前野良沢）は、i（ンイ）、ji（イ）、wi（ウイ）の三音があるといい、わが国ではイ、ヰの二字であるため、ンイを加えて表現したなど、通常の日本語の発音になく、片仮名では表し尽くせないため、文字の組み合わせで表現したと述べている。アルファベットの組み合わせに対する音節の発音を、アルファベットの上と下に片仮名表記で示している。これを繰り返し読み発声することによって、初歩的な発音・音節の組み合わせを修得するというものである。「比音」では、配韻を学び和歌など日本の文を表現することがオランダ語の学習に役立つことを述べている。つまりローマ字で日本語を表記することである。「訓詁」では、母音と子音の組み合わせと発音について、ここにはフランス語やラテン語を転用した和蘭語の例なども書かれている。「転釈」では、「一言一義のものあり、又数義のものあり」と意味の解釈の方法を述べている。

続いて「修学」は、蘭語学の修め方を概説している。意訳をすれば以下のようになる。

西洋にて小児に教える書に「アベブック」「レッテルコンスト」などがある。長崎の通詞は、初め皆まずこの文字の読み、書き、並びに綴りを習得し、後には「サーメンブラーカ」として日常会話を集めた書を学ぶ。（中略）我門下のものは、通訳を業として翻訳をするのではなく、ただ書を翻訳しようとするものであるので、なるだけ一語ずつでも言葉を覚え、助語などに注意して、文章の前後上下の語脈を考える。

自分たちの目的は書物の解読であると、通詞との違いを明らかにしている。「訳辞」では、短文を抜き出し訓訳を施すべしといい、小冊、つまり単語帳を作ること、それを増していくことの重要性を説いている。「訳章」では、一語ずつ訳字を書き入れ、一章を貫き意味を師に問う、「幾辺ともなく熟読暗唱」すれば自然と其意味も通じる、支那の書を和読するときに転倒を用いるのに似ていると、訳す際の方法を述べている。「釈義」では解釈をするための辞書の使い方、「類語」では、オランダの言辞がおおよそ五万語であるが、初学のためにと、例を示している。傍らに仮名を加え訳字を付すとして、例を示している。「成語」では、付訓点并に訳文として、良沢の『蘭訳筌《らんやくせん》』に掲載の構文を増減して、語ごとに訳字（発音）、訓釈（意味）を加え、訳文を載せている。「助語」in、het、de、zal、is en など、文章中の使われ方により意味が変わる語があることを示し、「点例」では、，、、、、；などの「支那」の句読点にあたるものについて書いている。続いて「書籍」は、蘭語および蘭学を学習する上で参考となる洋書をあげ、最後の「学訓」は、全体のまとめである。基本的な蘭語学習を行えば大業成就となるであろうと、学習の心構えを説いてしめくくっている。

四 『蘭学階梯』の評価

啓蒙書として

『蘭学階梯』が蘭学の普及に大きな貢献を果たしたことは、異論のないところで、実際、天明八年（一七八八）版は江戸の松本善兵衛、松本平助から出版され、寛政二年（一七九〇）に大坂の渋谷清右衛門、江戸の西村源六、蔦屋《つたや》重三郎《じゅうざぶろう》の三者から発行されているなど版を重ねており需要があったことが知られる。また、杉田玄白の『蘭学事始』

郵便はがき

料金受取人払郵便

本郷局承認

6771

差出有効期間
2026 年 7 月
31 日まで

113-8790

東京都文京区本郷 7 丁目 2 番 8 号
吉川弘文館 行

愛読者カード

本書をお買い上げいただきまして、まことにありがとうございました。このハガキを、小社へのご意見またはご注文にご利用下さい。

お買上**書名**

＊本書に関するご感想、ご批判をお聞かせ下さい。

＊出版を希望するテーマ・執筆者名をお聞かせ下さい。

お買上書店名　　区市町　　書店

◆新刊情報はホームページで　https://www.yoshikawa-k.co.jp/
◆ご注文、ご意見については　E-mail:sales@yoshikawa-k.co.jp

ご氏名《ふりがな》	年齢　　歳	男・女
〒 □□□-□□□□ ご住所	電話	
ご職業	所属学会等	
ご購読新聞名	ご購読雑誌名	

今後、吉川弘文館の「新刊案内」等をお送りいたします(年に数回を予定)。
ご承諾いただける方は右の□の中に✓をご記入ください。　□

注文書

月　　日

書　　名	定　価	部　数
	円	部
	円	部
	円	部
	円	部
	円	部

配本は、○印を付けた方法にして下さい。

イ．下記書店へ配本して下さい。
(直接書店にお渡し下さい)

(書店・取次帖合印)

書店様へ＝書店帖合印を捺印下さい。

ロ．直接送本して下さい。
代金(書籍代＋送料・代引手数料)は、お届けの際に現品と引換えにお支払下さい。送料・代引手数料は、1回のお届けごとに500円です(いずれも税込)。

＊お急ぎのご注文には電話、FAXをご利用ください。
電話 03−3813−9151(代)
FAX 03−3812−3544

に、のちに玄沢門の四天王の一人といわれる鳥取藩の稲村三伯が「その国に在りて蘭学階梯を見て奮発して江戸へ下り、玄沢が門を叩き、この業を学び」とあるように、『蘭学階梯』によって蘭学を志すものも多かった。「訳章」の部分の記述に「誤字ノコラズ附ケ終ラバ、一章ヲ貫キテノ意味ヲ、其師ニ就テ質問スベシ」とある。玄沢は、仙台藩に江戸詰めを志願した時のように、同志と共に行うのでなければ訳書の完成は難しいとの考えをもっている。この一文は、芝蘭堂入塾の勧誘にも読めてくる。それはともかく、稲村三伯のなした日蘭辞書『ハルマ和解』は、玄沢を含んだ芝蘭堂一門で取り組んだものであった。このような門人を得たことも『蘭学階梯』の成果といえよう。

蘭語学の立場から

杉本つとむ氏は、『蘭学階梯』は、最初の刊本蘭語入門書として、その普及と影響は大であったが、天明期の一つの総決算として内容吟味を加えておくべきとして語学の立場から分析されている。特に『蘭学階梯』上巻「立成」で、蘭学の筌蹄《せんてい》となるべき良沢の書として『和蘭訳文略』『蘭訳筌』『助語参考』『蘭語随筆』『古言考《こげんこう》』『点例考』などを挙げているが、中でも『和蘭訳文略』が強い影響を与えているとし、そのほかにも良沢の『和蘭訳筌』『和蘭点例考』などの影響がある。したがって青木昆陽、前野良沢、大槻玄沢という流れが認められ、さらに発音表記には長崎の和蘭通詞の影響がみられる。しかしながら、玄沢は良沢の語学的な成果を十分に消化できていないところがあると、特に発音について語学的な考察による成果を示している。

さらに『蘭学階梯』の「配韻」において、母音の順序が〈a e i o u〉とあるが、後にあげている五十音の図では〈a i u e o〉と説明もなく変えていることを指摘している。良沢は蘭語の五十音字をアイウエオからアエイオウに替え正しい道を開拓した、良沢が順序を改変した真意は、彼の深い学問研究の結果であった。しかし、玄沢はそのまま受け入れることをせず、アイウ（ユ）エオの語順としている。『蘭学階梯』のこの五十音図は、「決して蘭語音の習得のためではなくなっているのである。おそらく玄沢はこれに気がつかず、ちょっとした改変にすぎないし、むしろ日本人にわかりやすいと誤解していたのかもしれない。」と考察している。

ほかにもオとヲ、エとヱの区別がなされていない、混乱があるなども含めて、良沢に比べ玄沢の蘭語学に対する認識の弱さと浅さを指摘している。

単語の表記にみる玄沢の工夫

『蘭学階梯』下巻の「類語」で単語を三二語あげているが、その最初が、hemel 天である。オランダ語の単語を並べて紹介する例はほかにもあるが、どういうわけか「天」という言葉は最初の場合が多い。hemel に限る必要はないのだが、わかりやすい例として玄沢以前の蘭学者の「hemel」の書き方をみていきたい。

六代将軍徳川家宣のもとで正徳の治を行った中心人物である新井白石は、イタリア人イエズス会士シドッチの尋問を担当し、西洋の自然科学に対する知識に触れ、のちに『西洋紀聞』『采覧異言《さいらんいげん》』を著している。玄沢は、『六物新志』の題言や門弟山村才助《やまむらさいすけ》の著書『訂正増訳采覧異言』の序文で、蘭学が白石に「草創」「萌芽」したとしている。

白石は、『外国之事調書』を記し、それは巻子装《かんすそう》にされて伝わる。これは、白石がオランダ商館長や外科医との対談の機会を得た際、通詞の今村英生《いまむらえいせい》から聴取し、今村の協力も得て記録したもので、和語蘭訳約二〇〇語が採録されている。そのうち、享保元年（一七一六）十二月二十日に執筆した分に「天」がある。これは、縦書きで、「天　ヘーメル」と記している（宮崎道生―一九五八年）。

次に青木昆陽の最もまとまったオランダ語学書とされる『和蘭文字略考』を見てみる。延享三年（一七四六）の序があり、静嘉堂《せいかどう》文庫所蔵大槻文庫本、京都大学付属図書館の所蔵本が、いずれも自筆本と伝えられている。大槻文彦は、大正六年（一九一七）に家蔵本を解説を加えて印刷、刊行している。原本は『洋学　上』で活字化されており、文彦の刊行本と同様なので、図6に文彦刊行本の「天」を含む頁を示した。なお、この部分は『和蘭文字略考』巻之二であるが、巻之二、三は左開きの頁仕立てとしている。単語は左から右・上から下へと配列されている。つまり、「天」が一番目で、「日」「月」と進むという工夫をしている。さて、「天」は、左に意味「天」、次（右）にオランダ語の綴りを書き、その上に「ヘーメル」と単語の発音を、下にアルファベット一文字ずつの発音を書いている。綴りは、he（ヘー）、me（メ）、l（ル）と線を引いて区切っている。この区切りは、「阿蘭陀文字寄合せ様」として、abc……二五文字を組み合わせた、一まとまりの音（音節）を示したもの、『蘭学階梯』でいう「配韻」にあたるものである。

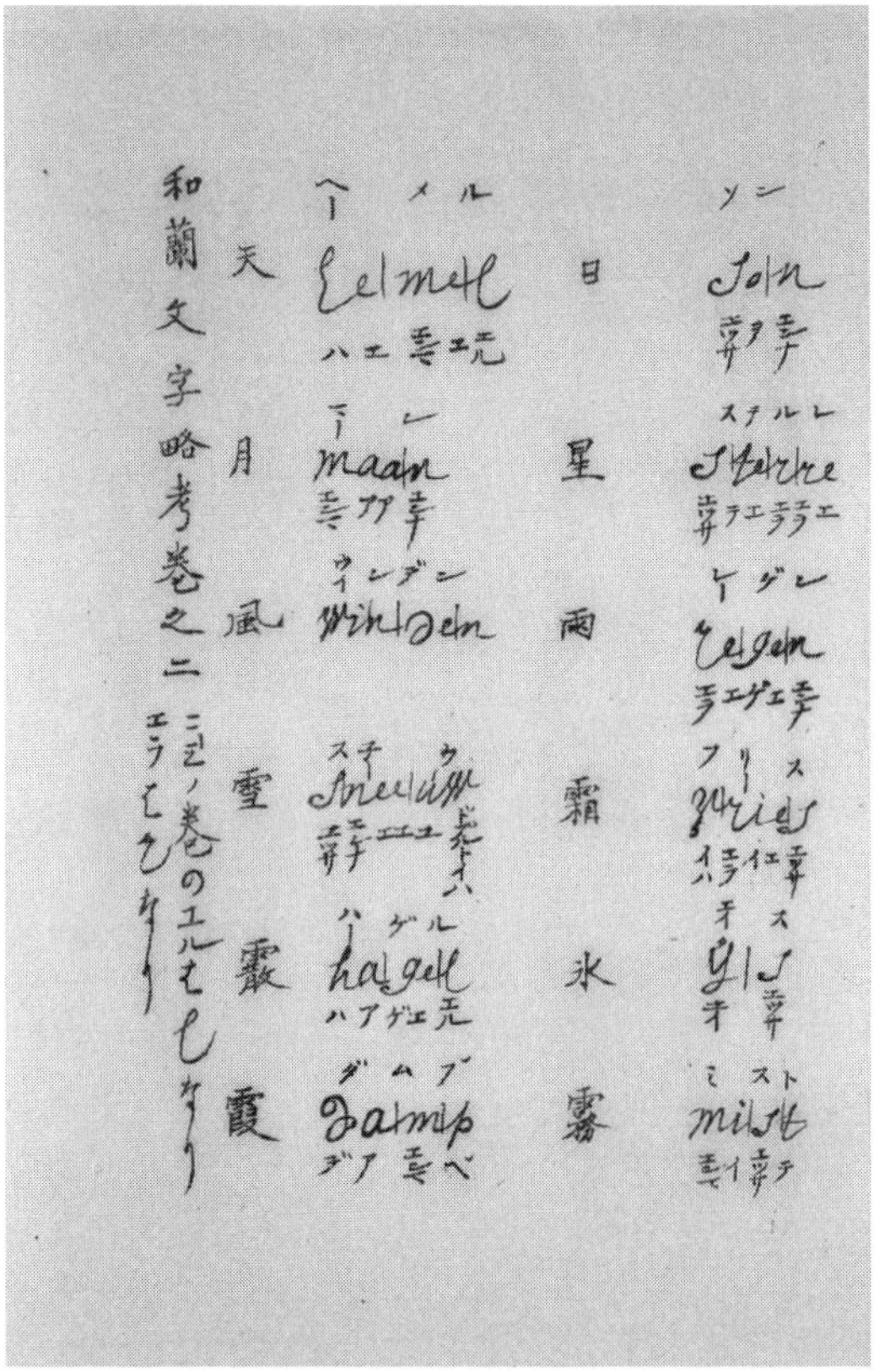

図6　青木昆陽『和蘭文字略考』

昆陽は、一字一字の読み方と単語などの読み方には区別があり、発音も異なるという点を指摘している。また、仮名文字で発音をかき分けることや、寄合せ様を書き載せることが難しかったとも記している。

昆陽の弟子で、玄沢の師である前野良沢には、玄沢が『蘭学階梯』の「立成」で示しているように蘭語学関係の著作があるが、そのうち『蘭訳筌』は、京都大学文学研究科所蔵

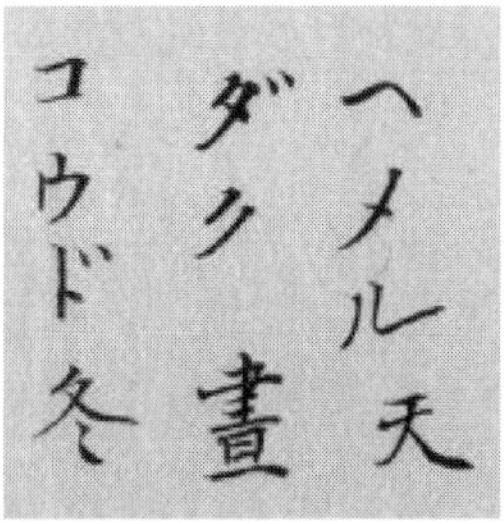

図7　前野良沢『和蘭訳筌』
京都大学付属図書館所蔵

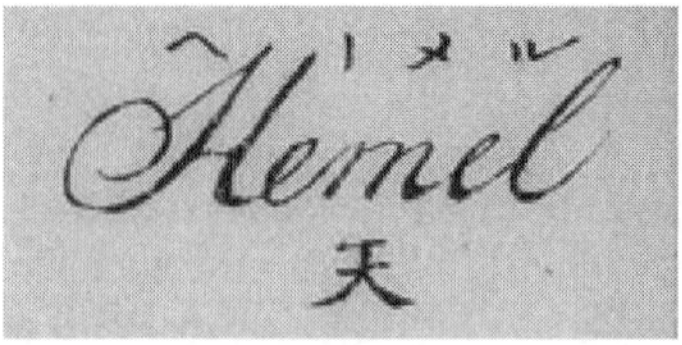

図8　大槻玄沢『蘭学階梯』

本のみの存在が知られ、『大分県先哲叢書』に影印版で収録されているが、それによると「Hemel　天」とあり、縦書きで「ヘーメル」と書いている。

良沢の語学書に、『蘭訳筌』を改訂した『和蘭訳筌』がある。この書は、比較的多くの写本があり、静嘉堂文庫所蔵大槻家文庫本『蘭化雑編』に含まれているものには、序文、跋文も付せられており、書物として完成している。この書には、「訳言類」読音ノ国字ヲ用ル例として、「ヘメル　天」（図7）と縦書きであるのみで、アルファベットに発音を対応させる試みは単語の場合は記載がない。

さて、『蘭学階梯』の場合は、図8であり、オランダ語の綴りの上にアルファベットに対応するように、左からヘーメルと書き、下に天と示している。この結果「ヘーメル」の部分は、左から右への横書きとなっている。昆陽の「ヘーメル」も横書きともみえるが、アルファベット一文字の発音を見ると縦書きであることから縦書きとみなしてよいだろう。玄沢の方は、現代的にみれば長音が異なるが、発音をあてた結果完全な横書きとなったといえる。

屋名池誠氏によれば、日本で本格的な横書きが生まれたのは、幕末・明治初期のこと、それ以前の日本語は縦書きの方式しかもっていなかった。横長の扁額は右から左への横書きにも見えるが、一行一字の縦書きということである。『蘭学階梯』が初めて幕府の公認のもとにオランダ語の文字（すなわちラテン文字）を紹介したと指摘している。玄沢はオランダ語の横文字と同時に、オランダ語に対する日本の文字による発音を横書きで紹介し、初めて刊行したといえる。『蘭学階梯』にも、それ以前の良沢の書籍にも、和歌などをローマ字で表現したために、片仮名の横書きが登場しているが、それはまた違った意味をもつものである。

蘭語の日本語の意味が、二文字以上の例があればいいのであるが、意図的なのか単語については、すべて一文字で表現されている。構文が出てくる部分の一例を図9に挙げたが、nooit は「終ニ無シ」で左から右への横書きとみることもできるが、voleynden は「終ヲ克クスルコト」であろうから、縦書きとみえるので、文章に関しては、定まっていない。

昆陽自筆の『和蘭文字略考』の大槻家本がかつて存在したこと、また『蘭学階梯』の記述によっても玄沢が『和蘭文字略考』を見ていたことは確かと思うが、玄沢は、昆陽の解説的な表現を整理し、オランダ語の綴り、その文字にあわせた国字（片仮名）による発音と、日本語の意味を効率よく示す方法を考案している。現代の人にとってもわかりやすいと思える。英単語の学習をする時、綴りと意味に加えて、片仮名で読み方をメモしたことがある人も多いのでないだろうか。ただし、それは、教科書や参考書には掲載されないもので、語学的に正当ではないものである。

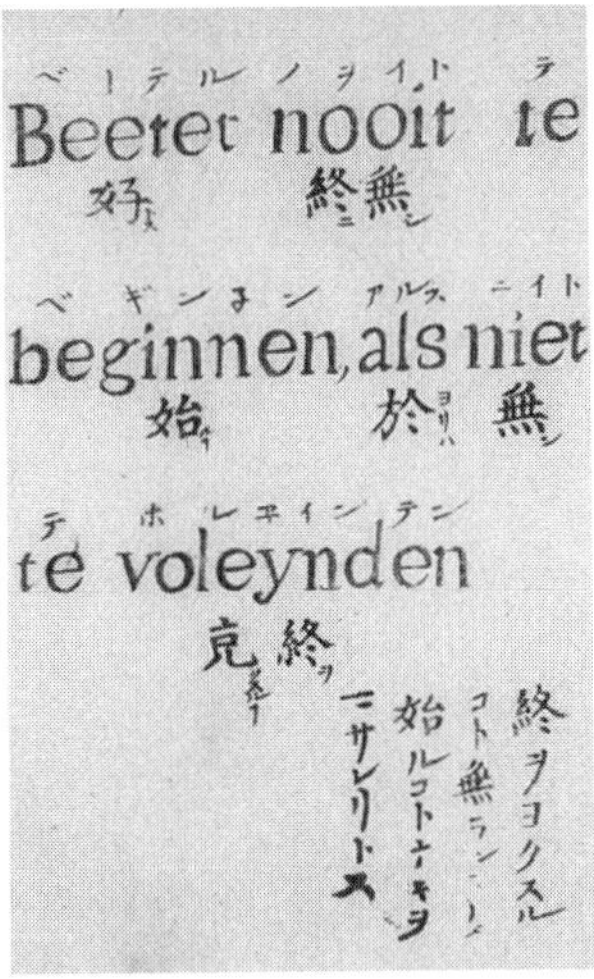

図９　『蘭学階梯』

庶民への啓蒙

玄沢が、オランダ通詞とは立場が異なり書物の翻訳のための語学書をめざしたのならば、良沢の『和蘭訳筌』がそうであるように、この「ヘーメル」という片仮名は必要ないと思われる。より多くの人に蘭学に対する興味を持たせること、より直感的にわかりやすくすることを追求した結果の表現といえるのではないか。五十音のアイウエオの語順にも、杉本氏の指摘に「むしろ日本人にわかりやすいと誤解していたのかもしれない」とあるが、語学的には良沢より後退していた面はあるのだろうが、オランダ語に触れるという点では理解しやすく、「日本人にわかりやすい」のは誤解ではなかったとも考えられる。

その後、芝蘭堂の門人、一関出身の吉川良祐は、『蘭学階梯』が初学者には理解し難いところがあったとし、『蘭学階梯』下巻における「文字」「数量」「配韻」に該当する部分のみを玄沢の許可を得て、『蘭学佩觿《らんがくはいけい》』と題し小冊（一枚物の両面刷）として寛政七年（一七九五）に出版している（神田外語大学所蔵）。ここでは、五十音として、ア（a）、エ（e）、イ（i）、オ（o）、ウ（oe）の順を採用し、さらに、ユ（u）、イエ（y）を加え、七〇の音を示していることに注意しておきたい。解説文中に「AEIOU　我アイウエオハ音次正シカラス彼定ムル所ノアエイオウ発音ノ順正タリ味ヒ知ルヘシ」と書いている。杉本氏は、良沢の『和蘭訳筌』を転用したものであるが、まだ理解が及んでいないとしている。

『蘭学佩觿』と『蘭学階梯』との相違は、玄沢の理解の足りなさゆえの揺れと考えることもできるが、先に述べた語学書としては必要のない『蘭学階梯』の「ヘーメル」の表現と合わせてみると、『蘭学階梯』は、庶民層、蘭学愛好者に蘭学に対する啓蒙を意図し「我アイウエオ」を採用したものとも考えられる。『蘭学佩觿』は体裁こそ簡素なものの、芝蘭堂に入塾し、これから語学を学習する者に対して専門性を高めたものとして、異なる読者を対象に編集したとみることもできるのではないだろうか。

『蘭学階梯』その後

『蘭学階梯』は、日本初の蘭学入門書として版を重ね、全国で読まれた。玄沢門下では、玄沢のいう単語帳の収録数を増やすことが大切との意識のもと、稲村三伯が中心となって、フランソワ・ハルマ編の蘭仏辞典をもとにして蘭日辞書『ハルマ和解』を編纂した。寛政八年（一七九六）に編纂事業は終わり、寛政十年から十一年にかけて出版された。オランダ語の部分は木活字での印刷、日本語は毛筆による縦書きで、わずか三〇部の刊行であった。

玄沢が六〇歳の時に著した『蘭訳梯航』では、良沢やそれを引き継いだ自らの翻訳の方法は、今では旧法となり、中野柳圃（志筑忠雄）や馬場佐十郎らによる文法の理解を中心とする新法の時代に代わっていると述べている。息子玄幹は、遊学先の長崎を離れる際、中野から送別の蘭文を送られ、後年馬場とともに著作を著して訳業に従事している。江戸の蘭語学は、彼らの影響を受けながら進化していくこととなった。

おわりに

青木昆陽、前野良沢の著書を調べると、その多くがかつて大槻家で所蔵したものであり、磐渓、如電、文彦の手を経たものであることに驚かされる。大槻文庫の豊かさが彼らの活躍を支えたといえよう。

『蘭学階梯』の板木（重要文化財）を当館で所蔵している。本文はもとより題僉、見返し、序文、跋文、奥付も含め完備したものである。『蘭学階梯』は内容もさることながら、多種の版本と板木の存在により印刷史の面からも新しい知見を得られるものではないだろうか。板木は、明治十九年（一八八六）に、出版社の須原屋伊八から大槻家に返されたものである。この時、如電は、「此板木は日本に洋学を開いた根本である。此の板木は大槻一家の宝では無い、日本の国宝としてよいものである」と述べている。重要文化財となることを予見したかのようにも思える。

板木は、大槻家から太平洋戦争中、医学史の研究者杉靖三郎氏に譲られ、当館の開館を機に杉氏から寄贈された。江戸期の出版者を考えると何人の手を経て、大槻のふるさと一関にきたものか。奇跡的な幸運に感謝し、最後を託された責任を感じている。

大槻磐渓——幕末明治を駆け抜けた武人学者——

小岩弘明

はじめに

先生の枉駕なければはざれうた

磐渓を晩景までもたゆみなく、待てど暮らせどござらぬはなぞ

同音異字を掛詞としてある人物の来訪を首を長くして待っていた様子が伝わる、戸惑いとウィットに富んだ微笑ましい一句である。詠み人は明治の初め、旧仙台藩最後の藩主・伊達《だて》慶邦《よしくに》その人である。そして上の句筆頭の人物こそ本章の主人公、大槻磐渓《おおつきばんけい》である。磐渓は仙台藩の旧臣で藩校養賢堂《ようけんどう》の学頭《がくとう》を務めた漢学者である。この磐渓不参の一件について、二男如電《じょでん》は慶邦の命を伝える使者が日にちを取り違えたと語っているが、さて。冷や汗ものだったと思われる磐渓は、後日慶邦から直々に短冊を賜り家宝とした。旧主からこれほどの知遇をもって接してもらえた磐渓は、慶邦の遺命で草した墓誌を、多年にわたる君恩を思いつつ一字一涙で書いたという（大槻茂雄著『大槻如電口授　磐渓事略』一九〇八年）。

慶邦だけではない。彼の周囲には将軍の子、将軍後見人、幕閣、幕臣諸大名、諸藩士、文人墨客《ぶんじんぼっかく》から庶民に至るまで多くの理解者や友人がおり、明治期に至ってもさらに官民を問わず知識人と交わりをもって彼の人生を彩っていた。江戸の知識人として高名を馳せていた磐渓の活動の一端を辿ってみたい。

一 修行時代

幼年期

図1　大槻磐渓　硝子湿版写真

磐渓は仙台藩医で江戸蘭学界の第一人者となっていた大槻玄沢《げんたく》の二男として享和元年（一八〇一）江戸に生まれた。玄沢の末子で、六番目に生まれた二男だったことから幼名を六二郎と名付けられた。長男は玄沢の故郷一関で生まれた玄幹《げんかん》で、磐渓とは数え年で一七歳年上であり、玄沢の後継として蘭学者の道を歩んでいた。一方磐渓は漢詩文に優れ、書を良くし、加えて西洋砲術師範であり、藩校養賢堂学頭として文武両道の道を歩むこととなった。その第一歩は玄沢の深慮遠謀による漢学修行から始まった。

杉田玄白、前野良沢《まえのりょうたく》らによって始められた蘭学は、双方の弟子となった玄沢による蘭学入門書『蘭学階梯《らんがくかいてい》』の刊行によって蘭学を志す者たちの著しい増加と目覚ましい研究の進展を見るに至った。しかし蘭学を研究する人びとは共通の悩みを抱えていた。翻訳の問題である。オランダ語を適切な日本語として創出することだった。幕府の奥医師で玄沢友人の桂川甫周《かつらがわほしゅう》との会話の中で甫周が、横文字を翻訳するためには能文家《のうぶんか》が必要と嘆息した一言に対し、玄沢は、未だ一〇歳に満たないながら六二郎はその任に当たりそうだ、と答えた。当時文章家の基礎は中国の学問・漢学だった。つまり玄沢は、長男を蘭学者として、二男は翻訳の必要性から漢学者に育てることを決意したのである。玄沢のこの決断によって、磐渓は将来漢学の大成者として、また戊辰戦争時における仙台藩の方向性を導き、ひいては東北諸藩の動向に大きく関わる重要人物として歩んでいく道筋が命運として定まったのである。玄沢は磐渓の漢学者育成計画を実行に移すべく着々と手を打っていった。

磐渓の三男文彦《ふみひこ》が、磐渓七回忌を期して作成配布した『磐翁年譜《ばんおうねんぷ》』（一八八四年）では、五歳で読み書きを学び始めたことが記されている。この頃からの姿勢が玄沢をして文章家としての将来性を見出させたのだろう。七歳になると江戸の絵師鏑木雲潭《かぶらぎうんたん》について絵を学び始めている。実は絵の才能も磐渓を語る一つの材料であり、彼が持つ幅広い好奇心を示す特徴の一つともなるのである。その集大成ともいえるものが、現存一七冊の磐渓お手製のスクラップブック『塵積成山《じんせきせいざん》』ほかである。（別章「大槻磐渓の貼り交ぜ帳」参照）

八歳となった磐渓に対し、玄沢はいよいよ漢学者としての道を歩ませるべく動き出す。漢学の師として、高名な岡山藩儒員井上四明の門を叩いた。四明はこの時八〇を超える高齢であり、実際には四明の孫で磐渓より一〇歳年上の毅斎《きさい》から教えを受けた。四明は岡山藩中屋敷に住まいしており、玄沢宅の近所であって磐渓は毎日通って学んだ。

青年大槻平次郎の漢学修行

一六歳、元服して実名を清崇《きよたか》、通称を平次郎、字を士広《しこう》、号を江陰《こういん》、のち磐渓という。青年磐渓は新たに林述斎《はやしじゅつさい》に入門した。林家は初代羅山が徳川家康の側近として仕えて以来、幕府の儒家として教学の中心であり代々大学頭《だいがくのかみ》を称したが、中でも述斎は林家中興の主と称された人物だった。門人となった磐渓は翌年一七歳にして幕府の聖堂・昌平坂学問所に入塾した。この時から一〇年にわたって磐渓は学問所で研鑽に励むこととなったのだった。この一〇年は非常に濃密で漢学者として歩んでいく磐渓にとって、知識の習得と幅広い交友関係の獲得という重要な期間となったことは言を俟《ま》たない。

父祖の地一関で松崎慊堂と邂逅

一八歳となった磐渓は初めて父祖の地一関へ向かい、仙台藩西岩井大肝入《おおきもいり》を務める宗家大槻家に帰省した。当主は地元で名大肝入と声望の高かった清臣《きよおみ》（丈作《じょうさく》）である。若い頃に昌平坂学問所に学んで経書の解釈に造詣が深く、詩文に長じていた教養人であり、その弟は仙台藩校養賢堂の改革を断行して約四〇年にわたり学頭を務めることとなった大槻平泉《へいせん》である。この清臣宅に一人の旅人が寄宿した。玄沢の親しい友人であり江戸屈指の漢学者であった松崎慊堂《まつざきこうどう》（退蔵《たいぞう》）である。慊堂は林述斎の高弟五人の一人であり、通称に五人共に「蔵」がついていたことから林門五蔵と称された俊英の一人である。磐渓は父祖の地で慊堂に出会った。玄沢の演出だったかもしれない（大島英介―一九九九年）。

栗駒山に源を発し、東流して北上川に合流する磐井川の中間に、複数の滝を有する景勝地がある。現在国の名勝天然記念物に指定されている厳美渓《げんびけい》である。ここは急流によって形づくられた渓谷で、江戸時代には橋が架けられていなかった。そのため清臣が大肝入として預かる西岩井一三ヵ村のうち、五串村《いつくしむら》と猪岡村《いのおかむら》はこの渓谷によって長年にわたり往来の不便を強いられてきた。そこで清臣は村民の協力のもと架橋を計画した。橋脚を有しない飛橋で文化元年（一八〇四）に起工し三年に完成、天工橋と名付けられた。玄沢はこの快挙を顕彰するにあたり、碑の撰文《せんぶん》を友人慊堂に依頼し慊堂はその実見のために現地を訪れたと考えられている（『槻弓の春』）。一関帰省は当時病弱だった磐渓の

図2　寧静閣一集

中井履軒の額「寧静」を掲げた書斎を題とした磐渓の漢詩文集。弘化4年（1847）刊行の1集から明治41年（1908）30年忌に刊行した4集まで16冊にのぼる。

転地療養でもあったと如電は語るが、磐渓にとって慊堂との邂逅は初の帰省と併せて劇的なものになったのだろう。磐渓はこのあと慊堂を文章の師と仰ぎ、またこの帰省で深い感銘を受けた磐井川の渓谷にちなんで「磐渓」と号し、以後生涯にわたって使い続けたのである。磐渓にとっては非常に意味のある旅となった（なお、石碑については別章「大槻家の人びと」七代大槻清臣の項を参照）。

漢文、漢詩、書法の三師

さて、磐渓の文章の師をもう一人挙げなければならない。葛《か》西因是《さいいんぜ》である。因是は通称を健蔵といい林門五蔵の一人である。玄沢は築地に住んでいた桂川との往来から、同じ築地に住む因是とも懇意となった。磐渓は一六歳の時の作文を因是に見せたところ「前程可期」という評価を下され、以来因是のもとで文章の研鑽に励んだ。後年磐渓が西遊の途中、頼《らい》山陽《さんよう》に面会して文稿を見せたところ「後来有望」との評を得た。この二つの評価は磐渓の自慢だったという。磐渓は漢学を学ぶものとして着実にその歩みを進めていた。

文彦は磐渓の師として「文は葛西因是、松崎慊堂の両先生に、詩は梁川星巌《やながわせいがん》先生に、書は巻菱湖《まきりょうこ》先生に骨髄を得られた」と語っている（『磐渓事略』）。

梁川星巌は漢詩人として知られ、神田お玉が池に玉池吟社《ぎょくちぎんしゃ》を開いて、天保年間における江戸詩壇の中心的な存在となった。磐渓は天保七年三六歳から星巌に学んだらしい。この年に星巌は吟社を開いており、磐渓は足しげく通ったのだろう。

菱湖は唐様の書風を極めた書道の大家で、幕末の三筆の一人に数えられている。菱湖は葛西因是と交流があり、因是の紹介もあって文政三年二〇歳の時に菱湖と交流を持ったのだった。因是が没すると、磐渓は菱湖から教えを受けていた。殊に書法においてその奥義を受け、特に目をかけられたと文彦は語っている。それを裏付けるように天保元年に磐渓が北越路を遊歴するにあたり、菱湖は往路先々の知友に磐渓の世話を願う書状をしたためている。

いずれも当代一流の師であり、さらに学問所内外の師また諸友と研鑽に励み、磐渓はその力量を磨いていった。

二　長崎遊学

あこがれの地長崎

江戸時代、外国との唯一の交易場所長崎。なかでも出島を窓口に往来したオランダ商船は、長崎に異国文化の香りを漂わせる源泉であり、その文化に触れ、新たな知見を見出しうる原動力であった。それゆえに長崎は全国から遊学の徒がめざすあこがれの地でもあった。

仙台藩西岩井大肝入を宗家とする大槻家からも遊学を果たした人物が数名いる。天明元年（一七八一）に仙台の支藩一関の藩医だった玄沢が遊学を果たし、翌年江戸に戻ると本藩仙台藩医に取立てられ、江戸定詰《じょうづめ》（定住）となっている。玄沢の長男玄幹は、大肝入清臣の実弟で後に仙台藩校養賢堂学頭となる平泉とともに享和三年（一八〇三）から二年間遊学、そして磐渓は文政十一年（一八二八）に遊学を果たしている。大槻家からは都合四人が長崎に赴きその知見を広げたのだった。しかし磐渓の旅はそう容易なものではなかった。

一七歳で学問所に入所した磐渓は漢学修行に専心していた。その熟達ぶりは目覚ましいものがあったらしく、いち早く目を付けたのは仙台藩校養賢堂の学頭となっていた平泉だった。文政五年（一八二二）平泉は磐渓を仙台に呼び寄せ養賢堂の諸生扱《しよせいあつかい》、次いで指南役見習《しなんやくみならい》に抜擢した。当時、学頭平泉以下、添役二名、指南役二名、同仮役三名、同御用弁一名で諸生扱はその次に位置し磐渓を含め八名、その下には同仮役ほか一七名がいた。未だ二〇代前半の磐渓を次代のスタッフとして迎えようとしたのである。これは玄沢にとって予想外の展開であり、直ちに磐渓に書簡を送り、若年未熟の身でありながら重い御用を務めることは甚だ不本意であり安心できない、と戒めている。こうした平泉と玄沢の綱引きは同八年まで続いたが、結局学問所で修行を続けるべきとの玄沢の主張が通って磐渓は学問所に戻ったのだった。この玄沢の書簡に次のような文言が書かれていた。追々三都そのほかの遊学もしたいとの心得に対し、自分も同意であるので、三〇歳までは専ら研究に励むように、と諭していた（小岩弘明―二〇〇六年）。つまり磐渓はかなり早くから遊学希望を玄沢に告げていたのだ。遊学後の漢文集『西遊紀程』には、宿意が果たせなかったのは一〇年、とあり学問所入所の頃にはすでに遊学の思いがあったと思われる。玄沢は蘭学を学ぶ長男玄幹を「家業修行のため」として一八歳の時に長崎に遊学させている。一方磐渓には二〇代に入っても漢学修行を優先させ、三〇歳になったらと考えていたのだろう。もともと玄沢はオランダ語の翻訳のために磐渓に漢学の道を進ませたのであり、その意味でも長崎遊学に異論があるはずもなかった。とはいえ実は磐渓は内心蘭学についても学びたいとの思いがあったことは確実で、遊学時の雑記帳表紙には手慣れた連綿体で Ootsuki Feijziro とサインしている。また蘭学者で友人の桂川甫賢《かつらがわほけん》からは蘭文の送別の辞を贈られていて、磐渓の宿願を示したものだろう。

長崎への旅立ち

磐渓は遊学を二七歳の時に玄沢から認められた。玄沢の考えから三年早い旅立ちとなった。これは磐渓が成し遂げた一つの事績が契機だったと思われる。養賢堂指南見習の一件後、学問所に復帰した翌九年、玄沢の日記九月六日条に「平次郎来たる、今日斎長仰せ付けられ候由」とある（大槻玄沢「文政九・十稔〈丙戌／蠟月〉丁亥日暦」）。旗本御家人が入る寄宿寮はすべて官費賄いであるのに対し、諸藩士が入寮する書生寮は自費賄いだが、斎長（生徒頭）になると扶持米《ふちまい》が下された。磐渓は認められて待遇が変わったのだ。この年は玄沢が七〇歳の年にあたり、来たる九月二十八日は玄沢の誕生日であり、先だって八月二十九日には七〇の賀宴が催されていた。慶事が重なった年となった。

文政十年二月、玄沢は磐渓のために一通の書状をしたためた。そこには「修行のため漫遊する」磐渓らを「私同様に思し召して御世話よろしく願い奉り候」として五五名を列記して磐渓に持たせた。そして二月十七日早朝、磐渓は玄沢の門下生茂松文沢を伴って意気揚々と遊学の途についた。しかしこれが父玄沢との今生の別れでもあった。

磐渓の計画では西は九州までを辿り、次いで船で四国に渡り、帰路を北陸路としていた。玄沢の書状をつてに順調に東海道を西に辿りながら神社仏閣、名所旧跡を渉猟《しょうりょう》し、入京したのは三月十六日だった。京内を遊覧した磐渓は、二十七日頼山陽のもとを訪れ文稿を示したところ、山陽は「催詩楼記」一篇に目をとめ酒宴をもって歓待した。この時「後来有望」の一言を賜ったのだろう。磐渓自慢の一つとなった。旅は京から南下して大坂、奈良から吉野山、高野山を経て和歌山城下に至ったのは四月九日だった。翌日の夕方、先月末に訪問した大坂の斎藤方策《さいとうほうさく》から急使が来て玄幹の書簡が届けられた。そこには玄沢危篤の報が書かれていた。

玄沢は正月に再発した持病の疝気《せんき》（下腹部痛）に悩まされていて、磐渓出発に際し、

わかものら　春の旅出のいさましく　おやぢせんきも失せて起たつ

と詠じ贈っているが、そこには日常床に伏している玄沢の姿が読み取れる。玄沢の日記では三月十一日夜から腹痛が続き出すも二十六日までは自筆で綴った。しかし同日別筆で「四時頃大苦痛」とあり、この日容体が急変したらしい。以下は別筆で綴られる。二十九日差し込みが強く現れ、三十日夜明け頃亡くなった。享年七一歳。遠く磐渓はこの日斎藤方策宅を訪れていた。

長崎遊学と高島秋帆との出会い

玄幹の急報を受け取った磐渓は急ぎ出立の準備をしたが、日没で周囲の説得もありやむなく翌早朝江戸へ向かった。こうして磐渓の西遊は畿内までで途絶した。しかし途上で出会った人びととの交流や名所見学は、以後の磐渓に大きな影響をもたらした。それを如実に物語ったのが天保二年（一八三一）磐渓初の上梓『西遊紀程』である。自身の日々の行動が漢文で活写され、場面々々を彷彿とさせる。長年にわたる修行の成果を遺憾なく発揮した一篇となった。

磐渓は果たせなかった長崎行について慊堂に相談したところ、慊堂から林述斎を通して長崎奉行本田佐渡守に随行する形で文政十一年（一八二八）九月その志を果たした。奉行の随員であり前年のように各地に立ち寄ることはなく直行となった。ここで磐渓にとって一つの大きな出会いがあった。高島秋帆《たかしましゅうはん》である。秋帆は長崎の町年寄・長崎会所調役であり、オランダ貿易の運営を掌《つかさど》っていた一人だった。磐渓は秋帆を知り江戸から持参した名人大家の書画帖「尋雲帖」を贈って喜ばれた。磐渓は遊学、修行の最適の人物に対する進物として持参したものだろう。長崎の顔役でありオランダとも深く交流する秋帆に「尋雲帖」を贈ったことは長崎行の目的が蘭学修行のためだったことを示していよう。しかし長崎はシーボルト事件の只中となり蘭学修行に係る知識習得は果たせず、翌年佐渡守に従って江戸に戻っていった。秋帆とはその後も書簡のやり取りがあり交流は続いた。

初の上梓『西遊紀程』

長崎から戻った磐渓は、佐渡守に暇乞いを申し出たところ、引き続き若殿などの学問相手としたいとして引き留めにあった、と如電は語る（『磐渓事略』）。佐渡守家中で磐渓の学才を認めていたのだろう。しかし磐渓は半ば強引に暇を取り、結果として随行の仲介役となった林家は大変迷惑したらしい。とはいえ他家から乞われた初の出来事だった。

天保元年（一八三〇）の夏から秋にかけて磐渓は越後方面を遊歴しているが、西遊の文稿も練っていた。『西遊紀程』附言には天保二年三月とあり、大島桃年による「西遊紀程跋」、巻菱湖の「西遊紀程引」を得て七月に文稿を完成させ磐渓初の出版物とした。刊本となった『西遊紀程』を贈られた一人に桂川甫賢がいる。その礼の手紙に興味深い一文が記されている。

過日は尊翰ならびに西遊紀拝見かたじけなし。仰せの如く昨日までに轎中《きょうちゅう》にて拝見、感服仕《つかまつ》り候、さて、これより一意洋書に御潜心のよし、小弟の大幸これに過ぎず候、山村子明《やまむらしめい》再来と抃躍《べんやく》仕り候（読み下し文、傍線筆者）

贈呈本に添えられた十月十二日付磐渓の手紙に、これからは洋書に取り組む旨が記されていたのだろう。磐渓の蘭学修行の決意表明が見て取れる。

玄沢亡き後玄幹が家督を継ぎ、学問所を退所した磐渓は玄幹の庇護を受ける所となった。そうした中で『西遊紀程』は長年秘かに温めてきた蘭学修行への転換点だった。見方を変えれば玄沢の方針に従って研究を続けてきた漢学の成果の集大成が『西遊紀程』であり、新たな道を歩むきっかけであったろうか。甫賢書中の山村子明は通称を才助、玄沢四天王の一人であり、翻訳書を多く出版していた。磐渓も玄沢や桂川甫周からオランダ語を適切な日本語に翻訳する人物として期待されて漢学を学んできたのであり、本格的にオランダ語に取り組む姿勢を見せた磐渓に甫賢も山村の姿を見たのだ。

新規召出・学問稽古人大槻平次郎

甫賢の書簡からほぼ一年後、十月十日付で磐渓は仙台藩に新規召出（取り立て）、玄幹から別家した。辞令には次のようにある。

御番医師御近習玄沢弟
大槻平次郎
学問出精の段御聴に相達し、大番組召出され（以下略、読み下し文）

玄沢とは名跡を継いだ玄幹のこと。この日磐渓は喜びの漢詩を詠じたが、そこには六年にもわたり兄玄幹の養いを受けてきた秘かな苦悩と、今日老母の心を安んじることができた素直な心が綴られていた。さらに命じられた職名は「学問稽古人」という風変わりなもので江戸定詰となった。学問とは本来武芸などに対し、漢詩文、仏典、和歌など、広く学芸一般について学習し、体得すること（『日本国語大辞典』）とされるが、ここで言う「学問」とは昌平坂学問所で明らかな通り四書五経を中心とする素読、講釈であり、礼法、詩、文、書を学ぶことである。磐渓は漢学の稽古人として用いられたのである。確たる事は言えないが、『西遊紀程』が認められた、あるいは本田家引き留めの一件が藩に伝わった、などさまざまな要因が考えられる。一方で、藩命で学問稽古人となったことは、かねてよりの宿願だった蘭学研究を断念しなければならないことも意味した。翌年藩主斉邦《なりくに》出府によって初のお目見を果たした。

なお、仙台藩には代々儒学を伝える儒役という家業人がいて、藩主の侍講として、また藩校の教授を行っていた。

平泉は正に儒役だった。如電は、学問稽古人は儒役ではないと語っていたが、磐渓が堀田摂津守邸への出講にあたり、堀田家から差し出された書簡には「御儒役大槻平次様」と記されている。また仙台藩が他家へ出した書簡には「御儒役大槻平次」と記していて、実質の藩儒だった。しかし磐渓の風変わりな職名は文久二年（一八六二）、仙台に帰住して養賢堂学頭添役《そえやく》となるまで取れることはなかった。とはいえ、対外的な肩書として学問稽古人とは記しがたいこともあり実質は儒役同様だったことが窺い知れる。

諸大名との交誼

磐渓が新居を得た場所は同居していた玄幹の邸内であり、現在の築地六丁目付近だったが、天保五年（一八三四）火災により堀田邸内に仮住まいし、やがて木挽町《こびきちょう》三丁目に住まいを得ている。初代下野佐野藩主堀田《ほった》正敦《まさあつ》は伊達家出身で磐渓の父玄沢の庇護者であり、子の正衡《まさひら》が描いた玄沢の肖像に賛を添えている。この仮住まいはその縁もあってと思われるが、堀田家からは正衡への御前講釈、世子《せいし》正修《まさもと》以下の子供たちおよび家臣の面々へ教導を依頼され扶持をもらっている。おそらく他家への出講の始めであろう。これ以降幕末まで、将軍家斉の子で津山藩主松平斉民《まつだいらなりたみ》（号確堂）を筆頭に諸大名と漢学を通じて広く交流を持っていった。参考までに『磐渓事略』に列記された堀田父子、斉民以外の人物のみを記しておく。徳川（田安《たやす》）慶頼《よしより》、脇坂安宅《わきさかやすおり》、山内豊信《やまうちとよしげ》（容堂）、松平慶永《まつだいらよしなが》（春嶽）、間部詮勝《まなべあきかつ》という錚々《そうそう》たる面々だが、彼らはごく一部に過ぎない。

詩文会の主催者

磐渓はまた市井の人びとを対象に詩文会を催していた。何度か転居した磐渓は最後に仙台に帰住するまで木挽町四丁目に居を構えた。弘化元年（一八四四）のことである。如電文彦兄弟もここで生まれた。この地が氷川屋敷という赤坂氷川明神別当に与えられた拝領町家であることに因み、氷川吟社と名付けられた（揖斐高―二〇一六年）。磐渓が貼りためた一七冊に及ぶスクラップブック『塵積成山』などには氷川吟社の毎月の課題が刷られた紙片が貼られている。そこにはなかなか厳しい磐渓の姿勢がうかがえる。会は正午から始まりその進め方を記したのち、当日参会出来ない者は人に作詩を託すこと、託さなかった者、詩を持参しなかった者には罰を与える、とある。一方で、年間の佳作は批評を付して冊子にまとめる、と愛好家の心をくすぐっている。本人も同時代の詩文会に顔を出していたようで、大窪詩《おおくぼし》仏《ぶつ》、梁川星巌、大沼枕山《おおぬまちんざん》、小《お》野《の》湖《こ》山《ざん》などの課題の紙片が『塵積成山』に貼られている。文人サロンとも言うべき交わりを持っていた。こうして磐渓は武家、文人墨客、庶民に至るまでその盛名が上っていった。

四　武の人

私的習得から始まった「西洋砲術稽古人」の辞令

文人として著名な磐渓だが、もう一つ別な一面を持っている。武人の顔である。磐渓は翻訳家としての活躍を期待されて漢学の道を進んだこともあり、蘭学研究も切望していた。しかし学問稽古人という辞令のもと、漢学者としてのみ進まざるをえなくなったことは前に記した通りである。しかしそこに至る過程で、長崎で高島秋帆と交誼《こうぎ》を持ったことが磐渓に新たな道を指し示すこととなった。

天保十二年（一八四二）高島秋帆が江戸に出府した。彼が習得した最新の西洋砲術を幕命で披露するためだった。武州徳丸ヶ《とくまるが》原《はら》で行われた演習には武家から庶民まで大勢が集って、爆音の中これまで誰も見たことのない試技を凝視した。この中に磐渓もいた。磐渓が残した日記には当日の配置が図示され、使用砲、目標の距離、実技者など細かく記された。磐渓は後日改めて秋帆のもとを訪れ、銃砲類を熟覧していた。『塵積成山』にはホーイッスル、モルチールの二砲のスケッチと計測値が書かれた紙片が貼られている。磐渓の興味がいかに大きいものだったかを物語っている。秋帆が長崎に戻るにあたり磐渓は「徳丸原演銃を見て歌、島舜臣《きみおみ》（秋帆の実名）が崎陽《きよう》（長崎）に帰るを送る」と題し漢詩を贈った。

銃演後いつの頃からか、磐渓はかつて断念した蘭学に代わって、ヨーロッパの技術が盛り込まれた最新の西洋砲術に目を向け、私的にその習得に乗り出した。どのように始めたかは不明ながら、三男文彦が刊行した『磐翁年譜』には、弘化元年に洋兵を大塚同庵《おおつかどうあん》などに学んだことが書かれている。同庵は幕臣で医学を志し、蘭学・西洋医学を玄幹のもとで学び長崎にも遊学していた。幕府は秋帆が披露した西洋砲術の秘事を下曽根《しもそね》信敦《のぶあつ》、江川《えがわ》英龍《ひでたつ》にのみ学ばせたがやがて解禁となり、同庵は下曽根のもとで砲術を学んだのだった。磐渓は私的に同庵のもとで砲術を学び、嘉永元年（一八四八）に皆伝を受けて、翌年から門人を受け入れていた。門人帳には仙台藩士九名、他家五名、処士一名が記録されている。

嘉永二年幕府は海防について広く意見を求めた。磐渓はこれに即座に反応し、「献芹微衷《けんきんびちゅう》」と題して上書した。内容は海堡《かいほう》（海辺に城塁を築き砲台を置く）、陸戦（西洋砲術の展開）、水戦（多数の小船をもって帆船と戦う林子平案の採用）、隣交上・下（隣国ロシアとの国交、交易）の五編からなっている。自身が学んだ西洋砲術の活用は勿論だが、特筆すべきは隣交編でいわば開国論である。磐渓はアヘン戦争を起こしたイギリスを嫌い、日本の漂流者を何度も救助、帰国させたロシアに好意を抱いていた。つまり隣国ロシアと協力して外圧に対抗するというこれまでにない発想だった。

西洋砲術稽古人大槻平次

このような活動の中、仙台藩は磐渓が私的に学んでいた西洋砲術に目を向けるようになっていた。嘉永四年（一八五一）、藩から学問稽古人に兼ねて正式に「西洋砲術稽古人」という辞令を受けた。磐渓の私的研究から藩公認の公的研究に変わったのだ。さらに友人佐久間象山が行う中津藩新造のカノン砲試射を手伝い、新たな技術習得に励む姿もあった。翌五年には大森に造られた射撃場で大砲の実射演習を行っている。幕臣三名、七家二八名が集って一〇〇番におよぶ実射であり、磐渓は都合一三番を担った。参加三一名中佐倉藩一三名、佐野藩八名だったが、仙台藩は磐渓一人だった。

ペリー来航時の動静

嘉永六年（一八五三）六月三日浦賀沖に蒸気船二隻を含むペリー率いるアメリカ艦隊が来航した。いわゆる黒船である。日本中を揺るがした一大事は仙台藩でもその検分を必要とした。そこで白羽の矢が立てられたのが、蘭学者の父を持ち西洋砲術者でもあって西洋通として知られていた磐渓だった。磐渓は出立にあたり「米利幹議《めりけんぎ》」と題した一書を林復斎《はやしふくさい》に上書した。国書の受取、薪水《しんすい》の補給について、また江川英龍、ジョン万次郎の登用、要害の防御など、文才と武の知識が一体となった内容だった。

三日にわたる検分を終えた磐渓はすぐさま藩主慶邦に復命した。人払いの上の二人きりだったと如電は語っている。

慶邦は天保十二年（一八四一）斉邦の死去に伴い襲封《しゅうほう》した。磐渓が御前で儒家古典を講じたのは嘉永二年六月が初で、以降は慣例となりたびたび行われた。こうしたことから慶邦の信頼は増していき、黒船来航をきっかけとして西洋事情を加味した磐渓の復命は慶邦にとって有意義な時間となった。磐渓は翌日再び浦賀に向かい三日後復命した。七月には藩主名で幕府に上書される仙台藩の意見書下書きの校正にも携わっていた。

磐渓の開国論

八月には次回アメリカ船来航時の国書に対する返答の内容をしたためた「米利幹議」を若年寄遠藤胤統《えんどうたねのり》へ、九月には八月に来航したロシア船からの国書に対する返答の内容をしたためた「露西亜議」を勘定奉行川路聖謨《かわじとしあきら》へ、さらに老中阿部正弘《あべまさひろ》へ上書した。要約すればアメリカとは国交を持たず、ロシアと国交を結ぶことを語った内容であった。

こうした切迫した状況の中、磐渓は甲冑一両の制作を注文している。西洋砲術の威力を熟知する者らしからぬ行動ともとれるが、独りの武士としての気概をそこに示したのだと思われる。

嘉永七年（一八五四）一月ペリーが再び来航すると、藩は再び磐渓を派遣した。この時小高い丘から見た様子を描いたスケッチが『塵積成山』にある。また後日、来航時の詳細を描いた画巻『金海奇観』を藩主慶邦に献じている。

なお磐渓は黒船来航時に漁舟に乗り旗艦ポーハタン号舷側に寄せ、同艦に乗船していた清人に漢詩を贈っている（大槻磐渓「昨夢詩暦」『磐渓先制』一九二五年）。この時に得たとする洋食刀（テーブルナイフ）が重要文化財「大槻家関係資料」（一関市博物館蔵）の中に残されている。さらに磐渓のこの件を伝え聞いた吉田松陰が磐渓のもとを訪ねて後日の参考とした（吉田松陰「回顧録」）。松陰に磐渓の話をしたのは磐渓、松陰ともに親交の深かった勝海舟か佐久間象山が考えられる。

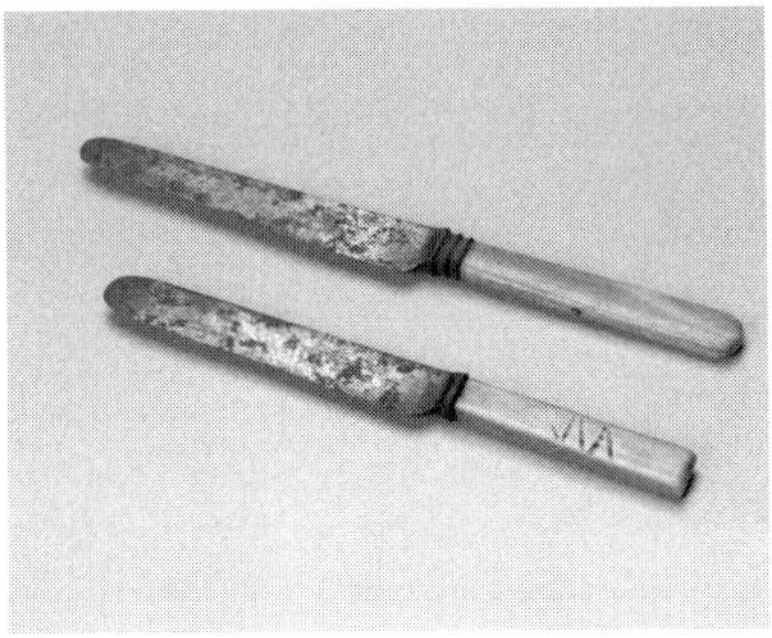

図3　洋　食　刀

黒船来航時に手に入れたテーブルナイフ。全長21.2 cm、18.3 cmの2本で刃部に英文が陰刻されている。

幕府は再来航したペリー一行の応接を大学頭林復斎に命じた。復斎は磐渓の師述斎の子で、磐渓が「米利幹議」を上書した人物でもある。復斎は弟子筋で西洋通としても知られていた磐渓に頻繁に西洋事情について質問していた。結果として磐渓は応接における幕府方の知識の一端を担ったのだった。

江川塾皆伝者

ペリーが去った翌月の四月、磐渓は仙台藩上屋敷で藩主臨席のもと砲術を実演した。ペリー来航に伴う国内の西洋砲術への期待の高まりによるも

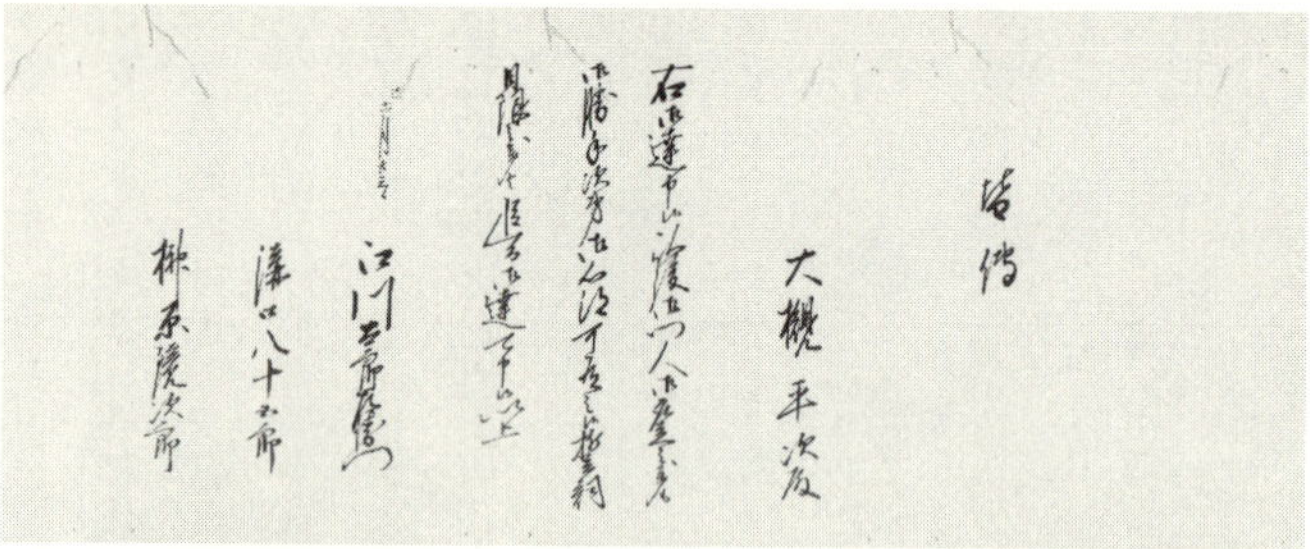

図5　西洋流砲術皆伝状

安政4年（1857）6月23日付で渡された江川塾の皆伝状。門人取り立ても勝手次第との文言も見えている。当時磐渓は56歳だった。

のだったろう。安政二年（一八五五）藩はさらに磐渓に江川太郎左衛門（英龍は一月に没しており、この時は英敏）のもとでの西洋砲術修行を命じた。次いで、養賢堂学頭だった大槻平泉の二男礼助とともに西洋砲術指南役を命じ、加えて江戸定詰足軽弓組八八名を西洋流鉄砲組に組み替えたのだった。仙台藩兵制の一大改革の先駆けとも言えるこの一隊は、藩主の上覧を経て江川の調練場で稽古を始めた。三年末には江川の調練場で江川門下として幕閣の上覧となり、翌年免許を受け、さらに三ヵ月後、江川塾の学頭となった。この快挙に藩では磐渓を学問稽古人と西洋砲術稽古人という肩書に加え、新たに御証文《ごしょうもん》預《あずかり》主立格《しゅだちかく》とした。これは藩における席次の基準である役列《やくれつ》のひとつ「詰所以上《つめどころいじょう》」に分類される役職の一つであり、若年寄支配となる昇進だった。この辞令の直前にさらに磐渓は江川から皆伝を受けており、辞令に続いて藩主から褒美を賜り、二度も調練の上覧の栄に浴した。大藩仙台藩の漢学者として世上に聞こえ、一方で西洋砲術の最高峰江川塾の学頭で皆伝も受けた仙台藩の西洋砲術指南、ここに名実ともに漢洋で文武両道を極めたのだった。

五　仙台帰住と戊辰戦争

文久二年（一八六二）参勤交代の緩和という幕府の制度改革を受けて、藩は磐渓に仙台帰住を命じた。開国論者として知られる磐渓にも攘夷派の足音が聞こえていたことは当人も家族に語ったところであり（『磐渓事略』）、要因の一つでもあった。六二歳となっていた磐渓は、一家を挙げて仙台へ向かった。大学頭林学斎による幕府推挙も断った上だったという。

仙台に入ると一家は養賢堂構内の空き家を仮住まいとした。仙台に到着して一〇日後、磐渓は「御近習養賢堂学頭添役兼役」を拝命した。新規召出から三〇年を経て初めて稽古人という肩書がなくなることとなった。

同年末諸侯に上洛の命が下り「万事の顧問として」（文彦談）磐渓も藩主供奉を命じられた。しかし当時京都は尊王攘夷論が激化していた。開国論者である磐渓は凶刃に倒れることも辞さない決死の覚悟で出発を期しその準備を整えていたが、翌年正月にわかに供奉を免じられ、代わって林子平碑の撰文を託された。磐渓の決意を知る宿老但木土《ただきと》佐《さ》成行《なりゆき》の配慮だったと文彦は語っている（『磐渓事略』）。

慶応元年（一八六五）、大槻平泉の長子で学頭を務めていた習斎《しゅうさい》が没し、その跡をうけて磐渓は養賢堂学頭に就任した。仙台藩儒役の最高位となったのである。

ところがその半年後、病気を理由に辞任を申し出、御役御免、隠居が認められ、家督は二男修次（如電）が相続した。磐渓は多年学問出精抜群として生涯の隠居料を賜った。この辞令書には末筆に、病気が回復したら御機嫌伺に来るようにとの藩主慶邦の意向が添えられていた。慶邦は磐渓との別れを惜しんだのである。翌三年慶邦は磐渓を側に置く手立てを講じた。学問相手を命じ近習格、つまり再び侍講としたのである。さらに老体を心配されて毎月の一日と十五日などの出仕は免除されるなど気遣いを受けていた。

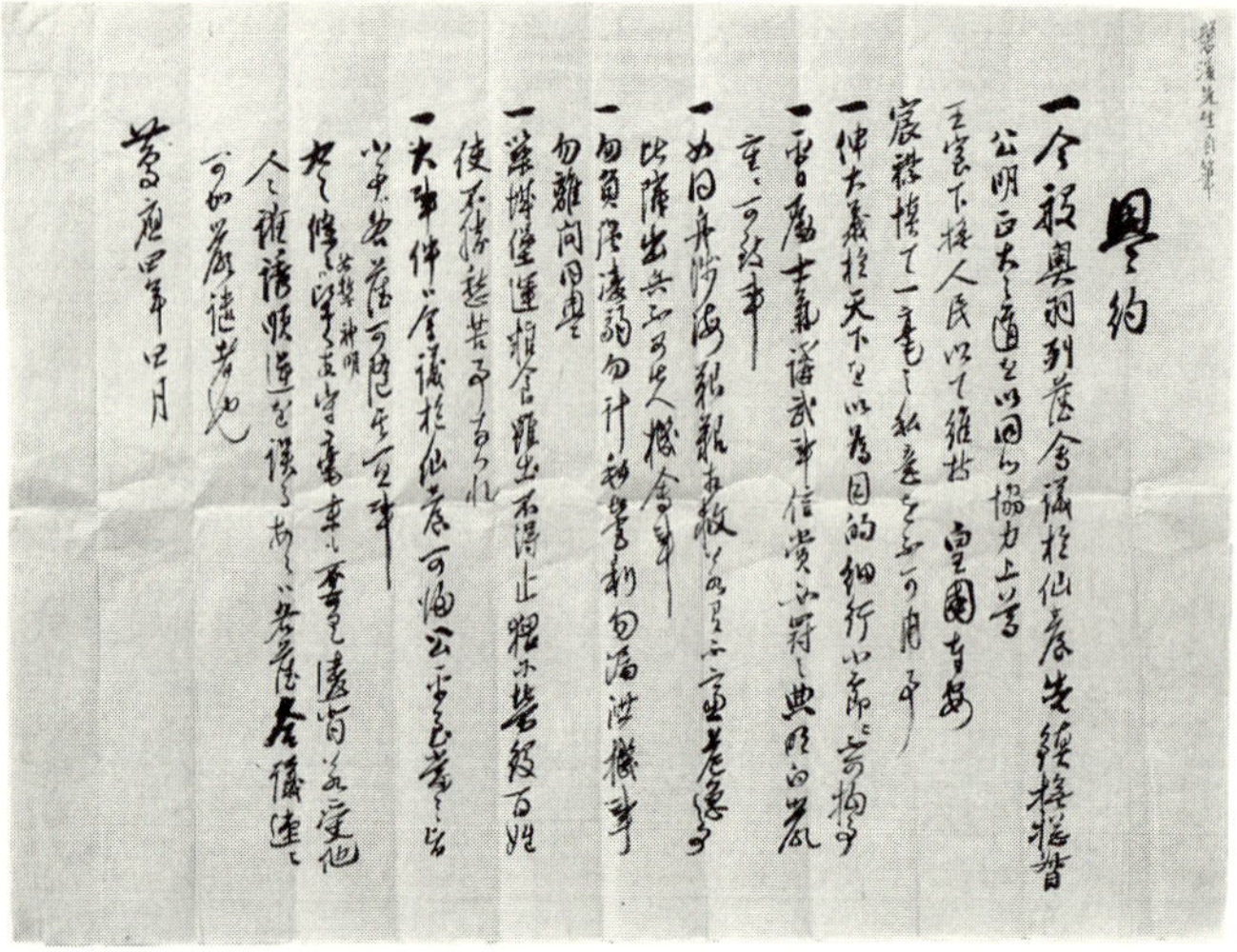

図５　奥羽列藩同盟盟約書草案

磐渓が書した盟約書の草案。自身の腹案か、藩内の意見を集約した書かは不明。成約した奥羽越列藩同盟盟約書とは字句の異同や条文の加除が見受けられる。

仙台藩の先導者

この年の十月、将軍慶喜は京都で大政奉還を宣言した。この報を受けた仙台藩では実情を知るため江戸留守居の大童信《おおわらしん》太夫《だゆう》を京都へ派遣することとなり、大童は横浜で英学修行をしていた磐渓の子復三郎（文彦）を同行させ京都に向かった。

仙台では但木を筆頭に、磐渓の思想を支柱とした活動が展開されていく。そうした中で慶応四年（一八六八）一月三日戊辰戦争が勃発した。磐渓は藩政会議に参画し、軍事と国事に係る文書はほとんど執筆あるいは潤色したと文彦は書き残している。具体的には朝廷へあてた伊達慶邦建白書、藩から新潟のプロシア国領事、函館のロシア領事、横浜のアメリカ領事にあてた文書、奥羽越列藩同盟の盟主として下向した輪王寺宮の令旨などに関係していた。「大槻家関係資料」には磐渓自筆の奥羽列藩同盟盟約書草案が残されている。

北進する新政府軍に抗するために結成した同盟軍ではあったが、戦況が好転することはなく、明治と改元した九月仙台藩は降伏した。磐渓はこれより先八月に山目の宗家に移っていたが、十月には藩命で仙台に戻り親類預けとなった。翌年四月に至り突如磐渓は揚屋《あがりや》（士分の牢）入りとなった。藩政を主導した但木土佐、坂英力《さかえいりき》は東京で斬首となり、仙台でも切腹者が相次いでいた。六九歳という老齢の磐渓も戦犯の一人としていつ刑の執行があってもおかしくない状態だったが、翌三年元旦病気を理由に出牢蟄居、のち謹慎となった。この間積極的に除名嘆願に動いたのは降伏時に自身も追捕の対象となっていた文彦だった。

六　悠々自適の東京暮らし

揮毫と撰文

明治四年（一八七一）に謹慎も解け五月、磐渓は生まれ育ったかつての江戸、東京へ戻った。東京には未だ多くの友人知人が在住していて旧交を温めるとともに、新たな交流も始まった。中でも幕末御三卿の一人徳川（田安）慶頼、その兄で幕府政治総裁職を務めた松平慶永（春嶽）が挙げられる。慶頼の四男達孝（田安家九代当主）は磐渓の門人となって本所相生町《ほんじょあいおいちょう》（現東京都墨田区）の田安家別邸内にあった磐渓宅に毎日通っていた。慶頼が亡くなると磐渓は依頼によって碑文を撰している。慶永からは橋本左内伝の代作を依頼されたという（『磐渓事略』）。また、磐渓の詩に和韻を寄せている。明治二十三年（一八九〇）如電文彦兄弟の依頼によって松平斉民が描いた磐渓肖像の上方には、本章冒頭の伊達慶邦の短冊とこの慶永の漢詩が貼られている。

磐渓は晩年を悠々自適に過ごした。時折詩文の添削や撰文、揮毫を以て収入を得ては書籍書画骨董を求め愛玩し、このことに因み愛古《あいこ》とも号した。

東京都日野市高幡山金剛寺、通称高幡不動尊に「殉節両雄之碑」が建っている。新選組を束ねて勇名を馳せた近藤勇、土方歳三の招魂碑《しょうこんひ》である。題字は幕末に京都守護職として新選組を配下とした旧会津藩主松平容保《まつだいらかたもり》、書は将軍典医、陸軍軍医総監を務めた松本良順、そして撰文は磐渓だった。討幕派にとって仇敵であった近藤土方の建碑は許さ

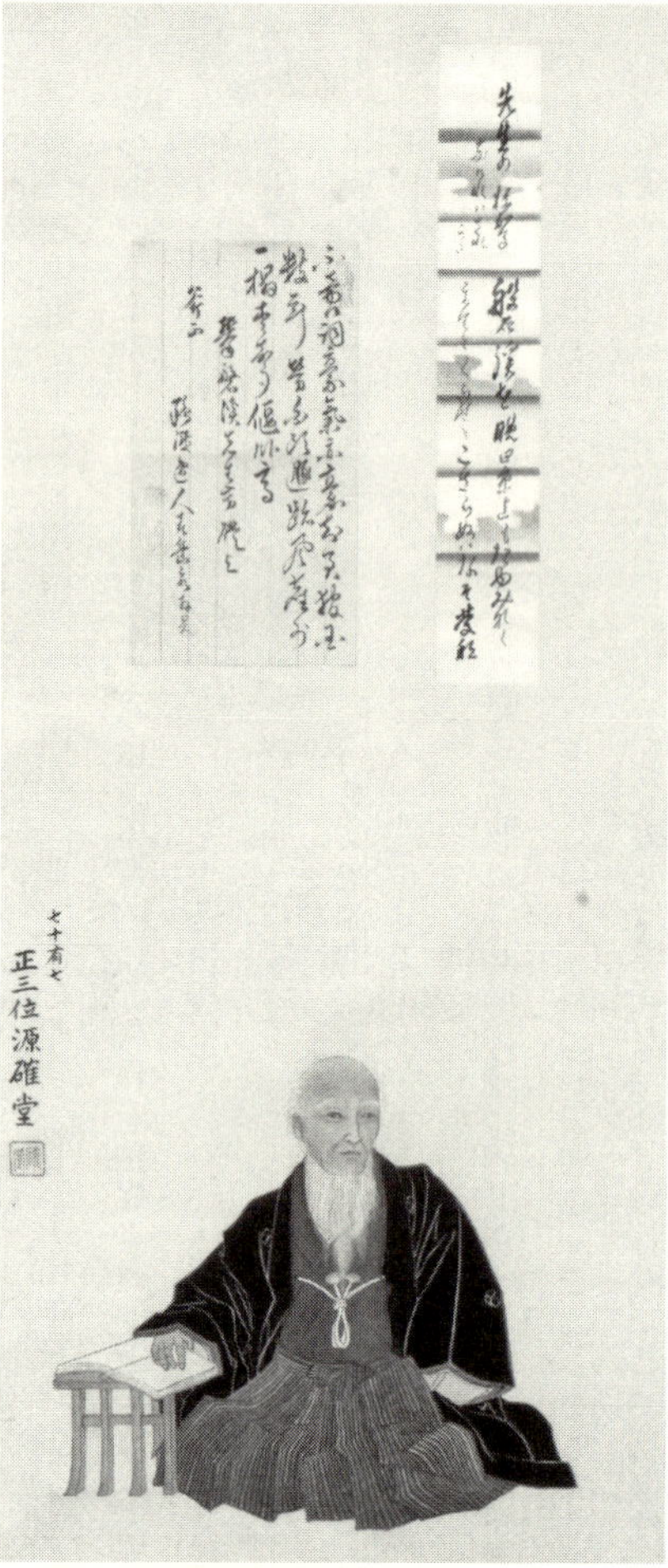

図6　大槻磐渓肖像
明治23年（1890）、十三回忌にあたり如電文彦兄弟の依頼で松平斉民が描いた。肖像の上には伊達慶邦の短冊と松平慶永の漢詩が貼り付けられている。

れるものではなかったが、明治七年の布達によって祭祀などの執行はお構いなしとなり、二人の地元日野で建碑活動が始まったのである。磐渓に依頼したのは八年の夏頃と思われ、成稿して地元に届いたのは翌年の六月末で謝礼は一〇円だった。どのような経緯で磐渓に撰文を依頼したかは不明だが、あるいは同じ敗者の側に立つ詩文の名手として白羽の矢を立てたのかもしれない。磐渓は大名から町方まで広く知られた漢学者だったことは交友関係を見ても明らかだが、この一事もそのことを示している。なお石碑は撰文から一二年を経た明治二十一年に建立された。

七　尚文院愛古磐叟居士

父玄沢を想う

文彦の言によれば、磐渓の性格は極めて慎み深く、妄りなことは決してしない、それでいて大事を論じるときは烈しかった。また、磐渓は毎年玄沢の忌日三月晦日に東禅寺に詣でることを常として墓前で詩を詠じ、事あるごとに玄沢の肖像画を床の間に掲げて礼拝していた。その玄沢の五〇年忌を明治九年に迎えた。常々五〇年祭をしないうちは俺は死なぬと語っていて、磐渓、修二（如電）、文彦親子は晴れて玄沢の誕生日九月二十九日を期して五〇年忌の追遠会を、本郷に新築した磐渓の住居岳雪楼《がくせつろう》および隣接する書斎愛古堂で催した。杉田玄端《すぎたげんずい》、桂川甫周、宇田川興斎《うだがわこうさい》の蘭方医のほか、勝海舟、大鳥圭介《おおとりけいすけ》、松本良順、西周《にしあまね》、福沢諭吉など蘭学を学んだ招待者三三名中二三名、ほかに寺島《てらしま》宗則《むねのり》など五名が来会した。堂内には玄沢の真影および新元会図を掲げて傍らには著述類を陳列し、庭では陸軍軍楽隊が洋楽を合奏するなど盛会となった。磐渓は七言絶句六首を賦して来会者に感謝した。

追遠会から半年後の十年三月、磐渓は病床に臥した。西南戦争が勃発し、征韓論を説く西郷隆盛の動向が気がかりだったらしい。病臥は一五ヵ月に及んだ。亡くなる数日前に磐渓は文彦に玄沢の肖像を掲げるよう命じ、磐渓は玄沢に見守られるように安らかに旅立ったのだった。享年七八歳、「尚文院愛古磐叟居士」と諡《おくりな》された。思えば玄沢の深謀によって漢学の道を歩み、その卓越した才能と不断の努力、さらには人一倍の好奇心によって文武両道を極め、諸大名や師友と交わり、多くの門人に恵まれて、激動の幕末から明治を生き抜いた。玄沢の見立てではオランダ語翻訳のための漢学修行だったが、磐渓の努力は玄沢の予想を遥かに超えて漢学者として大成し、かつまた最新の洋兵学を独力で極め、その知識と論説は為政者をはじめ開国、攘夷を論じる人びとにまで大きな刺激を与えた。一世の学者であり武人として、その影響力は当時において大きなものがあった人物だった。

翻訳語「共和」の創出

磐渓が翻訳した言葉の一つが現代において広く用いられている。仙台藩水沢（現岩手県奥州市）出身で、津山藩（現岡山県）の洋学者箕作阮甫《みつくりげんぽ》の養子となった箕作省吾《みつくりしょうご》が西洋地理書『坤輿図識《こんよずしき》』を翻訳中に磐渓に相談した《repub-lic》である。磐渓は即座に『史記』にその解を求めて「共和」という語を示した。現代でも政治形態として共和制、国名であれば共和国として使われている。知る人ぞ知る今や世界の政治形態を漢字で示す磐渓の偉大な業績の一つである。玄沢の望みの一つを叶えた語でもあった。

おわりに

明治十七年（一八八四）文彦は磐渓七回忌に当たり、『磐翁年譜』を著してその業績を伝えた。同二十二年（一八八九）には『大日本帝国憲法』公布に伴う恩赦があり、如電文彦兄弟は磐渓の命日六月十三日付で「罪名消滅証明願」を当局に提出し、二十三年四月八日付大審院検事長名で証明書が発布された。ここに二〇年来の磐渓の汚名を雪いだのだ。兄弟の父を思う執念でもあったろう。

磐渓はかつて藩からの自身の刑罰の申付書と尋問状を一巻に仕立て「愚忠録」と題していた。兄弟はこの証明書をその巻頭に貼り足して証とした。三十年と四十一年の命日には磐渓の追遠を兼ねた蔵品展を開催し、四十一年次には『磐渓事略』を私家版として刊行した。いかに兄弟が父の事績を伝えることに意を配っていたかが知られる。その思いは大正十三年（一九二四）に従五位を贈位されたことで結実したといえよう。

大槻磐渓の貼り交ぜ帳

岡部幹彦

はじめに

「ADMIRAL KIM-MOO-RAH-SET-TO-NO-CAMI, Japanese Steam Corvette CANDINMARRUH」と四行に印刷された縦五チ《セン》横九チ《セン》に満たない小さな紙片（図1）。「提督木村《きむら》摂津守《せっつのかみ》、日本国蒸気コルベット艦咸臨丸《かんりんまる》」との意だ。新見《しんみ》正興《まさおき》ら遣米使節一行を乗せたポーハタン号とともに太平洋を横断した咸臨丸の木村芥舟《かいしゅう》（一八三〇―一九〇一）が「ADMIRAL」と名乗りアメリカで使用した名刺である。幕末の外交史上特筆される事象に関わる一片のごく小さな「物的証拠」が「貼り交ぜ帳」と呼ばれる一冊に収められている。また、名刺の前後には首都ワシントンの風景やスミソニアン協会の建物が印刷された絵葉書（図2）、米国財務省発行の小切手、鉛筆や英国製アーモンド石鹸などのラベルが貼られる（図3）。そして、このスミソニアン協会の絵葉書は、日本人が初めて博物館施設を見学した事実を示唆している。今日では貴重なこれらの資料はいずれも大槻磐渓《おおつきばんけい》によって大切に残されたものである。*

また貼り交ぜ帳には父親としての磐渓の私的な思いから生まれた資料も含まれている。例えば「春女・陽女像」

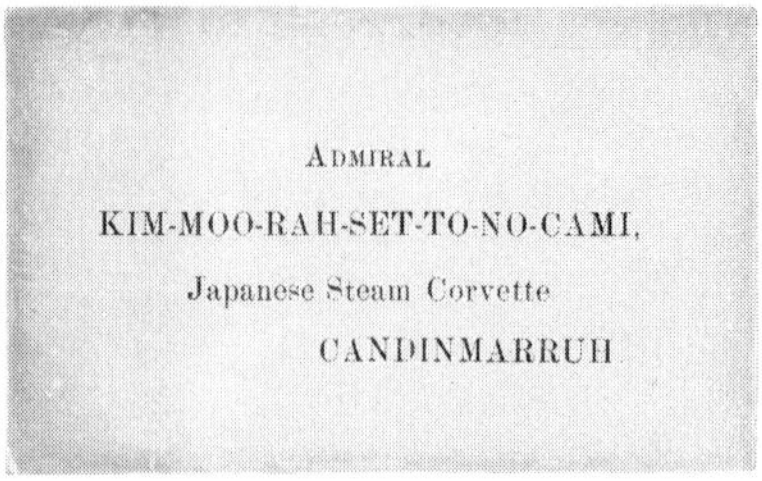

図１　木村摂津守名刺

図２　ワシントン絵葉書

図３　ラベル・名刺・小切手

図４　春女・陽女像

表　貼り交ぜ帳一覧

番号	資料名	製作開始年	西暦	法量 cm	丁数	点数
①	積塵成山　第一冊　丙辰集　如蘭号	天保7年	1836年	41.7×30.8	30丁	88点
②	塵積成山　第二冊　丁酉集　貫之号	天保8年	1837年	41.8×31.5	30丁	65点
③	塵積成山　第三冊　戊戌集　福字号	天保9年	1838年	41.0×30.5	29丁	61点
④	塵積成山　第四冊　己亥集　寿字号	天保10年	1839年	43.5×32.5	29丁	68点
⑤	塵積成山　第五冊　庚子集　寿雲号	天保11年	1840年	43.5×32.2	29丁	71点
⑥	塵積成山　第六冊　辛丑集　求是号	天保12年	1841年	43.2×31.5	30丁	67点
⑦	塵積成山　第八冊　癸卯集　長寿号	天保14年	1843年	41.0×31.0	30丁	76点
⑧	成山余塵　癸卯集　二	天保14年	1843年	33.2×21.0	18丁	49点
⑨	塵積成山　九冊	（弘化2年頃）	（1845年頃）	43.5×32.7	27丁	101点
⑩	積塵成山　第拾冊　癸丑集　敬惜号	嘉永6年	1853年	43.2×32.4	30丁	69点
⑪	塵積成山　弐集第一冊	安政2年	1855年	32.0×43.7	31丁	131点
⑫	塵積成山　弐集第二冊	（文久3年頃）	（1863年頃）	31.2×42.6	30丁	130点
⑬	［嘉永甲寅貼り交ぜ帳］	嘉永7年	1854年	33.1×22.5	12丁	16点
⑭	［表紙欠貼り交ぜ帳］	（安政頃）	（1860年頃）	31.0×21.0	20丁	36点
⑮	［州浜文様表紙貼り交ぜ帳］	（明治初年頃）	（1868年頃）	36.8×25.4	16丁	20点
⑯	吉光片羽　壱集	嘉永7年	1854年	31.1×20.6	21丁	45点
⑰	吉光片羽　弐集	安政3年	1856年	31.5×21.0	14丁	39点

（⑩　以下、所収の張り交ぜ帳については「表　貼り交ぜ帳一覧」の番号で示す　図4）がある。弘化二年（一八四五）七月末の雨の夜、机に向かい手習いをする九歳の長女春を磐渓は描きその横に小さく四歳の二女陽の姿を添える。「寧静居主人崇」との署名には、この前年に新築された木挽町《こびきちょう》四丁目の家への磐渓の思いが込められている。その一間の光景だ。四五歳の磐渓は二人のわが子に穏やかな眼差を向け、その姿を墨と淡彩でありのままに描いている。天保一〇年、磐渓は世評に臆することなく誰よりも早く種痘を幼い春に施した。健やかに成長し手習いをする春の姿を目にしたいま、その折の記憶が鮮やかによみがえり、熱い思いが静かに胸に満ちてくるのを感じていたのであろう。父磐渓の心の内が伝わる一点である。

＊重要文化財「大槻家関係資料」には、ここに取り上げる一七冊の貼り交ぜ帳とは別に

『愛古筆遺』と題される貼り込み帳一冊が含まれる。これは磐渓の書簡、詩稿、そのほかの遺筆と、関連する親族の書簡などが収められたもの。製作は文彦らであり、資料の性質が異なるため本章では扱わない。

一　一七冊の「貼り交ぜ帳」

貼り交ぜ帳――磐渓とその時代――

一関市博物館に保管される重要文化財「大槻家関係資料」四〇四八点の中に「貼り交ぜ帳」と称される一七冊が含まれる（図5）。それらの内の一一冊には「塵も積もれば山と成る」の意を表す題が磐渓自身により付されている。先の木村摂津守の名刺に示された磐渓の関心と、娘たちの絵に込められた磐渓の思いはその性格を異にするものだが、貼り交ぜ帳に収められた千点を超える資料のすべてがこうした磐渓の関心と思いを反映するものだ。激動の時代を生きた磐渓の足跡が、一七冊千点余の資料にしるされている。一点の資料は名刺のように小さな紙片にすぎないが、貼り交ぜ帳には一個の人間とその時代が収められている。まさしく「塵積成山《じんせきせいざん》」である。

蘭学の泰斗《たいと》、玄沢《げんたく》を父として生まれ、儒者、漢学者、漢詩人、西洋砲術家、外交・国内政治の理論家として活躍した磐渓、古器物や歴史に関心を寄せ、写実的な絵画を得意とし、ときには巷談《こうだん》に耳を傾け、芝居や相撲、寿司、菓子を好む磐渓。そして数多くの師友に関する貴重な情報も彼の手を経てここに残されている。

一七冊の題名とその成立

すでに貼り交ぜ帳の題名に触れたが、このほかの冊の題名も取り上げ、また一七冊の製作年代も見ておこう。表紙の題箋《だいせん》に「塵積成山《じんせきせいざん》」とあるもの七冊（②～⑦⑨）、「塵積成山　弐集」とあるもの二冊（⑪⑫）、「積塵成山」（①⑩）

と文字順の入れ替わったもの二冊。また「成山余《せいざんよ》塵《じん》」（⑧）とある一冊は「塵積成山　第八冊」（⑦）の「余塵」つまり続編の意だ。これらの一二冊に加えて、題箋や表紙が失われるなど題名の不明なもの三冊（⑬⑭⑮）、「吉光片羽《きっこうへんう》」と題された二冊（⑯⑰）が加わる。「吉光片羽」とは伝説として語られる神獣の毛皮の小片のように貴重な物の意味で、「為二児阿復題」（⑯）「為復三郎題」（⑰）とあるように大槻文彦（一八四七—一九二八）のために題されているが、収められた資料はほかの冊のものと特に異なるところはない。

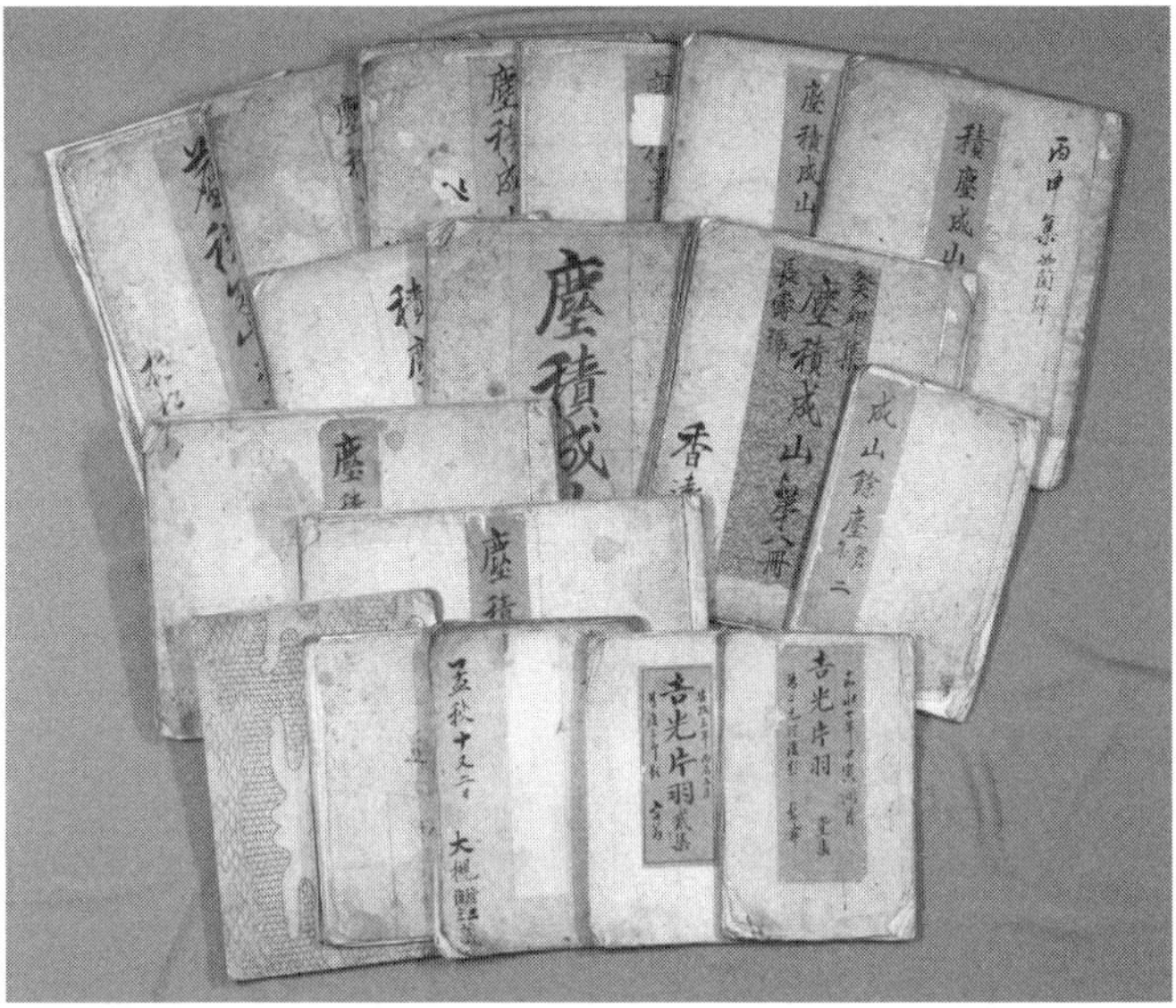

図5　貼り交ぜ帳

　これらおのおのの製作が始められた年は、「積塵成山　第一冊　丙辰集」（①）のように表紙の記載から判明するもの一三冊、貼り込まれた資料から推定されるもの四冊である。したがって天保七年（一八三六）の『積塵成山　第一冊』が最初で、明治初年頃と推定される『州《す》浜《はま》文様表紙貼り交ぜ帳』（⑮）が最後のものである。つまり磐渓三六歳から六八歳頃までの期間に製作されたことになる。なお「塵積成山　第七冊」とあるべき冊が欠けており、本来は少なくとも一八冊はあったようだ。

　本章ではこれらの貼り交ぜ帳について新たに判明したことを中心に取り上げることとする。

二　西洋砲術と「洋兵ヲ講ズル志」

磐渓の仏郎機砲と父玄沢

楕円形の飾り枠に囲まれた欧文の陽刻銘《ようこくめい》の拓本がある（②　図6）。銘文は文字不明の部分もあり、製造年と思われる「ANNO 15…」、人名らしき「DONIVAN」などを除いて意味を読み取り難い。*拓の右には識語《しきご》が添えられ、この拓が秀吉の朝鮮出兵の際に朝鮮で獲た仏郎機砲《ふらんきほう》のものと説明する。仏郎機砲とはごく初期の後装式の砲で、砲尾部分の上面の開口部から装塡筒（火薬と砲弾を詰めた子筒）を砲に挿入する方式が採られている。装塡筒を複数用いることで連射が可能という利点がある反面、密閉性が乏しく威力に欠けるという。それでもわが国では大型の砲として「国崩し」などとも呼ばれた。父玄沢も、仙台城に蔵される仏郎機砲について君命により「仙台本城銃器仏郎機考案」（文化九年（一八一二））を記し、本木正栄《もときまさひで》の『海岸砲術備要《かいがんほうじゅつびよう》』（刊行嘉永五年）の付記「銃砲起源考」を文化五年に記し、仏郎機砲という名称がヨーロッパにかつて存在したフランク王国の名に由来することを論じている。

この拓本は『塵積成山　第二冊』（②）にあり、磐渓が本格的に西洋砲術を学ぶ以前の天保八年（一八三七）に貼り込まれたと考えられる。古い歴史をもつ外国製武器であることに加え、亡き父玄沢がかつて論じた砲に係るものとして、強く興味をひかれたであろう。

＊製造年と思われる「ANNO 15…」の部分は、「16…」のようにも読めるが、朝鮮出兵時の戦利品との説明を信頼するなら「15…」となる。拓が不鮮明である。なお、欧文表記ではあるが、この時代の同形式の大型砲はアジアで鋳造されたと考えられている。

モルチール砲――製作者と製作年を伝える拓本――

『塵積成山　第六冊』⑹には時代の新しい西洋製の砲二門が登場する。モルチール砲（臼砲《きゅうほう》）とホーイッスル砲（榴弾砲《りゅうだんほう》）である。

一つは「模爾智児図《もるちーるず》」の漢字表記に加え筆記体で「Mortier」と墨書される図と拓本だ（図7）。「長サ一尺八寸五分　口径六寸六分　奥口　二寸二分許　銃耳ノ小口径三寸五分」とも記される。口径を換算するとおよそ二〇チセン、当時の呼び方で二〇ドイムのモルチール砲である。図の上には砲の上面後方の欧文陽刻銘の拓本が貼られる。二段に記された文字は「L MARITZ FEC」と「HAGÆ A°1817」とラテン語表記である。これは「L・マリッツ製作」「ハーグ　西暦一八一七年」の意味だ。

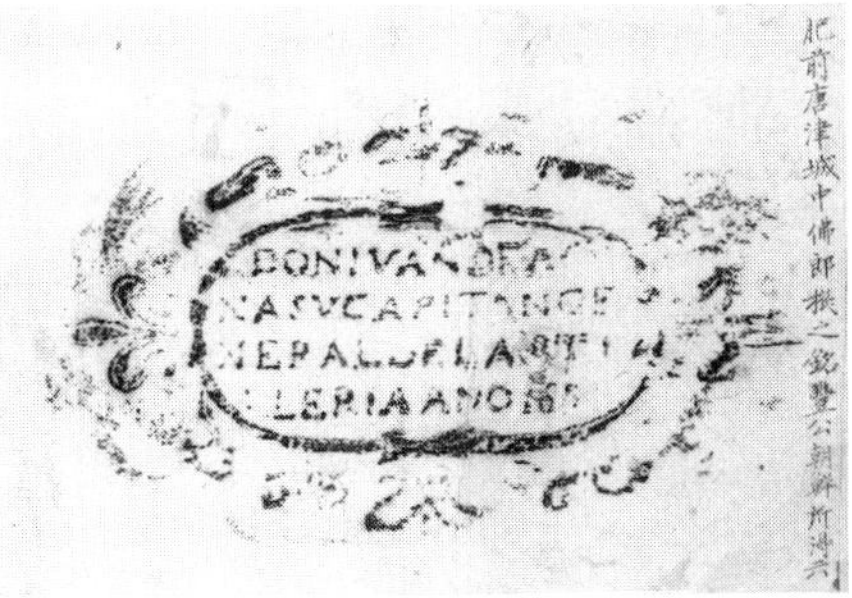

図6　仏郎機砲銘拓本

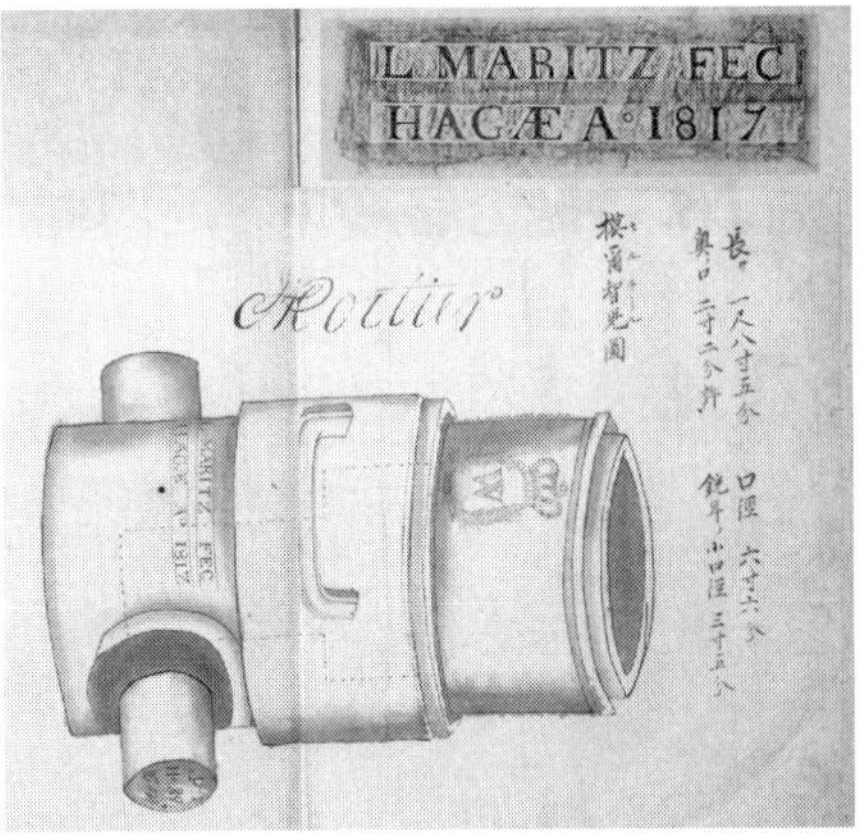

図7　モルチール砲図

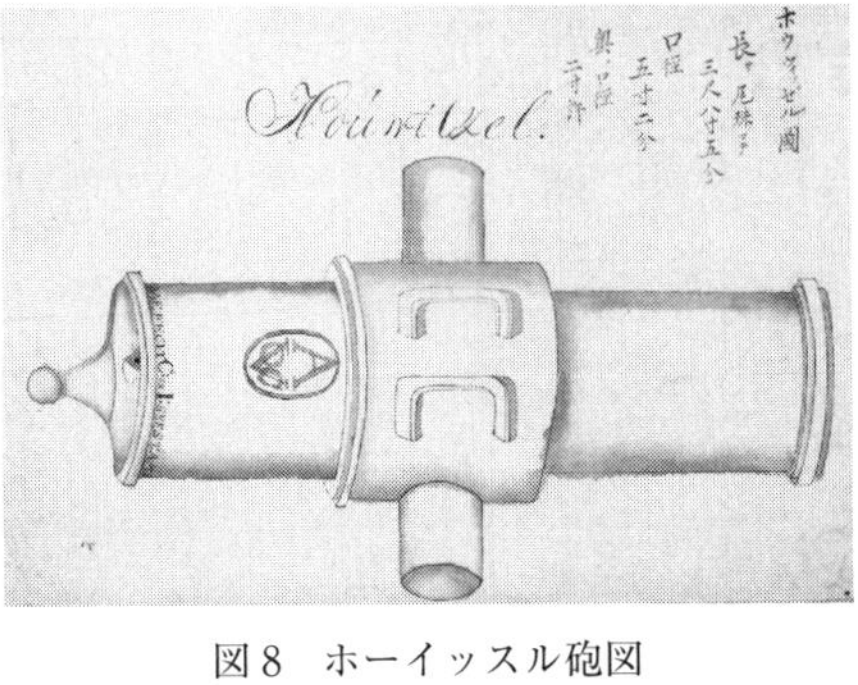

図8　ホーイッスル砲図

L・マリッツはLouis Ernest Maritz（一七七三—一八五二）で兄とハーグで大砲鋳造所を経営し、王立鋳造所長を務めた人物。また、図の砲身先端上部の「王冠にW」のモノグラムは、オランダ国王ウィレム一世（在位一八一五—一八四〇）のものだ。

ホーイッスル砲——オランダ東インド会社アムステルダム支社旧蔵——

もう一点「ホーイッスル砲図」（図8）がある。図のみで拓本はない。図には筆記体で「Houwitsel」、「ホウウィッセル図（セの右肩に小さい〇）」と「長サ尾珠マテ　三尺八寸五分　口径　五寸二分　奥ノ口径二寸許」と記される。砲身後部には「A VOC」オランダ東インド会社アムステルダム支社のロゴマークが陽刻されていることが、また砲尾上部の銘文に「T:AMS」の文字が読み取れる。製造者名と製造年は不明ながらもアムステルダムで製造され、オランダ東インド会社が所有していたものであることが分かる。なお古河歴史博物館の鷹見家関係資料中に同砲の拓本があり、製造年が「一七八五」であることを付記しておく。

漢字表記や欧文筆記体を含む筆跡、記載項目、形状の描写などに共通点が多く、これら二図は同一人物の作である。砲の描写は、両図とも陰影を付して立体感を表現しようとするが、円柱状の砲身の輪郭や上面の吊手《つりて》の描写は立体表現として稚拙で、西洋画の陰影法の知識はあるが本格的な西洋画学習がなされていない。西洋画法の理解と習熟の点で磐渓に遠く及ばない。ただ二図ともに口径や長さのみでなく「奥ノ口径」として薬室の口径も記し、砲の技術面に向ける関心と知識がうかがえる。ともにオランダ製で国王や東インド会社に蔵されたこの二門の砲の図がどのようにして磐渓の手に渡ったかを考えてみよう。

徳丸ヶ原の公開演習と二点の砲図

一方の図には拓本が添えられることから、この図の作者は砲を直に観察し、拓を採ることが可能な人物である。改めてこの冊が天保十二年（一八四二）の年紀をもつことに注目しておこう。この年の五月九日、高島秋帆《たかしましゅうはん》（一七九八—一八六六）は徳丸ヶ原で西洋砲術と西洋銃陣の公開演習を実施し、磐渓もこれを見学した。大槻文彦の『磐翁年譜《ばんおうねんぷ》』（明治十七年）はこの時の磐渓を「五月高島秋帆洋兵ヲ武州徳丸ノ原ニ演スルヲ観テ始メテ洋兵ヲ講ズル志アリ」と記す。確かに現場にいた磐渓であり、文政十一年（一八二八）の長崎滞在以来、高島秋帆とは旧知の間柄でもあった。しかし、すでに指摘したように別人物が作成した資料だ。

公開演習の一月半ほど後の六月二十七日に磐渓が松崎慊堂《まつざきこうどう》（一七七一—一八四四）を訪ね、徳丸ヶ原で高島秋帆が用いたモルチール砲とホーイッスル砲について語ったことが『慊堂日暦』に記されている。この公開演習に用いられた砲について、同時代に作成されたほかの文献にも「モルチール筒ニ而ボンベン玉仕掛打」「ホーイッスル筒ニ而小形ボンベン仕掛横打」（藤川貞近《ふじかわさだちか》『天保雑記』天保十二年、国立公文書館）などと明確に記述されている。慊堂によって書き留められた磐渓の二門の砲の長さと口径は、ここに取り上げた『塵積成山　第六冊』⑥中の二門の砲と完全に一致している。徳丸ヶ原演習を見学して「始メテ洋兵ヲ講ズル志アリ」と心に期すところのあった磐渓が、その直後に秋帆を通じてこの二図と拓本および砲の基本情報を入手したのではないか。すなわち『塵積成山　第六冊』⑥に記録を残すこのモルチール砲とホーイッスル砲こそ徳丸ヶ原の公開演習で実際に用いられた砲であったと考えられるのではないだろうか。

「洋兵ヲ講ズル志」——高島秋帆から『ル・モンド・イリュストレ』まで——

「洋兵ヲ講ズル志」の磐渓はのちに「長崎高島四郎大夫書上之写」と題される着彩の図と説明文を『塵積成山　弐集第一冊』⑪に収めている。立射姿勢の二名とその前で膝射姿勢を執《と》る一名からなる三名一組の兵士が描かれる（図9）。「一段ニ三人組合たる小口之図」と説明文にある。「小口之図」とは長手方向に対する横断面の図である。別

図９　長崎高島四郎大夫書上之写

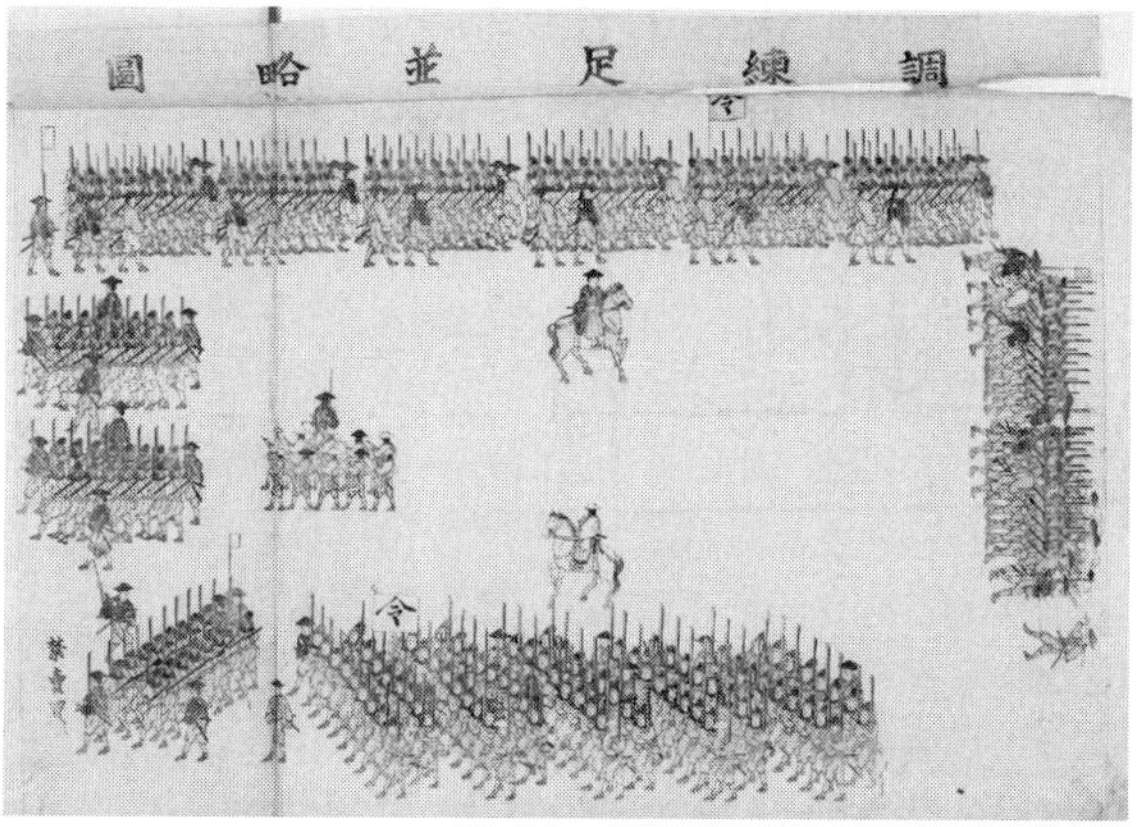

図10　調練足並略図

の図には、三人ずつの兵士が横列を組んで一段をなし、砲車と砲兵を挟んでさらに一段の兵が列ぶ。砲車手前の兵は射撃姿勢であるが、砲車の向こう側の一段の兵は、立位の兵も片膝立ちの兵も銃を捧げた姿勢である。これらと同一の図は江川文庫のほか数点が確認される。こうして高島秋帆の砲術と銃陣・洋兵に関する教えは磐渓をはじめとする多くの武士たちに伝わり、そして幕府や仙台藩も動かすこととなった。

この冊（11）にはまた西洋式の徒歩行進を取り入れた「調練足並略図」（木版画　図10）があって、これには「禁売買」の文字がある。磐渓故に入手できたものであろうか。さらに磐渓著として『洋兵教練　小隊図式』冒頭一丁の板下のような清書が貼り込まれている。「仙台大槻清崇《きよたか》著　大槻清棐《きよすけ》校　信陽山田永胤《ながたね》閲」とある。宮城県図書館の伊達文庫中に写本が確認されるが、板本は現在確認されない。この写本の自跋《じばつ》から安政三年（一八五六）七月に成稿したことが知られる。磐渓の「洋兵ヲ講ズル志」の一つの確かな到達点である。

この到達点は、磐渓が指揮を執った練兵の一三代藩主伊達慶邦《だてよしくに》（一八二五―一八七四）による上覧へと繋がっている。その後の貼り交ぜ帳⑮にも「メキシコ遠征、オリサバのアラメダ広場での遠征軍の閲兵」（『ル・モンド・イリュストレ』*Le Monde Illustré* No. 295・1862）が貼り込まれる。「洋兵ヲ講ズル志」の磐渓はここにも健在だ。

三　江戸湾防備

御台場と江戸湾絵図

アヘン戦争の勃発とその後の経過は砲艦外交に備えるための海岸防備を急務とした。この状況は貼り交ぜ帳にも色濃く反映されている。もちろん最大の問題は江戸湾の防備であり、幕府は品川台場築造の大事業を実施した。『積塵成山　第十冊』⑩に「芝浦御台場之図」（図11）がある。一つの台場の五角形の外郭とその内側の建造物が略図で示される。この図と似た外郭は第一、第二、第五の台場だが、土蔵、陣屋などの建造物はいずれの台場とも異なる。「一ヶ所之費　凡八万両程」との書き込みは実際よりも少額であり計画段階の概算額であろう。江戸湾防備の核である品川台場の一図を含む情報を磐渓はどこからか入手している。品川台場築造は江川英龍《ひでたつ》（太郎左衛門・坦庵《たんあん》・一八〇一―一八五五）が中心となって進められたが、まだこの時点では磐渓は江川に入門しておらず入手は別ルートであろう。*

同じ冊⑩の末尾に「柳都《りゅうと》海岸略図」と題される江戸湾の木版絵図がある（図12）。湾の全体図に島々や沿岸の地名が細かく記され、第一から第一一までの品川台場が図上に示される。それらの面積は坪の一〇分の一単位の合まで、その位置の水深は寸の単位まで記される。また、三浦半島・房総半島にある台場や陣屋など一二地点間の海上距離も

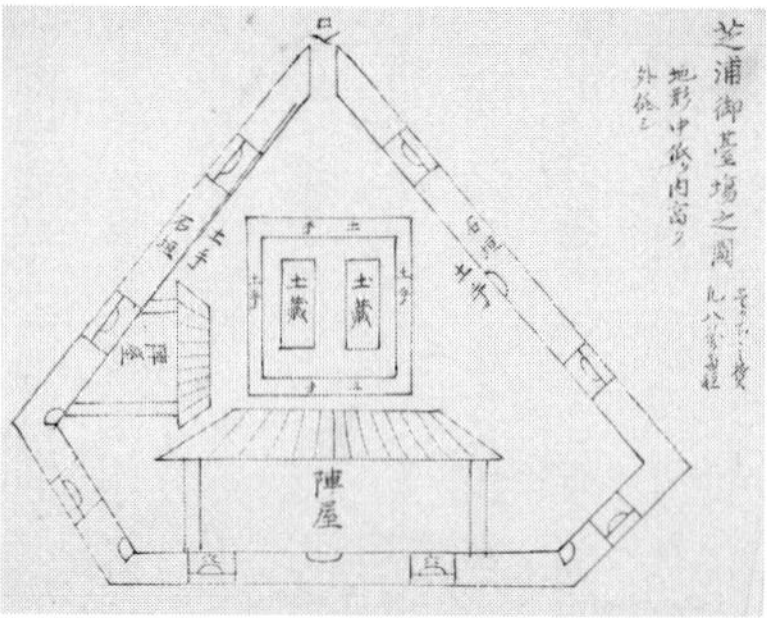

図 11　芝浦御台場之図

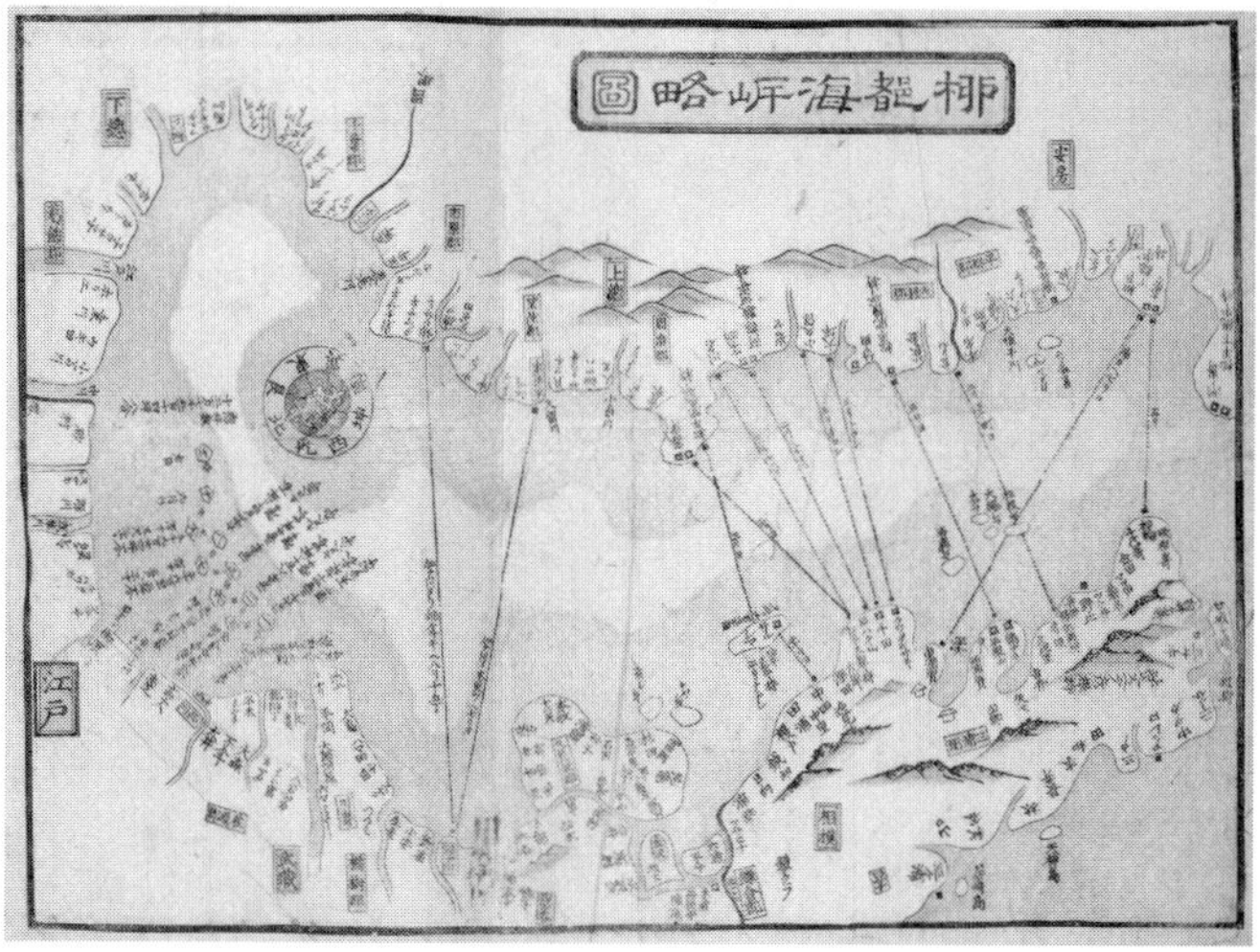
図 12　柳都海岸略図

示され、台場と江戸湾防備が強く意識された絵図である。「柳都海岸略図」と風雅な題名で本質を隠しているが、この絵図の本質は各台場と江戸湾防備である。木版での刊行はこうした情報への需要の表れだろう。計画時点の一一の台場がすべて図示され、普請の進捗状況（着工、竣工、中断など）の記載や区別が一切なく、さらに第四、第七台場が中断され、代わりに追加された御殿山下台場が記載されない。築造計画の早い段階の絵図と推察される。この冊が御台場着工の嘉永六年（一八五三）の年紀を有することから台場と江戸湾防備の最新情報をいち早く入手しようとした磐渓の姿が浮かぶ。

＊磐渓の江川英龍入門については、江川側の資料も「大槻平次、安政二年十二月十三日」、免許「安政四年一月十八日」、

皆伝「安政四年六月」とする。

用途により地図を評価する磐渓の眼

《江戸湾防備特集》と呼べるほどこの冊⑩にはその関係資料が多く収められている。「江戸湾沿岸房総三浦伊豆実測図」（図13）もその一つ。経緯度線が一〇分《ぶん》単位で引かれ、緯度線は北緯三五度線を基準とする。絵図ではなく明らかに地図である。資料名称を「実測図」とするのは、この図の最大の特徴である見通し線が図上に多数引かれることによる。江戸湾内外の多くの地点から富士山をはじめとする山々や島、岬への見通しが朱線で引かれ、「申五分《ぶ》」「未七分《ぶ》半」などと記される。見通した方角が、十二支の各方角を一〇分割した「分《ぶ》」とその半分の「半」で示されている。この表記を強いて角度に換算するなら「分」は角度三度に、「半」は一・五度に相当することになる。望視測量による図としてよく知られる『享保の日本図』（松浦静山旧蔵・広島県立歴史博物館所蔵）と比較すると、見通しの方角は『享保の日本図』の三〇分割には及ばない。しかしこの図には江戸湾とその周辺のはるかに多数の望視地点と見通し対象が記されている。特に浦賀《うらが》水道《すいどう》の外側、房総半島南部、相模湾内、伊豆半島、大島、利島《としま》、鵜泊《うどまり》（鵜渡《うど》根島《ねじま》）、新島《にいじま》などの各地点を結ぶ見通し線の密度が極めて高い。これは地図の精度ではなく地図の用途に係る特徴だ。＊この地図の多数の見通し線の内側に外国艦船が現れたなら、各地からその船への見通しにより、ただちにその位置と距離を特定することが可能な地図である。まさしく江戸湾防備にとって実践的で実用性の高い地図であり、この時期に必要とされる地図である。貼り交ぜ帳にこの地図があることは、目的に応じて的確に地図を評価し収集する磐渓の高い見識を示すとともに、江戸湾防備に第一線の当事者意識をもって臨んでいる磐渓の姿勢が明らかである。

＊「江戸湾沿岸房総三浦伊豆実測図」は制作年・作者などが不明である。地図としての精度は、ここに示された方角分割による望視測量以上のものであり、伊能図を参照して作成されたものに見通し線および方角表示を加えたものとも考えら

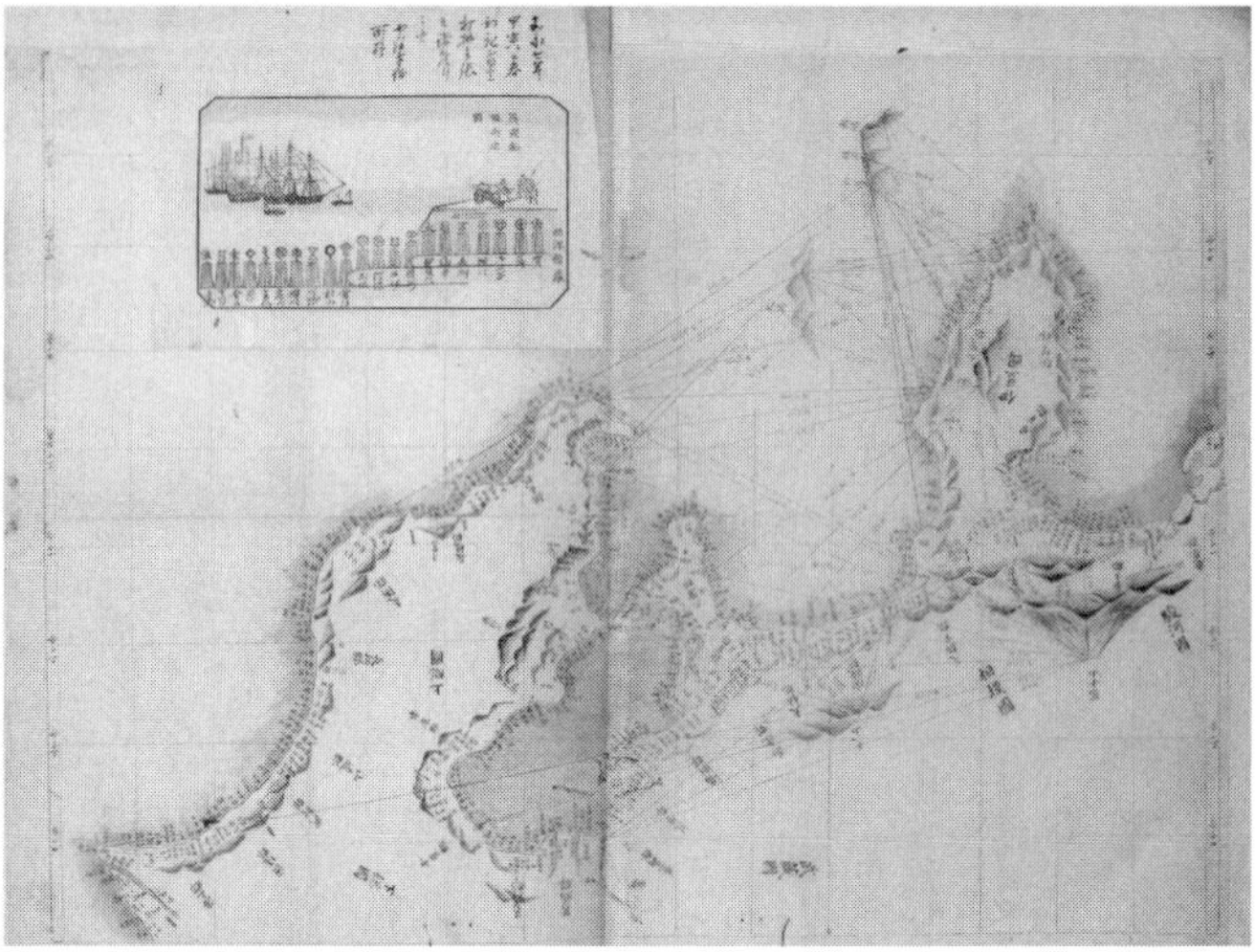

図 13　江戸湾沿岸房総三浦伊豆実測図

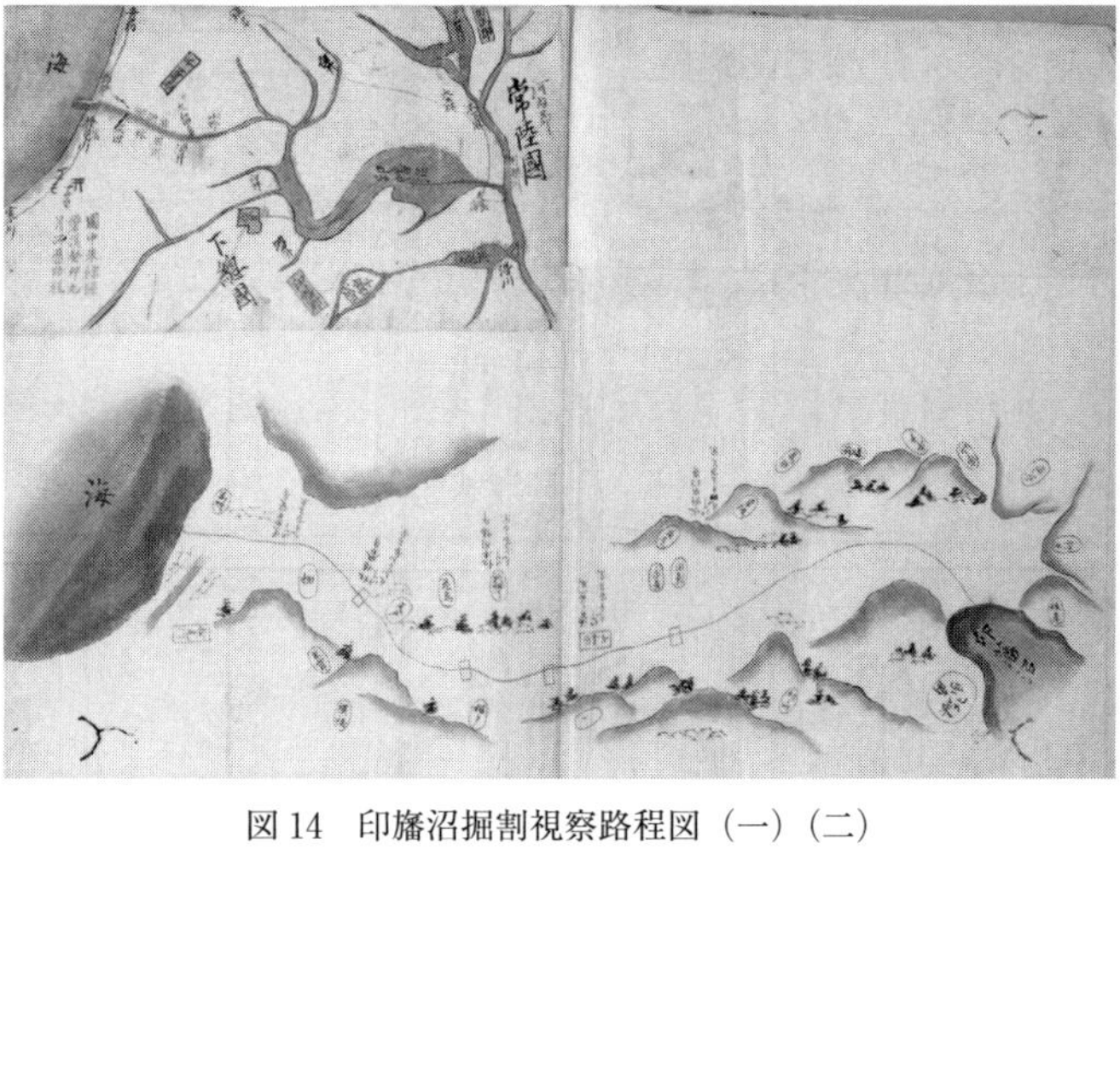

図 14　印旛沼掘割視察路程図（一）（二）

れる。この図の目的が陸地の測量になく、海上防備を目的・用途とする故である。

江戸湾封鎖に備える——印旛沼掘割視察路程図——

これらのほかにも貼り交ぜ帳には絵図・地図類が多い。世界図から長久《ながく》保《ぼ》赤水《せきすい》が描いた絵図（「奥州岩前郡閼伽井《あかい》岳《だけ》周辺絵図」⑩）、磐渓により作成された絵図もある。

　磐渓作成の絵図の一つに「印旛《いんば》沼掘割《ぬまほりわり》視察路程図（一）（二）」（⑦　図14）がある。磐渓が視察した掘割工事は、それ以前の享保期や天明期における洪水対策と新田開発とを目的とした工事に、新たに重要な目的が加えられたものだ。外国艦船による江戸湾封鎖が行われた場合を想定し、浦賀水道経由に代わる江戸への水運の確保を目的とするものであった。これもまた海防問題であり、物流面でいかに江戸を守るかの問題である。利根川東遷以降は銚子から印旛沼まで水運が可能であり、印旛沼と江戸湾との間を新たに掘割を開削して最短で結ぶ計画が立てられた。天保十四年（一八四三）七月に着工され、九月に磐渓は現地を訪れてこの視察絵図を作成している。

　路程図（一）には、新たに開削される掘割の朱線に、普請を命じられた五大名「水野」「酒井」「因州」（松平因幡守）「林」「黒田」が記され、路程図（二）には印旛沼から検見川《けみがわ》周辺の地形や集落の地名などのほか、各大名の分担区間とその距離が記される。しかし、掘割の深さ、幅員などの技術的な情報は図にはない。磐渓の視察目的は、そうした技術的問題になく、何よりもこの普請が前述のように江戸防備に係る重要な事業だったからである。直接的な江戸湾防備を戦術的対応と見なすなら、この掘割開削による江戸への水運確保は戦略的対応と言えるだろう。こうした戦略面に関してもその実情を自ら確認する磐渓がここにいる。

海岸防備と父玄沢の『環海異聞』

　江戸湾防備に限らず海防、外国艦船来港・漂着などに関する資料は貼り交ぜ帳に少なくない。それらの内で最初に貼り込まれたものは、『塵積成山　第五冊』（⑤）に見出される父玄沢の『環海異聞《かんかいいぶん》』中の航路図、絵図やロシア兵士の図、長崎港の警護関係の図などの写しである。この冊は「庚子集」と記される一八四〇年の製作である。アヘン戦争が勃発した年にあたる。外国の脅威が現実のものとなったとき、磐渓はまず何よりも敬愛する父の仕事から学ぼう

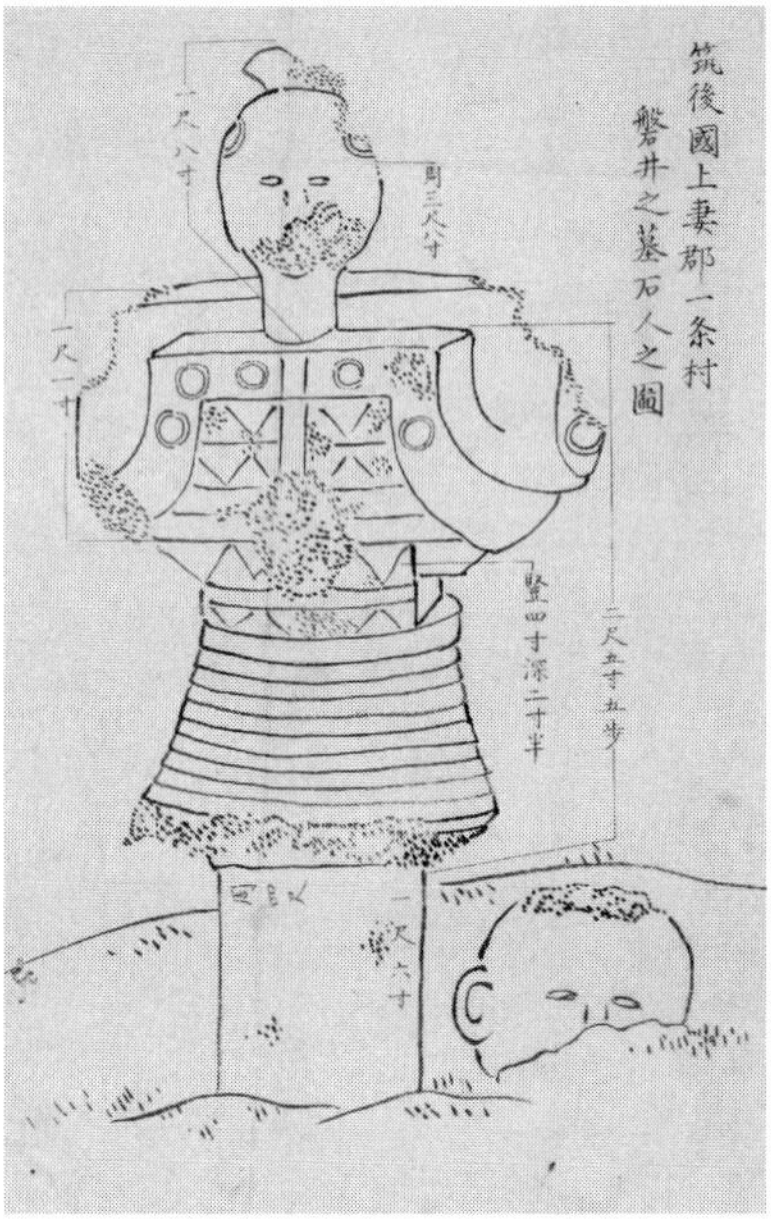

図15　筑後国上妻郡一条村磐井之墓石人之図

としているようである。

四　古器物と古き文字

往昔の人びとへの眼差——石人図と玄沢の亀ヶ岡式土器——

貼り交ぜ帳を通覧すると古器物や考古遺物に関する資料が多いことに気づく。古瓦や鏡、梵鐘、硯、古墨の拓本、元将冑《げんしょうかぶと》など多種多様なものが七〇点ほど収められている。多くは日本や中国のものだが、中にはヨーロッパのものもある。それらの中から何点かを取り上げて古器物などに向けられた磐渓の眼差を見ておこう。

「筑後国上妻郡《かみつまぐん》一条村磐井之墓石人之図」（⑨　図15）は、現在の福岡県八女郡広川町石人山古《せきじんさんこ》墳《ふん》に現存する武装石人で重要文化財に指定されている。図は簡略ながらも全体の形状や細部の文様を的確に捉えている。図とともに首の下部から頭頂部まで「一尺八寸」、頭部の「周三尺八寸」など七ヵ所の寸法が記され、破損状況も明示される。形状と文様を明らかにするため、陰影描写を避けながらも立体感を表現する点は注目される。客観的で正確な描写と情報など、記録画としての性格を明確に有する点に、作成者の人物像が浮かび上がる。木版で刷られた同一の資料がかつて確認されており（福岡県『史蹟名勝天然記念物調査報告書　第十二輯』昭和十二年）、石人像の左に「天保三年春模写松岡辰方《まつおかときかた》」とある。松岡辰方（一七六四―一八四〇）は江戸在住の久留米藩士で、装束に関する数点の著作をもつ有職故実《ゆうそくこじつ》である。貼り交ぜ帳の図には板木の当該部分が削られ年紀と松岡の名前が刷られていない。松岡側に何らかの事情があったのだろうか。

同じく考古遺物に属するものとしては「元将冑図」（②　図16）があり、龍の装飾のある状態の良い冑の図に「昔筑前大蛇島《オロノシマ》ヨリ出タリ」と記される。ほかにも「磐水先生手沢」と磐渓が記す「津軽瓶岡所掘得甕　文政二年己卯十二月廿一日」の文字のある小さな紙片（③）など数点がある。*父玄沢の遺筆ゆえに大切に収められたのだが、往昔《おうじゃく》の人びとへの視線もまた父玄沢から磐渓へと受け継がれている。

＊玄沢の紙片「津軽瓶岡所掘得甕」は、今日の亀ヶ岡遺跡《かめがおかいせき》（青森県つがる市）から出土した甕に関するもの。同遺跡から出土する土器は江戸時代初期から知られ、江戸時代に大いに珍重されたという。

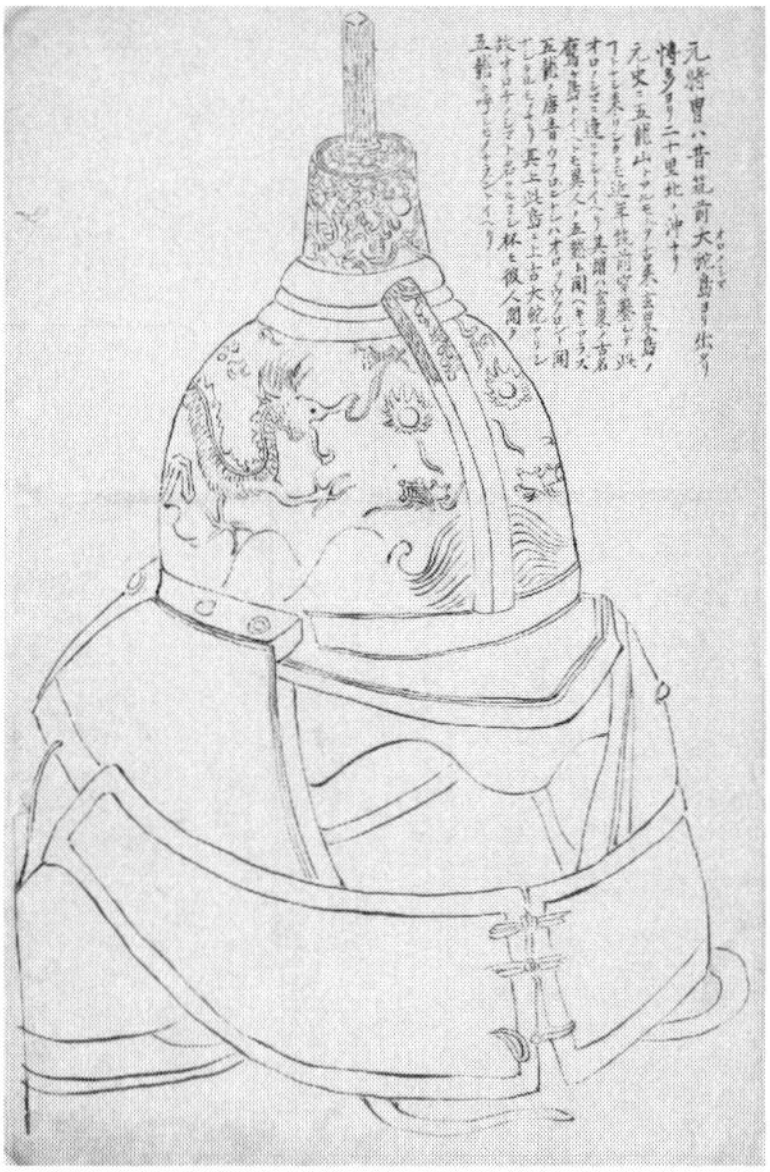
図16　元将冑図

古き文字を見つめて——紀貫之の「月」と鐘銘拓本——

貼り交ぜ帳には古い時代の文字に関する資料も多い。「「月」字額拓本」（⑯　図17）は『吉光片羽　弐集』（⑰）に収められた菅原（五条）為徳《ためのり》（一七六三—一八二三）の「「月」字額由来記」（図18）と一具のもの。さらに歌人日野資枝《ひのすけき》（一七三七—一八〇一）の和歌「世々遠くあるかなきかの影とめて　月をかたみの水くきのあと」の木版をそれらの間に加えた軸装本《じくそうぼん》で流布した。これは「土佐州幡多郡松山寺」に伝わる紀貫之《きのつらゆき》作とされる焼け残った「月」字額を日野資枝が鑑定し、その感慨を

図17 「月」字額拓本

図18 「月」字額由来記

図19 鐘銘拓本

和歌に詠んだもの。磐渓が入手したのもおそらくこの三点と思われるが、資枝の和歌を欠いている。現在この「月」字の扁額は、高知県幡多郡黒潮町の指定文化財とされている。

「鐘銘拓本」⑩（図19）はその銘に「承安六年辛酉　二月　日造　天井寺金堂懸排　入重四十斤半」とあり、西暦一二〇一年の銘である。拓本の下には「鴻漸《こうぜん》老人」と署名する磐渓自身の「古鐘銘略記」が貼られ、嘉永六年（一八五三）から六五三年以前の朝鮮のものと説明する。現在この鐘は重要文化財に指定され、九州国立博物館に保管される。銅鋳造の総高四四・二センチ、頂部に龍、側面に唐草や飛天の装飾が施された鐘である。

古い銘文の拓本には「相州円覚寺鐘銘拓本」（②）も含まれる。また「千葉《ちば》胤直《たねなお》造立宝塔碑拓本」（④）は龍腹寺（現千葉県印西市）に現存する銅製棟札の拓本がある。これらは古器物それ自体と漢字の字体や字形に向けられた磐渓の関心、探究心の反映と思われる。「八丈島衙旧蔵印印影」（④）、浜村蔵六《はまむらぞうろく》所蔵の「古銅印」三種（④）などは、篆《てん》刻《こく》への関心に直結するものであろう。

篆字・篆刻への傾倒——学者文人として、頼山陽に接して——

貼り交ぜ帳の文字に関する資料で最も多いのは印影に関するものだ。華麗な作風で江戸末期に高く評価された篆刻家細川林谷《ほそかわりんこく》（一七八〇—一八四三）・林斎《りんさい》（一八一五—一八七三）父子のものだけでも一六点を数え、古印などを除いても全体で一〇〇点を優に超える。中には篆刻家の篆字を磐渓が修正したものもある。

文化文政期以降には学者文人の篆刻が盛んとなり愛好家も多かった。頼春水《らいしゅんすい》・春風《しゅんぷう》・杏坪《きょうへい》など頼家一族は篆刻に親しんだことでよく知られる。若き日の磐渓が多大な影響を受けた頼山陽《さんよう》にも自刻の印がある。磐渓の篆字・篆刻へ傾倒もまた山陽との交流が契機の一つとなったのであろうか。

五　銅版画と『重訂解体新書』

銅版画——精緻な画面のもつ力——

すでに見たように貼り交ぜ帳に収められた資料は、そこに記され、描かれた事象・事物への極めて広範な磐渓の関心と探究心を示している。しかしそれに対し、資料に用いられた技法そのものへの関心を示す一連の資料がある。銅版画資料である。

図20　ライデンの機織貿易ラベル

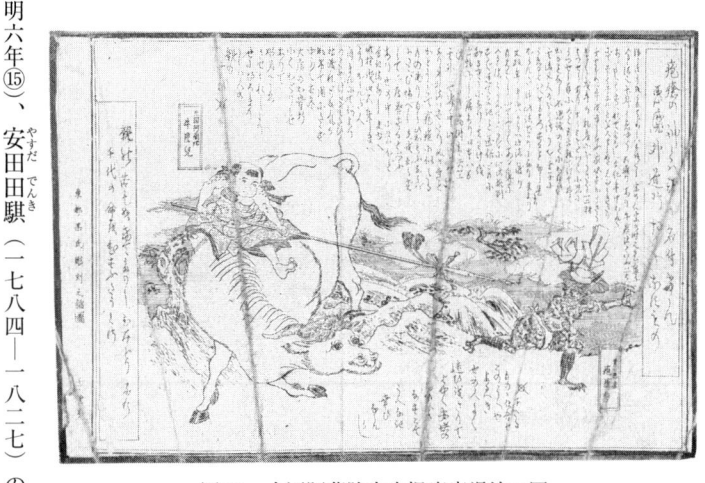

図21　生国阿蘭陀牛痘児疱瘡退治の図

司馬《しば》江漢《こうかん》（一七四七—一八一八）「TOLANOMON」（虎ノ門、天明六年⑮）、安田《やすだ》田騏《でんき》（一七八四—一八二七）の「陸奥磐瀬郡鏡沼村《かがみぬまむら》常松氏別荘正景」（通称「観魚亭」、文化十二年⑨）。ほかに岡田春灯斎《おかだしゅんとうさい》（一七八六—一八六七）「浪華新町九軒町春之景」（⑫）、同じく春灯斎「都案内独巡リ三条大橋ヨリ名所道法附」（⑮）、初代玄々堂《げんげんどう》（松本保居《まつもとやすおき》、一七八六

一八六七）「和宮降嫁行列図」（文久元年⑫）などがある。

さらに「銅鐫海獣図説」（伊藤圭介撰・大窪昌章図、⑤）は、天保四年に現在の名古屋港付近に現れたアザラシを正確に図示し、解説を加えたもの。博物学的性格のものであり、この点からも磐渓は関心を抱いたであろうが、何よりも銅版画での精細な図が特色となっている。「生国阿蘭陀《しょうごくおらんだ》牛痘児疱瘡退治《ぎゅうとうじほうそうたいじ》の図」（初代玄々堂、⑪ 図21）は、わが子に種痘を施した磐渓であれば内容的にも強い関心をもったに違いないが、同テーマのよく知られた木版画ではなく銅版画だ。いずれも長辺が二〇チセンにも満たない小さなものであるが、従来の木版画とは比較にならない精緻な画面である。

ヨーロッパの銅版画も含まれている。オランダの銅版画家ヤン・ヴァンデラール（Jan Wandelaar 一六九〇―一七五九）の「ライデンの織物貿易ラベル」（一七三五年作、⑮ 図20）である。縦一五チセンほどの画面に銅版画ならではの緻密で写実的な描写がなされ、銅版画の優れた作品であり、幼い頃から西洋画法を学んだ磐渓にとって、立体感や質感描写の手本にも映ったであろう。

銅版画による解剖図――玄沢の『重訂解体新書』――

このように磐渓が銅版画に深い関心を寄せるのは、何よりも時代が西洋と同等の高度な印刷技術を求めていたことがその背景にある。松平定信が銅版画技法の解明と発展に努め、亜欧堂田善《あおうどうでんぜん》を見出して育てたのも、銅版画による精密な地図の実現を目的とするものであった。しかし磐渓の関心はそうした時代の要求によるもののみではなかった。遡れば天明三年（一七八三）に日本で初めて銅版画の制作に成功したのは司馬江漢だが、その制作に必要な用具や薬剤、インク、そして技法とその工程に関する知識は江漢自身が蘭書から学び取ったものではなかった。ショメールやボイスといった蘭書からの情報を基に大槻玄沢を中心とする蘭学者たちの全面的な協力があって達成されたものであ

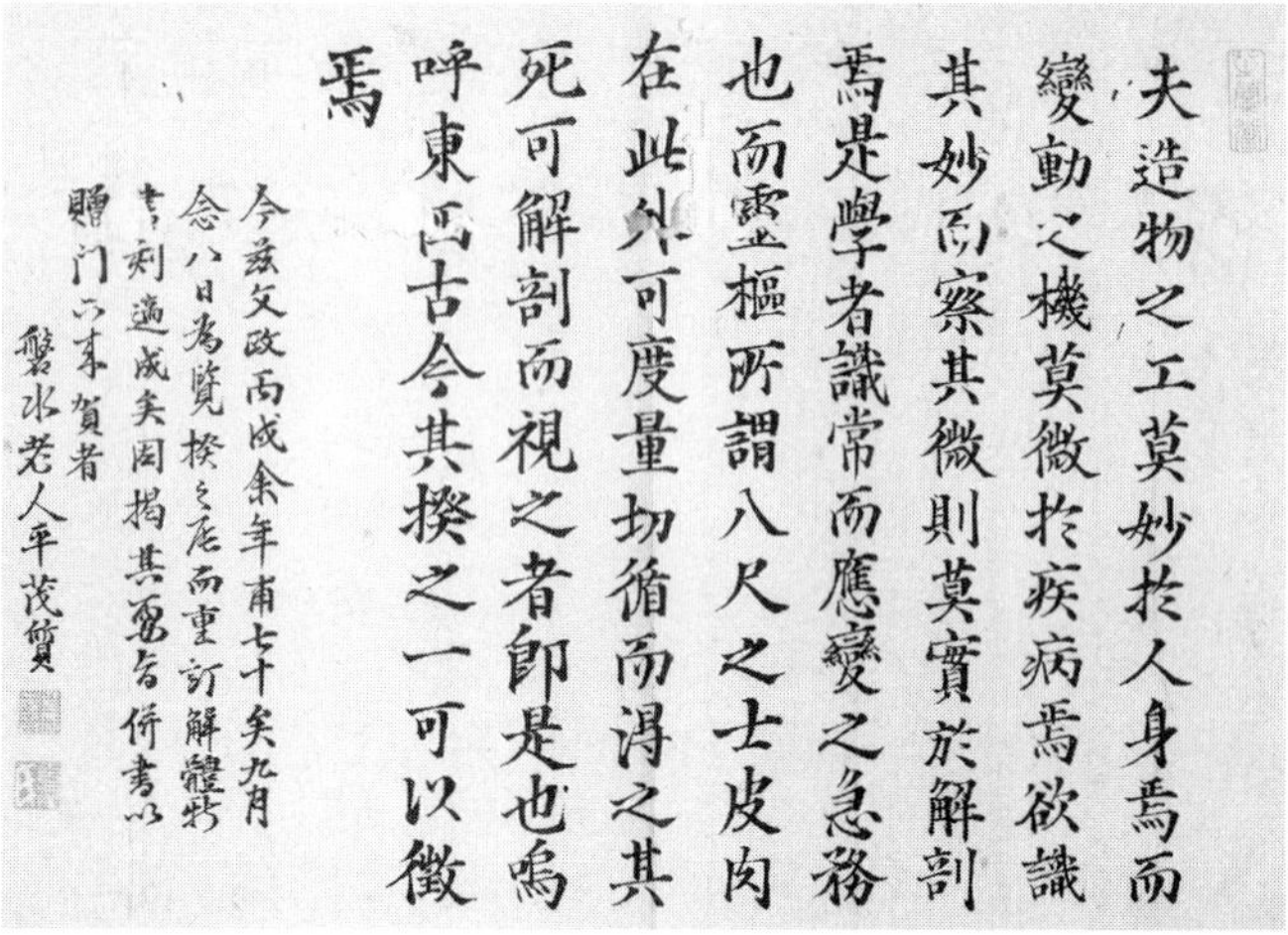

夫造物之工莫妙於人身焉而
變動之機莫微於疾病焉欲識
其妙而察其微則莫實於解剖
焉是學者識常而應變之急務
也而靈樞所謂八尺之士皮肉
在此外可度量切循而得之其
死可解剖而視之者即是也嗚
呼東西古今其揆之一可以徴
焉
今茲文政丙戌余年甫七十矣九月
念八日為覧揆之辰而重訂解體新
書刻適成矣因掲其要旨併書以
贈門下學者
磐水老人平茂質

図22　『重訂解体新書』刻成案内文

った。

明治初年頃の製作と推定される『州浜文様表紙貼り交ぜ帳』⑮に「ライデン織物貿易ラベル」など三点の銅版画が連続して収められ、続いて『重訂解体新書』の刻成を告げる玄沢の案内文（図22）が貼られている。訳稿完成からほぼ三〇年を経ての刊行で、さらに四〇年のちの貼り込みである。『塵積成山　第三冊』にも収められ二度目である。銅版画に続いて父玄沢の文が再度張り込まれていることに磐渓の深い思いが込められている。

『解体新書』の改訂版『重訂解体新書』の図版は中伊三郎《なかいさぶろう》（一七九〇—一八六〇）による四五枚に及ぶ銅版画である。玄沢の師である杉田玄白・前野良沢らが翻訳出版した『解体新書』（安永三年）の図版は小田野直武《おだのなおたけ》（一七五〇—一七八〇）の木版画であった。日本では銅版画での出版が不可能だったからである。しかしその後、宇田川榛斎《うだがわしんさい》（玄真《げんしん》・一七七〇—一八三五）の『医範提綱《いはんていこう》』の付図として亜欧堂田善《あおうどうでんぜん》による銅版解剖図一冊が文化五年に刊行されている。

『重訂解体新書』の図版を銅版画で出版することを強く願った玄沢であった。むしろもはや木版での出版は考えられないものとなっていた。そうした父の思いを知っていたであろう磐渓は、銅版画を貼り込みながらそこに父の『重訂解体新書』案内文を貼り込んだ。銅版画技法を蘭書により翻訳紹介した父玄沢と、『重訂解体新書』の父玄沢を並べたと言ってよいだろう。父玄沢に対する磐渓の深い敬愛の念が貼り交ぜ帳の全体に通底する基調の一つとなっている。

六　ヨーロッパに向けられた眼差

「知」を楽しむ

「阿蘭陀動写鏡」（⑧　図23）「かゞミにむかひて絵の方を向ふへむけ風車のごとくに輪をまハし穴より見る時は人馬花鳥のありさま実に仕掛のあるごとくにして御子様方のおねむけざましは此の品にしくものなし」の説明文と、「回転輪と球」「回転する羽根」「乗馬する人と犬」（⑤　図24―26）の三種の写し絵板がある。「乗馬する人と犬」の外周には、回転させて覗くスリットのある円板が重ねて描かれる。今日、フェナキストスコープと呼ばれる絵が動いて見える仕掛である。

一八三一年に発明された最初のフェナキストスコープは絵の間に覗きスリットがあるが、これはその後にアムステルダムの理化学機器商であったA・ファン・エムデン（Abraham van Emden　一七九四―一八六〇）が開発した方式である。スリットを絵から分離したことから、絵板ごとにスリットを開ける必要がなくなり、容易に多くの図柄を楽しめるようになったものである。こうした知を楽しむ磐渓の心は「鞘絵『花魁図』写し」（②）「七巧合壁漏秘図（タングラム）」（⑤）などにもうかがわれる。

銀貨とオランダ語文典

変わったところでは「ネーデルラント銀貨写し」（③　図27）がある。一六三六年にブリュッセルで製造されたブ

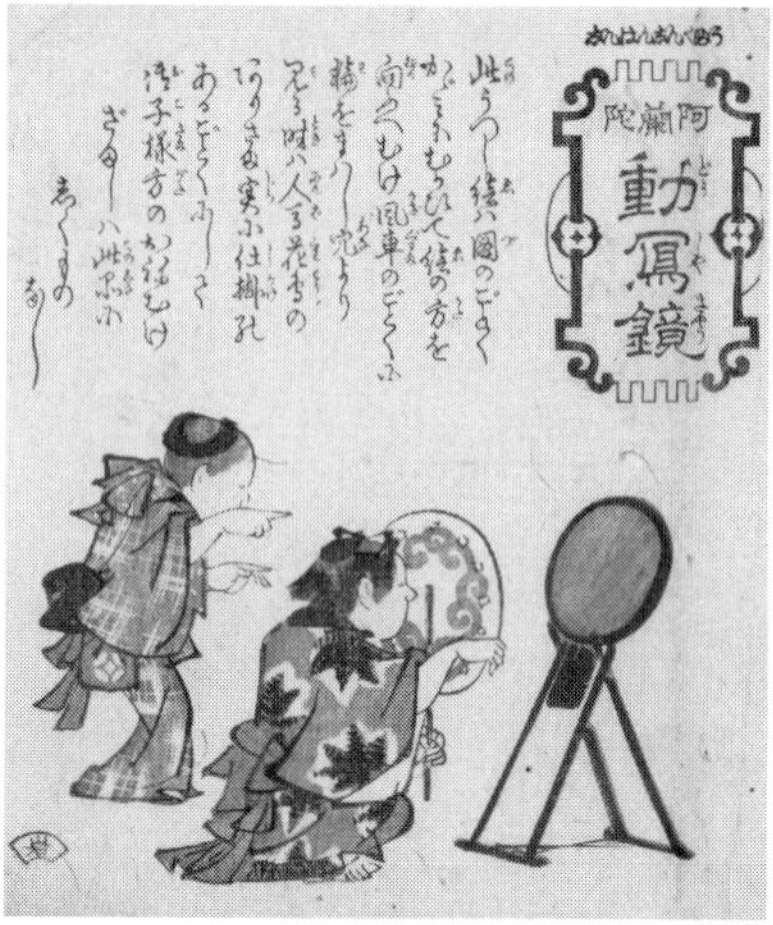

図23　阿蘭陀動写鏡

図26　乗馬する人と犬

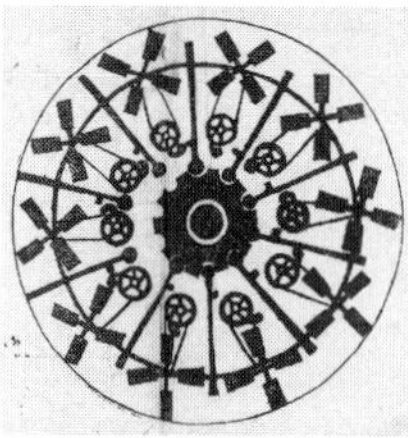
図25　回転する羽根

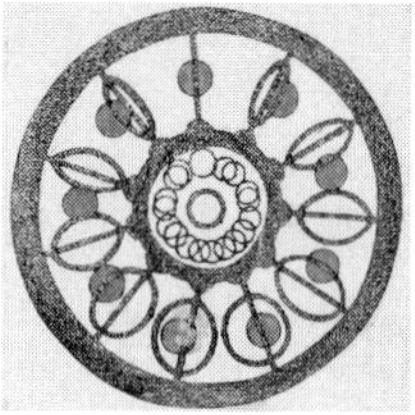
図24　回転輪と球

ラバント一ドゥカトン銀貨を墨描で模写したもの。「銀銭拵方甚精ナラス」「重サ九匁二分」とある。肖像はスペイン国王フェリペ四世（在位一六二一―一六六五）。一六六五年発行の同じ銀貨は朽木《くつき》昌綱《まさつな》『西洋銭譜』（天明七年）にも掲載されているが、貼り交ぜ帳の銀貨の発行が早く、貼り込まれる二〇〇年ほど前の発行である。どのような経緯で日本にもたらされたのか興味深い銀貨だ。

「『和蘭文典』前編扉絵」（⑥　図28）。説教壇のような教卓の前に立ち子供に語りかける男性と椅子に座って本を開く子供たち。描かれている室内景はどう見てもヨーロッパのものだ。資料そのものはオランダのものではなく、日本のものである。上部には「TWEEDE DRUK.　第二版」の文字の一部がある。色が少し褪せているが赤色系に染められた紙に木版で刷られている。これはオランダで出版された語学書の第二版を日本で翻刻したものである。箕《みつ》作阮甫《くりげんぽ》（一七九九―一八六三）『和蘭文典』前編（天保十三年）扉絵の下部のみを切り取ったのはおそらく磐渓であろう。

七　磐渓と文詩会

為善塾と氷川吟社

表題に「毎月十五日文詩宿題」とある「為善塾《いぜんじゅく》文詩宿題」（⑨　図29）。所在地は「古秘記街第四巷」すなわち「木挽町四丁目」である。塾主宰者の名が記されないが、塾名下部の朱文方印「善」が、磐渓の「天保甲辰春三月」の「転居通知兼詩筵《しえん》案内」（⑨）末尾の印と同一である。したがって為善塾の主宰者は磐渓ということになる。前述の所在地は木挽町二丁目の家を火災で失い新築した自宅の住所だ。

また、「氷川吟社《ひかわぎんしゃ》課題」（⑯　図30）には「丙午元旦夢游仙台詩」と題された磐渓の詩暦が付され「家在於万年橋西彩如原之側　氷川吟社」となっている。尾張屋清七《おわりやせいしち》『江戸切絵図』「築地八丁堀日本橋南之図」（嘉永二年）では、万

図27　ネーデルラント銀貨写し

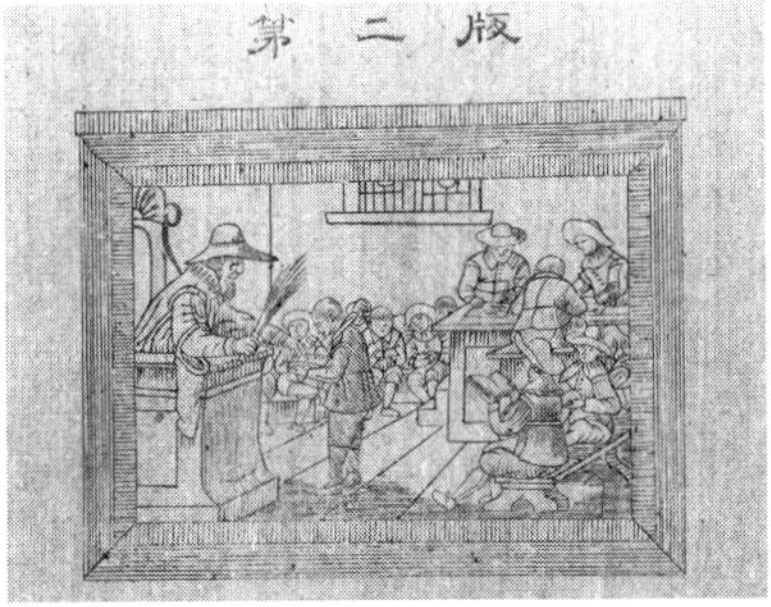

図28　『和蘭文典』前編扉絵

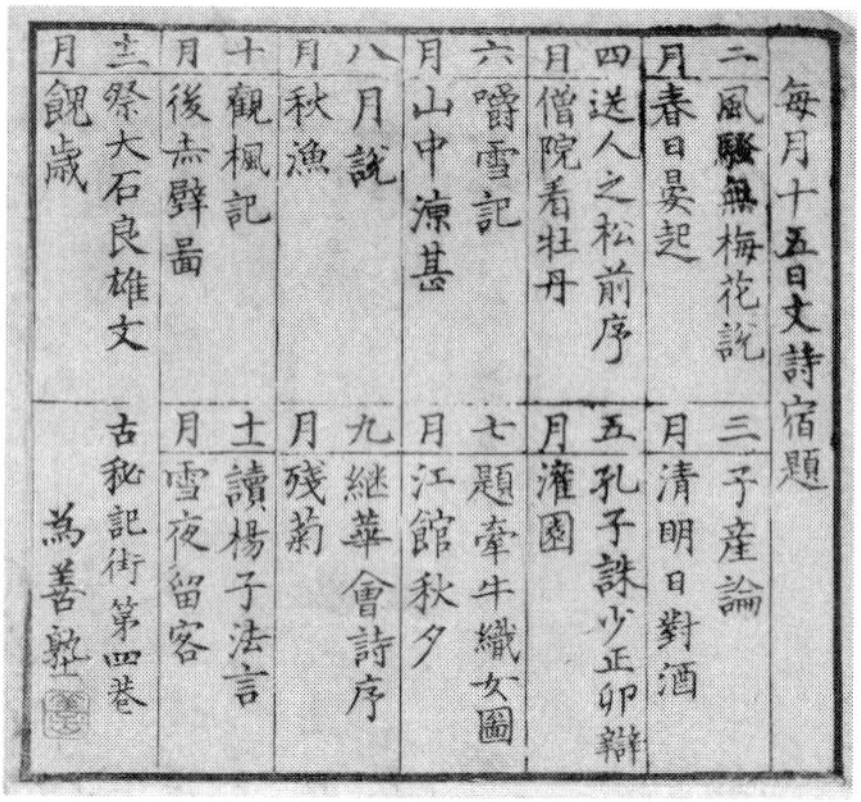
每月十五日文詩宿題
二月 風騒無梅花説
春日晏起
三月 子産論
清明日對酒
四月 送人之松前序
僧院看牡丹
五月 孔子誅少正卯辯
瀧園
六月 嚼雪記
山中凉甚
七月 題牽牛織女圖
江館秋夕
八月 月説
秋漁
九月 継華會詩序
残菊
十月 観楓記
後赤壁圖
十一月 讀楊子法言
雪夜留客
十二月 祭大石良雄文
餽歳
古秘記街第四巻
為善塾

図 29　為善塾文詩宿題

每月十八日課題
正月 新春喜晴
二月 花朝月
三月 畫櫻
四月 盆栽牡丹
五月 讀離騒
閏月 陳畫南長睡圖
六月 久旱逢雨
七月 驟涼
八月 望後月
九月 霜信
十月 寒梅
十一月 歸舟遇雪
十二月 歳寒二友圖
丙午元旦
夢游仙臺
詩
正是金華松島
勝三山五岳六
難爭分明六七
年前夢行盡九
十一里程
磐溪戯製
家在於萬年橋西
彩如原之側
氷川吟社

図 30　氷川吟社詩文会課題

年橋の西詰に「采女ケ原」、その西隣に「大槻平二郎《ママ》」宅とほかの二軒が示され、この部分に「氷川ヤシキ」と記されている。氷川屋敷とは赤坂氷川明神の別当寺院大乗院が拝領した町家である。氷川吟社の名は、この「氷川ヤシキ」に因んだ名称であろう。磐溪主宰の結社としては「静好亭詩文会」があってこの課題も二枚が収められている。これらの宿題・課題から磐溪の指導の一端をうかがうことができる。

江戸の詩壇と文人の交流

貼り交ぜ帳には、磐溪のほかにも梁川星巌《やながわせいがん》、大沼枕山《おおぬまちんざん》、小野湖山《おのこざん》、鷲津毅堂《わしづきどう》、春田九皐《はるたきゅうこう》などが主宰する詩社の月例研究会の課題を掲げた刷物が五〇点ほど貼り込まれており、当時の江戸の詩壇と詩社を理解する貴重な資料となっている。

これらのほかにも、大小月を漢詩に織り込んだ「詩暦」も重複を含めて四二点ほど収録されている。これだけまとまった詩暦も江戸期の漢詩文化を知るうえで貴重だ。また書画会の案内も一四点含まれている。磐渓を通じて江戸末期の文人たちの動静やその交流の様相が見えてくる。

おわりに

『塵積成山』と『積塵成山』

貼り交ぜ帳に『塵積成山』と『積塵成山』の二通りの題名表記があることは「一　一七冊の貼り交ぜ帳」で触れたが、この題名の相違は単なる書き間違いではない。そこに漢学者磐渓の深い知識が働いている。よく知られた諺の漢文表現なら「塵積成山」だが、この諺の出典は『大智度論《だいちどろん》』であって、そこには「積微塵成山」とある。あるいは、『荀子《じゅんし》』勧学篇にも「積土成山」とある。これらに基づいて名付けるなら『積塵成山』、つまり第一冊の題名となる。もう一冊第拾冊も『積塵成山』である。この二冊は、表紙の体裁、題箋の記載、干支を用い「○○集」と表記する点、所蔵名の末尾を「珍蔵」とする点など、共通する点が多い。しかし、第一冊の題名は題箋上に書き改められたものでありその下には「塵積成山」の墨書がある。第十冊は前冊からおよそ八年の空白がある。いわば再出発にあたって、第一冊の題名を書き改めたのであろう。一連の貼り交ぜ帳製作の意図を再度明確にしようとする磐渓の思いが読み取れるだろう。

文字を敬う――貼り交ぜ帳へのさらなる視点――

その第拾冊冒頭の貼り込みが「奉勸敬惜字紙啓」（⑩　図31）であることは、たいへん示唆に富んでいる。その要

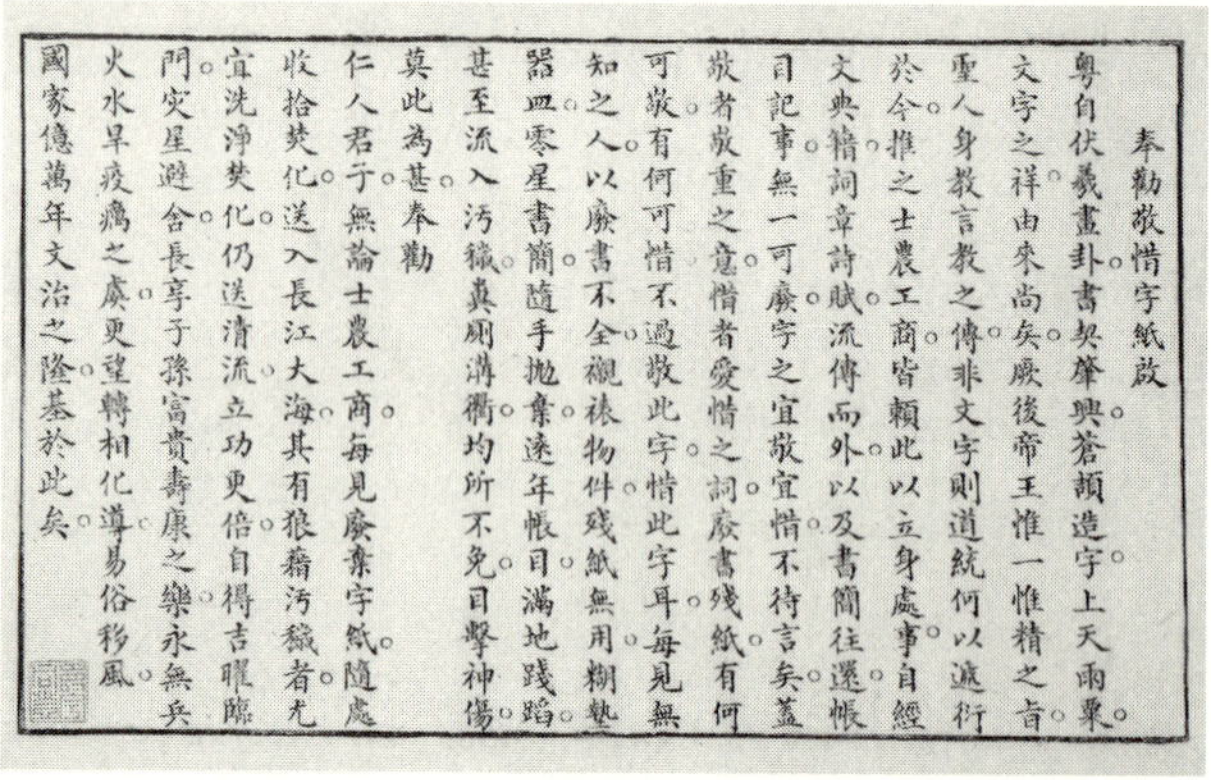

奉勸敬惜字紙啟
粤自伏羲畫卦書契肇興蒼頡造字上天雨粟
文字之祥由來尚矣厥後帝王惟一惟精之旨
聖人身教言教之傳非文字則道統何以遞衍
於今推之士農工商皆賴此以立身處事自經
文典籍詞章詩賦流傳而外以及書簡往還帳
目記事無一可廢字之宜敬宜惜不待言矣蓋
敬者敬重之意惜者愛惜之詞廢書殘紙有何
可敬有何可惜不過敬此字惜此字耳每見無
知之人以廢書不全襯裱物件殘紙無用糊墊
器皿零星書簡隨手拋棄逐年帳目滿地踐踏
甚至流入污穢糞厠溝衢均所不免目擊神傷
莫此為甚奉勸
仁人君子無論士農工商每見廢棄字紙隨處
收拾焚化送入長江大海其有狼藉污穢者尤
宜洗淨焚化仍送清流立功更倍自得吉曜臨
門灾星避舍長享子孫富貴壽康之樂永無兵
火水旱疫癘之處更望轉相化導易俗移風
國家億萬年文治之隆基於此矣

図 31　奉勤敬惜字紙啓

旨は次のようなものだ。伏羲《ふくぎ》により文字が作られ、これにより人は学ぶことができるようになった。人は文字の書かれた紙を敬い大切にする精神で文字に接することが文治政治の基本であり、国の発展をもたらす。文字の書かれた紙片がたとえ路上で踏まれ汚されることがあっても、これを拾い集め洗い、焼却し、それ以上汚すことなく敬う。こう教える文章である。

表紙の記載に戻ると「〇〇号」の名称は、基本的に冒頭の貼り込みに関連して付されている。第一〇冊は冒頭の「奉勤敬惜字紙啓」にちなんで「敬惜号」である。

玄沢、磐渓ともに関係の深かった桂川家の二男であり生涯を生家で過ごした森島中良《もりしまちゅうりょう》（一七五四?―一八一〇）にも『惜字帖』（早稲田大学図書館所蔵）二冊がある。第一冊冒頭に自筆で「惜字帖　一名反故帳」とあって、最初の貼り込みは、繭紬縮緬《けんちゅうちりめん》の商品札「何万順号」である。中良の識語は「繭紬　是ハケンチウヂリメンノ札ナリ」となっている。

磐渓の貼り交ぜ帳にも、清の筆墨、紙、絹布などの多数の広告やラベル、包装紙、あるいは日本の土産物の包紙や菓子のラベルなどが繰り返し貼り込まれている。磐渓が買い求めた商品の心覚えのようにも思われるが、中良の繭紬縮緬の札に見られるように、この行為が「敬惜字紙」である。そのほかにも中良の『惜字帖』と磐渓の「貼り交ぜ帳」に見出される共通点は多い。この「敬惜字紙」の視点を加えて「貼り交ぜ帳」を見直すとき、さらに深く磐渓を理解できるものと思う。

大槻平泉——養賢堂の学頭として——

菊池勇夫

はじめに

大槻平泉《おおつきへいせん》の名は、仙台藩の藩校養賢堂《ようけんどう》の学頭として、その学制改革・拡充に尽くした人として知られている。それとは別な側面でも、『鯨史稿《げいしこう》』という著作はクジラや捕鯨に関する卓越した観察や考証として高く評価されてきた。最近ではさらに政治思想などにも目が向けられるようになっている。

平泉が活躍し始めるのは一九世紀に入った頃からである。当時の日本はどのような状況であったのか。平泉の兄丈作《じょうさく》（清臣《きよおみ》）の認識によれば、仙台藩が念頭にあるが、宝暦・天明の飢饉後、質朴であった「民風」が一変し、「商人の業」（貨幣経済）が盛んになり、農民はその「美食安臥《あんが》」を羨んで奢り、勢いがはなはだ弱くなった。同時にまた、近年は「魯西亜《ろしあ》の騒動」（レザノフ来航・エトロフ事件）もあり、ひとまずは何事もなく収まっているが、これで終わるとは考えられなかった（文化八年（一八一一）五月、「大槻清臣上書」『仙台市史』資料編一二）。このように国内的にも対外的にも、どのように針路を見定めていくかむずかしい時代を迎えていた。丈作は仙台藩の大肝入《おおきもいり》であったか

図１　大槻平泉画像　宮城県図書館所蔵

ら、「国の本」である農民の「生産安堵」を第一に考えて国（藩）を富ます方向に尽力したといえるが、弟の平泉は同じような当代認識を持ちつつも、家を離れ、仙台藩に仕えて、兄とは異なる学問・教育の道を歩むこととなった。

　平泉の履歴については、平泉自身によるものがいくつか残されている。また、同じく大槻一族である国語学者の大槻文彦がまとめた伝記などがあり、以下、随時用いていくことになる。文彦は「大槻平泉先生略伝」（小岩弘明—二〇二三年、『仙台叢書』続刊一）において、平泉を「仙台府学養賢堂学頭大槻平泉先生」と敬い、「仙台の藩士をして一人も書算なき者なからしめしは実に先生の力なり」とし、「爾《じ》来《らい》仙台の文学の蔚《うつ》として（草木がさかんに繁るさまにたとえる）勃興せしは人の善く知れる所」と、藩校教育・経営面での功績を大とみていた。それを可能にしたのは、江戸に出て徳川幕府の聖堂（昌平坂学問所、昌平黌《しょうへいこう》ともいう）に入って朱子学を学び、やがて学寮の司監・舎長となり、聖堂の教育機関としての内部実情をよく知りえたこと、また、長崎・平戸など諸国遊歴の旅に出て、同時代の社会について見聞をひろめることができたからであった。むろん、江戸で活躍する一族の大槻玄沢の存在は学問・思想的な支えであったろうし、生家の大槻家からの資金援助、仙台藩や幕府からの学資金または俸給を与えられたことも大きかった。

　こうしてみると、学者ではあるが、教育者ないし学校経営者としての面目躍如といえそうである。ここではそうした事績についてはむろん述べるが、それだけではなく、同時代と関わりあう平泉の学問・思想についても述べてみたい。その際、平泉とは考えや意見を異にした人たちの平泉評も取り上げ、平泉の立ち位置を明らかにできればと思う。平泉没後、養賢堂学頭は子の習斎《しゅうさい》が継承し、習斎が亡くなると大槻玄沢の子の磐渓がその任に就く。最後にそのことに少しだが触れることになろう。

一　郷里から仙台へ、そして昌平黌

少年・青年期の民治

大槻平泉の経歴がわかるものとしては、A『経世体要』「自序（自跋）」（『仙台叢書』二）、B「儒家家業伝統来由書上」（文政五年（一八二二）九月、早稲田大学図書館所蔵）、C「大槻清準家譜書出」（文政八年六月、『仙台市史』資料編2・近世1）、D大槻文彦「大槻平泉先生略伝」（前出）がある。BとCは内容がほぼ同じで、一生にわたるのはDである。そのほか大槻文彦が集めたE「大槻民治ノ逸話」（小岩弘明—二〇二三年）なども重要である（以下、A自序、B書上、C書出、D略伝、E逸話と略記）。

まず、少年・青年期の平泉（民治《みんじ》）についてである。A自序によると、僻遠の東奥磐井郡「中里」という里に生まれ、「蓬蒿《ほうこう》」（よもぎの生える草深い環境）のなかで成長したという。D略伝には、大槻家は磐井郡「山目村《やまのめ》」に住み大肝煎（大肝入）を世襲し、父は専左衛門《せんざえもん》清雄《きよお》、兄は丈作清臣とある。生家の住所名としては江戸時代、行政村的には「中里村」（現一関市）になり、その中里村のうちに山目町（仙台・松前道の宿場町）があり、隣村が山目村であった。住所は、「山目村」とあるのは正確ではないが、中里とも山目とも書かれてきたので厳密に考えなくてよいかもしれない。生まれたのは安永二年（一七七三）であった。翌年、日本最初の西洋解剖書の翻訳『解体新書』が刊行されている。

平泉というのは号（雅号）で、通称は民治、名（本名）は清準《きよのり》、字は子縄《しじよう》といった。呼び名を統一しがたいので、おおむね養賢堂学頭以降は平泉、それ以前には民治または清準を適宜用いることとしたい。B書上・C書出によると、民治は、八歳のとき中里村西宮の神職人篠谷《ささや》修理という人から句読《くとう》（素読）の教育を受けた。篠谷は、近代の行政村でいえば東磐井郡八沢村（現一関市）の生まれで、山目村の蘭梅山《らんばいさん》下に住み、同所で神職をしており和歌・和文・書道をよくしたという（『仙台人名大辞書』）。以下、おもにA自序によるが、民治が一五、六歳であった天明七年（一七八七）頃、家兄の丈作が昌平黌に入り、それに刺激を受けて学問も志したいと父に打ち明け、「郷先生篠谷銅台」のもとで学ぶことになった。丈作から、四書・五経・小学・近思録・左伝・史記・文選《もんぜん》などを読めばひとかどの学者であるといわれ、昼夜刻苦して一年にしてそれを卒業、さらに列子・国語・漢書以下、軍記・通俗類などまで借り集めて寝食を忘れて読んだという。

民治一七歳の冬、丈作が帰郷し、その話を聞いて明春は遊学したいと思った。しかし、最初から遠くへ行くのはどうかとひかえ、本府仙台に赴いて藩儒志村東嶼《とうしよ》（東蔵）の教えを受けることになった（城下へ出たのは、C書出は寛政二年（一七九〇）四月、D略伝は寛政元年一七歳のときとするが、C書出が正しいか）。いったん帰郷し、その冬また東嶼のもとで学んでいたところ、東嶼が江戸勤番を命じられ、民治もこれに従ってのぼった。寛政三年の夏、林門に入り、昌平学舎に留まることとなった。C書出によると、江戸へのぼったのは三年四月、翌五月に林大学頭信敬《だいがくのかみのぶたか》の門人となり聖堂学寮へ入寮したとある。東嶼、兄丈作も聖堂に学んだから、民治もそこに入るのは自然な流れであった。

白井秀雄との出会い

少年期の民治について右の経歴書などに触れられていないことがある。生家の大槻家にも滞在した、三河出身の遊歴文人・歌人の白井秀雄（のち菅江《すがえ》真《ま》澄《すみ》）との交流である。秀雄は天明五年（一七八五）、松前へ渡ろうとしたが果たせず、奥羽を南下して十月仙台領に入り、同八年六月ふたたび松前を目指して旅立つが、この間、胆沢《いさわ》郡六日《むいか》入《いり》の鈴木常雄や山目の大槻清雄（専左衛門）らと交遊した。今に残っている仙台領滞在時の日記（紀行）は、「かすむこまかた」「かすむこまがた続」「はしわのわか葉」「はしわのわかば続（仮題）」「雪の胆沢辺」（『菅江真澄全集』一・一二）であるが、その巡り歩きで大槻家を訪ねて何度か滞在している。常雄や「清古《きよふる》」（丈作）らと水沢にある塩釜（塩釜神社）の花見にでかけ、あるいは清古とともに五串《いつくし》の滝（厳美《げんび》渓《けい》）を見に行くこともあった。

「雪の胆沢辺」の時期になるが、民治が秀雄のスケッチ帳「凡国異器」を模写することがあった。原本は失われ、民治の写本が残るばかりであるが、この「書（ふみ）」は三河の秀雄が旅の「つと」（みやげ）に描いてきたもので、それを一四歳の「きよとし（清儀）」すなわち大槻民治が天明六年十月に写したと自ら記している（『菅江真澄全集』九）。同日記には、十月三日、秀雄と清古と清儀の三人が「初冬時雨」という題で和歌を詠みあい、清儀の歌「むら雲のひまこそみえねかみな月　あきもあらしにはつしぐれふる」も記載されている。丈作が聖堂に入る前年のことであったか。こののち清古は清臣、清儀は清準と名乗ることになったのだろう。

模写本は秀雄の絵・文を引き写しただけではなく、「民治云」「民治謂」「民治聞」として自身による引用や、説明を書き入れたのが九図ばかりあった。越後国の「艸水《クソウツ》（石油）」、同国妙法寺村の「竒《（奇）》火」、「蝦夷嶋人《えぞのしまびと》」、「奥津軽之器カツサビ」「鎮懐石《ちんかいせき》」（説明なし）、「粥杖《かゆづえ》」、「今井四郎カネヒラノ宮」、「錦木《にしきぎ》」、「錦木《にしきぎ》塚図《づかず》」の各図であるが、「艸《（草）》水」には、『日本紀』天智紀より越後の「燃土」「燃水」の箇所を引用し、「奥津軽之器」にも、「津軽」は『日本紀』に「津刈」と作ると記入、また、「竒《（奇）》火」には、蜀国にこの類ありとして漢籍の『文選』『博物志』より引用していた。天明六年といえば、前述の郷先生篠谷の句読を受ける前であるが、民治はすでに『日本書紀』や『文選』などに慣れ親しんでいたことになる。

加えていうならば、「錦木」および「錦木塚」の図に、「歌書」のいわゆる狭細布《きようのほそぬの》狭里《きようのさと》の錦木、古川野辺二本杉これなりと書き込んだのは、祖父清慶、父清雄が俳句・和歌をよくし、秀雄を旅の歌人として受け入れた大槻家の文人気質を受継いでいるだろうか。それはともかく、民治が少年期に秀雄の博物的な知識と民俗絵に遭遇していたことは、のちの『鯨史稿』の関心の持ちようにも何がしかの影響を与えていたといえそうである。

昌平黌に学ぶ

さて、寛政三年（一七九一）に聖堂へ入寮した民治であったが、そこではどのように過ごしたのであろうか。以下、C書出を基本にみていくと、まず柴野《しばの》彦助《ひこすけ》（栗山《りつざん》）の教授を受けたが、この年の九月に尾藤良佐《びとうりようすけ》（二洲《にしゆう》）が聖堂付儒者に召し出され、また同九年には古賀弥助（精里《せいり》）が召し出され、これ以降は主に弥助の教授を受けた。栗山・二洲・精里は「寛政の三博士」と称された幕府儒官、朱子学者である。入塾の翌年九月には書記、その翌年七月には学寮の扶持方の始末や書生の賄を扱う司計、そして寛政九年五月には「学寮一体」を取り締る司監となった。民治が入塾した寛政期は、老中松平定信が主導する寛政の改革のもとで、幕府の教学制度が大きく改められた時期であった。寛政二年、幕府は朱子学を正学とする旨を大学頭《だいがくのかみ》（祭酒）林信敬に達した寛政の異学の禁はよく知られているが、同五年に信敬が亡くなると林述斎が大学頭となり、聖堂学規や職制を定め、「学問吟味」や「素読吟味」を実施することになった。寛政九年には、それまでの林家の家塾を聖堂から切り離して、幕府直轄の「学問所」（昌平坂学問所・昌平黌）とし、施設も充実して、同十二年には「聖堂御改正教育仕方」が定められ、幕府のみならず全国の学問・教育の中心的存在となった。

こうした「聖堂御改正」にあたって、民治は自らの貢献を記している。改正によって寄宿している諸国の書生が退学させられたが、清準（民治）はほか書生三人とともに残留となり、引き続き素読指南・校合《きょうごう》などの御用を勤めることになった。そのため、弥助（精里）より良佐（二洲）旧役宅の住居直しの検討を命じられ、絵図を仕立てて補理（修理）し、そこに移った。その頃、内々に弥助に申し立てをするに、聖堂はこれまで諸国書生の世話をしてきたが、改正によって彼らは退学させられた、しかし諸藩に役立つ人材の世話をしないのはどうかと思い、諸国書生も世話したいものだと演説したのだという。これによって吟味（見直し）となったわけではないとしているが、その後大学頭・良佐・弥助の門人ならば諸国書生の寄宿が認められることになったとし、自らの功績をそれとなく述べている。

こうして舎長二人が置かれることになり、清準は舎長を命じられ、稽古方とともに寄宿方会頭（輪講・会読の責任者）などすべての取り締まりを務めることになった。清準がおそらくは初代の舎長という（石川謙―一九七七年）。次第に書生が増え、新寮を建てることになった際、絵図面仕立て方など清準が命じられて吟味し、書生寄宿中の賄方・諸入用繰りの「都合」（算段・手はず）を定めたという。仙台藩は寛政十一年、清準が学問に出精し聖堂（学問所）御用を務めているとして、一ヵ年に金一五両を支給することにしたが、末々は仙台藩にとって「御用立」になるよう期待してのことであった。聖堂改革を内側からつぶさに観察し、自らも司監・舎長としてその役目の一端を担い、学校経営のノウハウを培ったことが、のちの養賢堂改革・拡充のための大きな経験となったことは疑いない。

昌平坂学問所は教育施設というだけでなく、『新編武蔵風土記稿』などの編纂や、漢籍の出版なども行っていた。享和二年（一八〇二）十月、「唐土歴代の尺度」御用につき急ぎ必要だとして大学頭（述斎《じゅつさい》）に命じられ、日数四〇日ほどをかけて『諸代尺度考』一冊を編んで提出することがあった。和尺のほうは、塙検校《はなわけんぎょう》（塙保己《はなわほき》一《いち》）がその「考」を編んだが、その吟味（校閲・点検）も申し渡され、検校の「尺考」に漏れた分を『尺考拾遺』一冊として差し上げたという。このほか、「考物」や、蔵版彫刻の際の訓点・校合にもときどき携わった。これより前、聖堂で『大学纂釈』『弁誤』の二冊を弥助総裁で編集した際、「編次考定」などは清準が勤めたので最初の稿本は清準が所持していたが、その後の吟味直り（校訂・修訂）で弥助の「御一分」（自分一人）の編集となったとしている。やや横取りされたような口惜しさが現われているであろうか。

清準はA自序にその頃を振り返って、昼夜寝食をも忘れて学問し、少しは眼目も付いたと述べている。E逸話によると、江戸聖堂に入学しての九年間、竹の皮の草履がただ一足のみであったという。どこへも外出せず読書に勉強のみしていたからであった。座るに胸を出して動かず、禿頭に蚊が来て刺しても払うこともせず、むだ口を聞かなかった。碁は打たず将棋は好んだが弱く、三番続けて負けると腹を立てて、対手の文章に小言などを言ったという。学問一筋の謹厳実直ぶりが伝わるが、人間味も感じさせる。

二　学問修行の旅と学問思想――『鯨史稿』と『経世体要』――

西国を遊歴し長崎・平戸へ

昌平黌の清準は、学問修行のため諸国遊歴の望みをもっていた。A自序によると、享和元年（一八〇一）、六〇日の暇を許されて、中仙道より畿内、紀州・播州を遊覧し、それから東海道を通り、およそ二〇州を遍歴して帰った。しかし、それでは満ち足りず、同三年の春、ふたたび西遊の旅を敢行した。A自序やB書上・C書出に経路が書かれているが、C書出にしたがえば以下のような旅であった。

古賀弥助（精里）の許可を得て、享和三年正月に江戸を出立した。下総《しもうさ》国行徳《ぎょうとく》から常陸《ひたち》へ出て、まずもって国許へ下り、三月より出羽国より北陸道を遊歴、若狭《わかさ》より京都へ出て、大坂より丹波路《たんばじ》を通って山陰道を歩き、長門より豊《ぶ》前《ぜん》小倉へ渡海、豊後《ぶんご》より日向《ひゅうが》・大隅・薩摩・肥後と遊歴し、肥後より肥前島原へ渡って、長崎に一ヵ年余滞留した。長崎では、中野忠次郎（志筑忠雄《しづきただお》）という蘭学者に阿蘭陀《おらんだ》の天文について習い、唐館・阿蘭陀館などを一覧し、唐人（中国人）・阿蘭陀人（オランダ人）とも出会い、阿蘭陀船へ上船して一覧したという。なぜ、このようなことが可能であったのか。唐館・阿蘭陀館の見学は堀田摂津守（正敦《まさあつ》、若年寄）・林大学頭（述斎）より長崎奉行肥田豊後守《ひだぶんごのかみ》（頼常《よりつね》）への「添書」があり、また阿蘭陀船への上船は関係役人のほかはできないところ、摂津守よりの頼みで、表立って一覧できたものであった。薩州領内の遊歴も他邦の人の往来ははなはだ難しいと聞いていたが、これも大学頭より薩州家老市田勘解由《いちだかげゆ》（盛常《もりつね》）へ申し入れがあり、領内では酒肴を出してくれた所もあり、鹿児島滞留中には日々案内などが詰めてくれたという。

長崎滞留中の文化元年（一八〇四）正月、平戸の生月島《いきつき》へ渡海し、捕鯨を見物している。C書出には書かれていないが、清準のこの西遊には大槻玄沢の嫡子玄幹《げんかん》（名茂楨《しげえだ》、字子節《しせつ》、号磐里《ばんり》）が行動を共にしていた。玄沢は享和三年正月、仙台藩への願いに、玄幹を長崎にのぼらせたいと享和二年冬に願い上げて許可されていたが、玄幹はまだ若年で独旅は心許ないので、民治と一緒に行かせたいとあった（『官途要録』早稲田大学図書館所蔵）。この生月島への紀行が「鯨海游志」（『仙台叢書』九）である。

それによると、清準・玄幹（子節）に赤松子静と辺周伯が同行し、四人で長崎を十一日に出立した。十四日平戸に着き、十五日生月島へ至り、二ヵ月前から同島に来ていた「二介」すなわち山縣二之助を訪ねる。二介は捕鯨業を展開する益富《ますとみ》氏四代目又左衛門であったが、当時平戸藩士となっていた。滞在中、二介の話を聞きながら、捕獲した鯨の形状を見たり、納舎《なや》に入って解体された鯨の肉・骨・筋を見たり、船一二、三艘で追い込んで捕鯨する様子を見たりして、二十一日平戸へ戻った。二介の家にしばらく留まり、二介の同族の文炳所持の朝鮮絵図を写したり、二介に願って精妙な鯨図を写させてもらったりしている。二月九日に長崎に帰った。この捕鯨の見聞体験をもとに、捕鯨解説書として評価の高い『鯨史稿』（江戸科学古典叢書2、国立国会図書館所蔵本を復刻）を編述することになる。

また、長崎滞留中、伊達重村夫人観心院（年子《のぶこ》）の六十年賀（還暦）の詩文を長崎在留の唐人へ頼んで作ってもらうよう大槻玄沢から依頼があった。清準はこれを引き受けて、阿蘭陀人に頼んで蘭詩を作ってもらい、唐人の翻詩と和歌の翻歌をつけ、蘭詩の作法なども集めて、三国人物の図も入れた『三国祝章』という一冊を編集した。しかし、完成が遅れて、詩作などできたところで半途のまま玄沢へ渡し、玄沢より藩へ差し上げた。観心院様の年賀がオランダ人にまで知られたとして、内証に奈良晒《ざらし》を拝領したという。これが、本朝における阿蘭陀詩の最初だと、誇らしげに書いている。自筆写本が早稲田大学図書館に所蔵されている。

その後、長崎より肥前・筑後・筑前と歩き、小倉より長門へ移って山陽道を遊覧、四国へも渡海して讃岐《さぬき》・阿波《あわ》を廻り、淡路島を経て摂州兵庫へ上陸、それから和泉《いずみ》・紀州・大和・河内を遊歴、さらに東海道・伊勢路なども経て、文化二年九月聖堂へ帰寮した。享和元年の旅と合わせて、三ヵ年に五八ヵ国ほど遊歴したが、そこで見聞して「天下の大体」に関わることを書き集めた著述があると記している。これが後述の『経世体要』にあたるだろう。

仙台藩へ帰ることを決意

昌平黌へ帰寮後、七人扶持の「御雇」となって復帰した。また、仙台藩からは文化三年（一八〇六）三月三日、「儒学深切」に学び、聖堂の御用も勤めているとして、大番組に召し出され、切米《きりまい》半金一枚・扶持方一〇人分を新規に下され、「儒役家業」を命じられた。幕府の聖堂御用と仙台藩の儒役の兼業状態となった。同年八月、仙台藩の上屋敷の一ヵ年番を命じられ（翌年も続く）、勤番中聖堂へ毎月五日ずつ出勤した。幕府と藩のどちらを取るべきか。清準の判断は、聖堂の御恩は師匠の恩に等しく、国許のことは父母同様であり、父母に呼び戻されたら帰らないわけにはいかない、というものだった。

こうして、国許に下りたいとの意向を伝え、同五年六月に林大学頭（述斎）より呼び出しがあり、藩の公義使《こうぎし》（他藩でいう留守居《るすい》）とともに聖堂へ赴き、これまでの御用勤めに対して白銀五枚が下され、正式に御暇《おいとま》（退職）が認められた。八月に仙台藩江戸屋敷の御番明けになり、国許に帰る準備が整ったが、『鯨史稿』（全部四巻、ただし現状は六巻）の編集について大学頭より内々に話があり、いまだできていなかったので完成するまでの間、出立を留められた。完成させて二部を大学頭に差し出したところ、一部は「御城御文庫」（紅葉山文庫）に、一部は聖堂へ納め（昌平坂学問所本、現国立公文書館所蔵）、永久に備えておくということだった。この著述に対して白銀七枚が下され、御礼として公義使が付き添って老中・若年寄衆を廻勤している。そして、文化五年九月末に江戸を出立、十月初め仙台に下着し、養賢堂での講釈が始まった。

『鯨史稿』と大槻玄沢

前述のように、清準の西国遊歴の成果がいわば『鯨史稿』と『経世体要』の二書であった。というばかりでなく、生涯を通じての主著となった。二書について説明を加えておこう。『鯨史稿』からみていくと、その成立事情には大槻玄沢の意向が働き、また当時のロシアの動きを警戒する幕府が関わっていたことが、森弘子氏・宮崎克則氏『鯨取りの社会史』（森弘子・宮崎克則―二〇一六年）によって明らかにされている。それによると、玄沢は「イッカク」（鯨の一種）に興味を持って以来、鯨についての研究を進めており、清準・玄幹が遊歴の際に平戸・生月島へ行って鯨漁を一見し、その見たところを記録して送ってくれるよう頼んでいた。二人が訪ねた山縣二之助は、以前、玄沢が会って捕鯨の話を聞いたことのある人であった。『鯨史稿』は巻之一「釈名第一」（鯨の名称）、巻之二「釈種第二」（鯨の種類）、巻之三「釈体第三」（鯨の各部分の名称・形体図）、巻之四「附録第四」（世界・日本の捕鯨地、大納屋・小納屋な

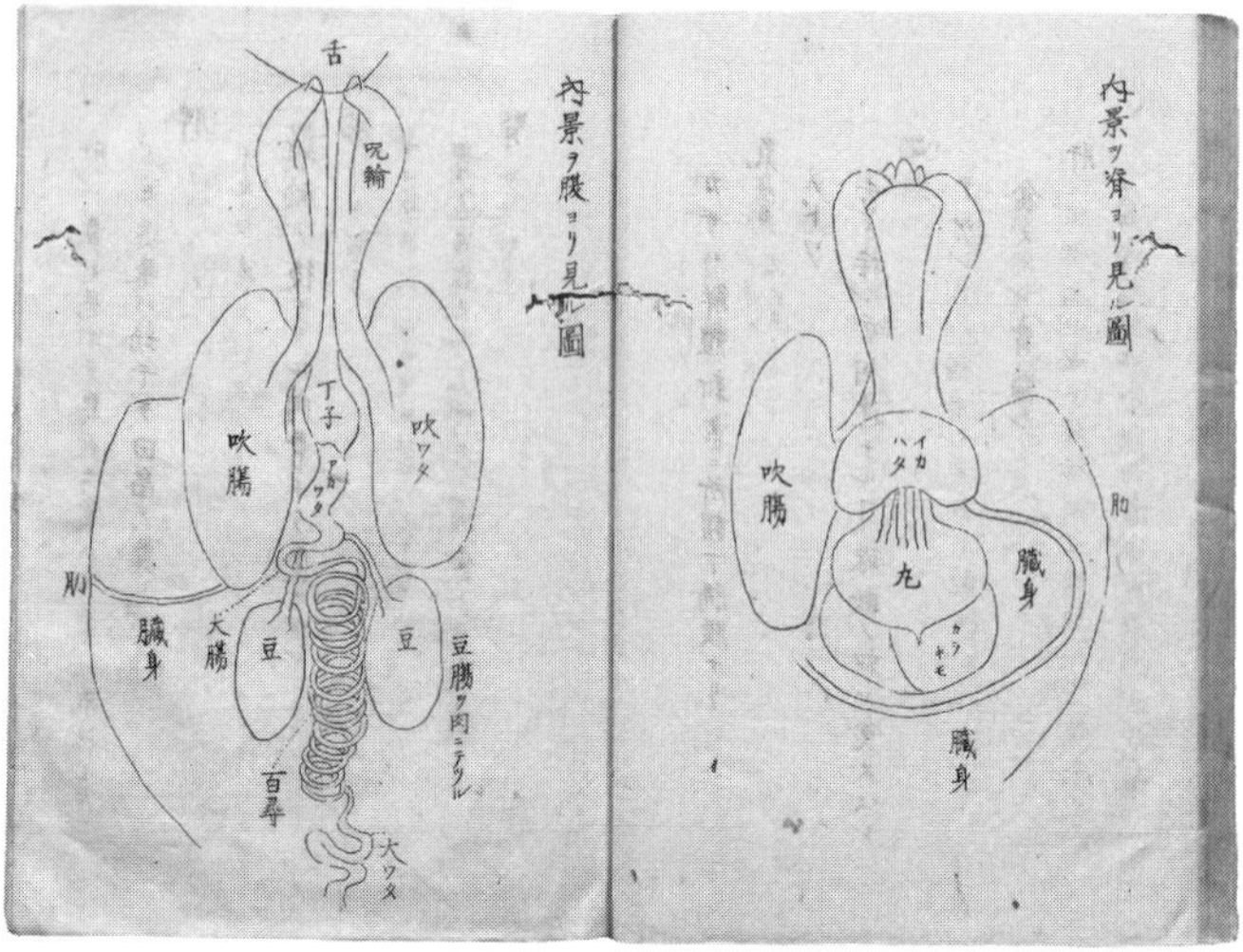

図2　鯨魚の「内景」（内臓）図　『鯨史稿巻之三』（国立公文書館所蔵より）
右は背より見る図、左は腹より見る図。文中に杉田玄白の『解体新書』の書名がみられる。

ど）、巻之五「附録第五」（追船、漁場職掌など）、巻之六「附録第六」（捕鯨・解体など）からなっている（「全部四巻」とあるのは、附録を一括して一巻としていたからか）。詳細な図入り解説が秀でている。玄沢にはなみなみならない、人体と比較しての鯨体に対する解剖的関心があり、清準の解剖図や観察は玄沢を大いに満足させたに違いない。

また、幕府が清準に『鯨史稿』をまとめさせ、はやい完成を促した政治的背景には、文化元年のレザノフの長崎来航から、同三・四年のロシア船によるカラフト・エトロフ襲撃という、北辺の緊張があった。幕府は寛政十一年（一七九九）に東蝦夷地を直轄支配し、「異国境」とみるエトロフの開発の一環として、平戸の鯨組の羽差《はざし》を現地に派遣して鯨漁の可能性を探らせたが、遠方であることや経費の面から断念していた。それをもう一度検討してみようという幕府の動きがあったというのである（森弘子・宮崎克則―二〇一六年）。清準は『経世体要』のなかで、鯨組を海防的観点から論じているが、幕府の検討がどこまで進んでいたのかは不明である。清準の兄丈作は、前出の「大槻清臣上書」のなかで、仙台藩に対して「水戦御備（海手水営）」（海防）のため、さしあたり捕鯨の術を始め、漁師のうち壮健な者を選んで組を作り、平日は捕鯨を、万一のときには戦兵とするのがよいと提言している。実施に至ったわけでないが、兄弟共有の考えであった。

『経世体要』の思想と背景

『経世体要』（仙台叢書二）は「煙霞観察游学得業平大器晩成秘録」とあって、諸国を遊歴して学び終えた成果である。大槻文彦はその解題（「謹記」）で、平は平姓、大器は大槻、晩成は磐井のことといい、匿名としたのは「所説の趣旨の、世に憚《はばかり》あるに因《よ》りてなるべし」と推測している。林子平の処罰が清準の脳裏にあったものか。本書の分析から清準の内憂と外患をめぐる対外認識が考察されている（阿曽歩―二〇二一年）。長崎滞在中にロシア人が来たのをみて、この後必ず「外患」があるだろうと思ったと記しているように、そのことへの危機感が執筆の大きな動機となっていた。

　このレザノフ来航による長崎の騒動を清準はどのようにみていただろうか。先年、蝦夷《えぞ》（松前）で与えた信牌《しんぱい》（入港許可証）を携えて来たのに対して、数百艘の番船を出し、一五ヵ所に陣を張っているのは、いかにも厳重な武備を示すようであるが、かえってロシア船を恐れていると笑われている、これが侮りを招く第一である。長崎の港へわずか三里の海路をわざわざ三度に分けて引き入れたが、その所為《しょい》が笑われている、これがその第二である。ロシア船が来たのは九月初めであるが、江戸より何の下知もないとして、今日の明日のと言い延ばしているうちに、春三月に至って願の筋も叶わず空しく帰された、始めからそのように言えばよいものを、日本人は我を欺いたと言っている、これがその第三である。このような見方を示して、幕府側の対応を批判していた。

　このため、ロシア側は交易の望みを失い、信牌まで取り上げられて憤りに堪えず、謀事を用いて、大舶《たいはく》の二、三艘も出して攻撃してくるだろう（実際それは、文化三・四年（一八〇六・七）のロシア船によるカラフト・エトロフの襲撃となり、仙台藩も蝦夷地へ出兵することになる。菊池勇夫―二〇二三年）。さらには飢饉による民の疲弊に乗じて、巨艦数百艘で北地を襲ってくるならば恐ろしいことであると先を見通し、ロシア使節を退けた以上は、浜海の国々に命じて警備を厳にするほかないというのであった。海防の方策を具体的に述べているが、鯨舟は戦艦の用として「究竟《くっきょう》」（最高）、漁人は海上の運動が自在で外寇《がいこう》を防ぐには究竟の兵備、であるとして鯨組もそうした海防の一翼を担いうるものと清準は考えていた。

清準は、学者というものは「国体」を知らなければ天下の事を論じられないと主張する。国体とは何か。本書は記紀神話の国生みから説き始めているが、開闢《かいびゃく》の始めより「皇統綿々万古一系」の「皇国」であることを指し、そのもとにあって、海国の小国であるが「万国」に卓越し、人民稠密《ちゅうみつ》にして四時《しじ》も正しく、何一つ足りないものがないとする。儒道と皇道は対立しないのか。天地人の三才を始末するのは儒道しかなく、儒道が皇道潤飾《じゅんしょく》の助となれば、皇道の光輝を生ずる。幕府の指揮にしたがい、列国（藩）が一つになって皇統を守護するならば、どのような外患があっても犯されることはない。しかし、国家がひとたび人民撫育《ぶいく》の道を失うときは、国祚《こくそ》（国の栄え）に障りがあり、天子の聖運にかかわる。一賤民であってもいたわって、虐使することがなければ国運強大、長久無疆《むきょう》であるが、天命は民心に順じて向背《こうはい》する理である。このように述べていた。

儒学と神道、幕府・藩と朝廷、それが対立・矛盾なく一体となっての天下の太平（徳川の世）がイメージされていたといえる。朱子学者の清準がこのような皇国観を繰り返し語っているのはやや特異な感じがするが、「国体」観念を体系化していったのは水戸学であった。清準が朱子学から逸脱したオリジナルな主張かといえば、昌平黌での師であった柴野栗山が水戸学者と交流があり、朝廷への尊崇と幕府への敬意を両立させる考えを持っていたというから（清水光明―二〇二四年）、師栗山などの影響もありそうだ。このようではあっても、清準は『経世体要』の後、「尊王攘夷」論を政治思想として説き、水戸学に傾倒していったわけではない。ロシア使節に対する幕府の長崎での対応に批判的であったことをみれば、海防・軍備を主張しても頑な攘夷主義とは距離があろう。

三　養賢堂の学制改革と財政基盤

養賢堂学頭となる

仙台藩で藩校がはじめて開設されたのは、五代藩主伊達吉村《よしむら》の代の元文元年（一七三六）のときで、「学問所」（学文所）と呼ばれた。高橋玉斎《たかはしぎょくさい》が主立《おもだち》で、磐井郡渋民村出身の芦東山《あしとうざん》も指南役の一人であった。藩士の子弟を対象としたが、素読や講釈に出席する者は次第に減少していった。七代藩主重村《しげむら》は、宝暦十年（一七六〇）、城下西北の地から現在の宮城県庁のある場所に移し、明和八年（一七七一）、養賢堂と自書した扁額《へんがく》を学問所に掲げさせ、翌九年七月十一日に養賢堂と呼ぶことにした。ここに養賢堂の歴史が始まる。学頭が置かれたのは安永九年（一七八〇）からで、初代高橋周斎（以仲《もちなか》）、二代遊佐文治（好雄）、三代高橋容斎（右則）、四代田辺楽斎《らくさい》（匡敕《まさただ》）と続いた。楽斎が文化六年（一八〇九）十月に退任し、大槻平泉が「学頭御用」となるが、その前年より養賢堂の「改作」（改築）計画が持ち上がっていた。

改築の経緯は、B書上・C書出と、清準が文政元年（一八一八）にまとめた「講堂小誌」（『仙台叢書』三）に詳しい。文化五年、学監の佐藤信言・伊藤寛安が合議して、学堂は狭く生徒を収容できないので館舎を建て替えて規模を拡張すべきであると建白を藩へ提出したことに始まる。大槻清準と志村弘強《ひろゆき》の二人が議したが、弘強は「旧制」によって拡張すればよい、清準は「教法」（教育方針・学校制度）を正してから「改作」すべしとし、考えが合わなかった。同六年九月、奉行衆（他藩の家老に当る）が出入司《しゅつにゅうづかさ》斎藤左五郎（勝茂）に養賢堂建替に必要な資財の検討を命じて、左五郎は清準と相談することになった。その際も、清準は地割や絵図仕立は容易であるが、どのような仕組みで教育を行うかの方針がなくては後世の憂えになると左五郎に話し、これに左五郎も同意し、奉行衆（他藩の家老に相当）に伝え、絵図面仕立はひとまず見合わせとなった。

学頭御用となった清準は養賢堂の学制改革の方針をまとめ、同年十一月に仕法一〇ヵ条を提出した。翌文化七年正月、養賢堂仕法について幕府の林大学頭（述斎）と相談してくるよう命じられ、同四月に仕法一八ヵ条（このたび国許《もと》学制改正申し付け候につき学政御内々伺い奉り候覚）を持って出立した。大学頭に箇条ごとに朱字で意見を書き入れてもらい、また、若年寄の堀田摂津守（正敦、堅田《かただ》藩の藩主）の賛同を得て、六月に国許《くに》へ帰ってきた。正敦は仙台藩六代藩主伊達宗村《むねむら》八男で、当時、仙台藩の後見的役割を果たしていた。D略伝によると、江戸のぼりは、桜田周輔《さくらだしゅうすけ》（欽斎《きんさい》）などほかの儒者は清準の構想を排しようとしたので、清準の考えを後押しする奉行中村日向《ひゅうが》（景貞）の一策であったという。清準は林大学頭、堀田摂津守という二人のお墨付きを得て、同年十月二十八日、正式に養賢堂学頭になり、改革を進めていく。清準の序列は武頭《ぶかしら》の上で、役料二〇〇石であった。

養賢堂の改革と教育実現

仕法一八ヵ条は「養賢堂学制改革意見書」（文化七年五月）として『仙台叢書』続刊一に収載されている（以下、「意見書」）。そこに示された改革の方針・構想がそののちにどのように実現されていくことになったかみておこう（大藤修――一九九九年、『仙台市史』通史編5など）。

まず学校の規模・施設であるが、①規模は狭小ではなく、建造の地面も手広にする、②これまで学校が行っていた医書講釈はやめて、別の場所に医学館を建て、施薬所を兼ねた薬園を付置する、③学校一ヵ所では教導が行き届かないので、城下内の三、四ヵ所に役宅を設けて当役の儒役を置き教授させる、とあった。①の館舎の「改作」（改築）は、文化十一年春にはじめてその許しが出た。周辺の藩士の屋敷を併合して敷地を拡張し、学舎の中心となる講堂は、同十三年春に着工し、翌年十二月に完成した。講堂は方一五一尺二寸（約六三五坪）の大きさで、内部を二五に区画し、中央の一室を「学」（大学の意、学頭による四書五経の講釈を行う場所）とし、ほかの校・庠《しょう》・序と呼ぶ区画は、藩主視学所、見分所、教場、事務部屋などであった（『講堂小誌』）。敷地内には、孔子の聖廟《せいびょう》、学頭の居宅、学寮、剣槍術の稽古場、蔵版印刷所なども整えられていった。玄沢の子、磐渓とは政治的立場を異にした仙台藩士・漢学者岡鹿門《ろくもん》（千仭《せんじん》）でさえ、「神田聖堂以外ニ、我藩如キ区画完全、結構壮大ナルハ、漢土ニハ不知《しらず》、国内ニハ不見其比《そのひをみず》。（中略）皆先生ノ計画、学理ニ原《もと》ヅキ、其宜《そのよろしき》ヲ得タルニ由ル」（『在臆話記《ざいおくわき》』『随筆百花苑』二）と評している。

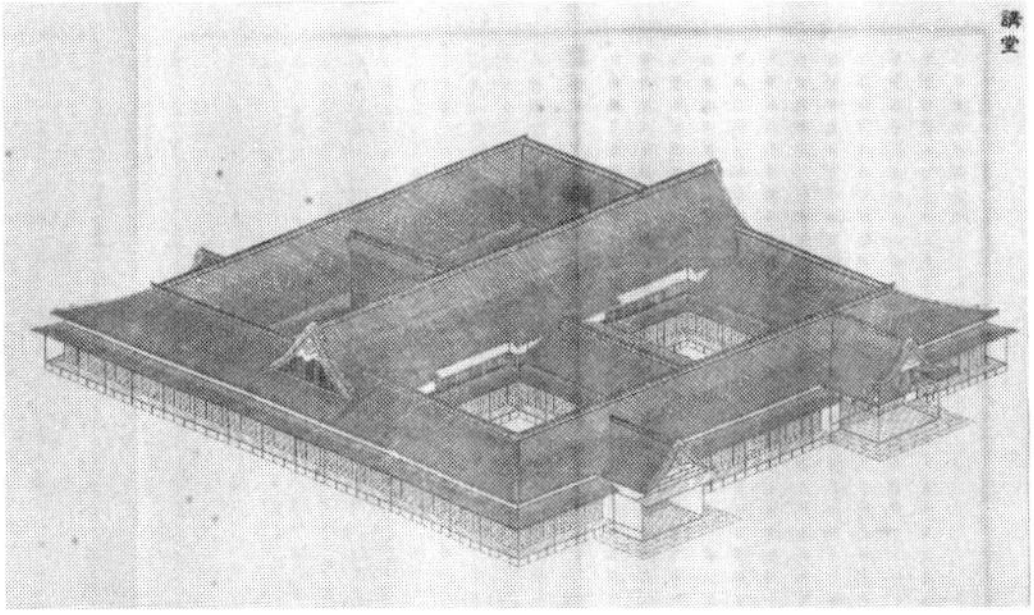

図3　養賢堂の講堂図　平泉大槻先生著『平泉叢書　養賢堂学制』発行者　大槻清雅、明治25年（1892）より『講堂小誌』に掲載。

養賢堂から切り離すとされた②医学教育は、学問所で宝暦十年（一七六〇）以来行われていたが、医学講師渡部道可《どうか》の建議を受けて、文化十二年（一八一五）に医学館（医学校ともいう）の創設が決まり、現在の東二番丁の地に同十四年に完成した。施薬所が校内に設置され、付属薬園も別地に営まれた。道可が初代の学頭となり、西洋医学（蘭方）の導入にも熱心で、江戸に出て大槻玄沢に学んだ一関出身の佐々木中沢《ちゅうたく》や、蛮社の獄で自殺することになる小関三栄《こせきさんえい》（その後三英）を招いている。③城下に設置する学校は、清準の時代には実現しなかったが、次の大槻習斎が学頭の時代、嘉永四年（一八五一）に養賢堂の支校として川内に小学校（振徳館《しんとくかん》）、安政四年（一八五七）に養賢堂内に庶民教育のための日講所を設けている。

つぎに教育の方法・内容である。列挙してみると、①教導法は小学・近思録・四書五経より周礼《しゅらい》・儀礼《ぎらい》・三伝儀礼・経伝《けいでん》通解などまで会読・輪講させ、余力には歴史・文章・天文・地理・律・暦・法律書などを学ばせる。②手習・算学・諸礼の稽古をさせ、手跡相応は右筆の所へ、算学達者は勘定方の所へ行かせて見習わせる。③素読で小学・四書五経を読み覚えた者は毎年改め、小学・四書以上を講究した者は四年目に和解をさせて学問吟味する。④諸生の寄宿料を備えて置き、寄宿は一年限りとし、そのうちから人物二、三人を選び遊学料を与えて遊学させる、⑤学校へ弓馬刀槍の稽古場を設け、武芸稽古をさせる。⑥諸国からの遊学書生のために待賓斎《たいひんさい》・待賓料を設備し、一定期間養い置く。⑦蔵版を追々彫刻する。

このようなことであるが、儒学の基本的な教えを記した四書五経など経書《けいしょ》の会読・輪講が基本であった。朱子学では小学や近思録が入門書として重視された。歴史・文章などは余力があればとするが、林大学頭は、実用の人才の取り立ては必要としながら、学は理義を明らかにし、史学は治乱の跡を尋ねるもので、史学を今少し引き上げるべきとの意見を述べていた。実用の学ということでは手習・算学・諸礼の稽古がそれにあたるし、また、弓・槍・刀・馬の武芸稽古を取り入れる文武両道の考えも示していた。実際、文化八年（一八一一）には書学・算法・礼方の三科が、同九年には兵学・剣術・槍術の三科が、それぞれ設けられている。そのほかは説明するまでもないが、⑦蔵版彫刻では、実際に学校で使用する漢籍類が出版されている。

大槻文彦が『経世体要』の解題に、「先生、嘗《かつ》て、仙台の士をして、筆算書通の道を得せしめたるは我なりと、自讃せられき、実に然《しか》りしなり（中略）、鍋島閑叟公《なべしまかんそう》（佐賀藩主鍋島直正）、嘗て、人を派して、全国諸藩学校の学科を探らしむ、諸校すべて算数科の設けなきに、独《ひと》り仙台養賢堂にのみありと聞きて、賛嘆せられたりと聞けり、平泉先生も、亦嘗《また》て云へり、算数を知らぬ者は、何事をも為し得ずと」と記していたように、平泉（清準）の養賢堂学制改革の核心がどこにあったのか、その特長を言い当てている。

最後に学校の運営・資金についてである。列挙してみると、①学校のことは学頭に専ら任せる。②学校を諸芸道の司と位置付け、指南者は学用付支配として稽古場を開く際には学頭に願い出、稽古人の出席調べを提出し、修練者は家老が見分吟味する。③学校改正の上は一役所を立て、役所切りに万事を弁える、すなわち独立採算的な経営とするが、そのため新地一万石ほどを士・扶持人に開墾させ、その宛行《あてがい》の残りを年貢として学校備えとする。④学頭は時々主人へ目通りして、学政・人才など詳しく報告する。⑤編集物は学校において儒役へ申し付け、学頭が総裁となる。⑥儒役は世官で他役を勤めず、他役も儒役を勤めなかったが、得難いときは融通し用いる。⑦家老学校掛は不時に見廻りし、家老総体が詰めて素読・学問、弓馬刀槍を見分し、人材を吟味する、⑧士以上の者たちは三〇歳まで稽古の箇条や勤仕を日記として定期的に頭支配へ提出し、頭支配がそれを吟味して家老より学頭へ預けておき、芸道指南者が差し出した稽古人出席調べと引き合わせて相違なければ役所で保管し、継目《つぎめ》養子などの際に活用する。

ここに示されているのは、学校（養賢堂）の経営は家老（奉行）のもとにあって、権限を学頭に集中させていることである。林大学頭は、人選が肝要で有司・重役衆の関与によって学制は立つ、との意見を述べているが、学頭の独走を多少懸念してのことであったか。儒役の世襲や、他役との人事交流がないことを改めるという点については、大学頭も学問実用の挙にあたって、これより手をつけるべきとして賛同していた。朱子学は観念的な教学のように思いがちであるが、時代の変化に即応した実学的・融通的な側面をもっていた。

養賢堂の学田をめぐって

養賢堂の経営でよく指摘されてきたのが、新地一万石程度の学田からの年貢収入によって財政基盤を確保したという点である。清準の「講堂小誌」には文化八年に学田一万二〇〇〇石を置くとあり、D略伝には、漸次に邦内の処々の亡地を拓いて学田一万二〇〇〇石を興し、また諸所に学校附属の山林を作り、これによって藩の下級の士の子弟には書籍筆紙墨まで官給して学ばせたと記している。ただ、この学田の実態がはっきりしない。

この点について、大島英介氏『大槻磐渓の世界』（大島英介—二〇〇四年）は、岡鹿門（千仞）が『在臆話記』に記す、「学田」と称する田地は聞いたことがなく、それは口実で実際は献金によったのだという回顧を引き、大島英介氏自身も「学田」を地方文書に見たことがないと、疑問に思っていた。ただ、西岩井赤荻《あこおぎ》村の文書にある、御林《おはやし》のうちを新田開発によって養賢堂相続料地に差し上げたい、蔵入地の当荒地の起返しをして同相続地にしたい、との願状を紹介し、相続料地とは何か、今後の研究をまちたいとしている。相続料の名称は柴田郡上川名村の嘉永二年（一八四九）「御蔵入本地小割帳」にも畑代六五文は養賢堂相続料より引き除かれる、とあり（『柴田町史』資料篇Ⅱ）、他郡でも確認できる。ただ、どこの村にもみえるというものではない。養賢堂という字地名が残っている所もある（大藤修—一九九九年）。相続料地が学田の別名だとしても、一万二〇〇〇石が実在したとは考え難く、開発可能高として認められたという程度の意か。

E逸話によれば、市中郡村へ志願上達金を募った際、民治の兄（丈作）が磐井郡の大肝煎（大肝入）なので、各郡の大肝煎仲間が奮発遊説して志願人が多く、献金が入り次第に表門を建て、陸続《りくぞく》として講堂などができた。また、献上金が多く、仙台市中の豪商を対象に倍合金《ばいごうきん》として四万両を貸し付けて、二五両につき一分の利息を取った。とはいえ、天保の凶歳で資本を取り崩して二万四〇〇〇～五〇〇〇両に減り、学校付属の田地も天保の凶歳でふたたび亡地となったのも多かったのだという。

献金を示す史料としては、たとえば、天保十年（一八三九）、桃生《ものう》郡名《な》振浜《ぶりはま》の永沼丈作が九〇〇両を養賢堂相続方へ献上したいと願う例（『北上町史』資料編Ⅱ「弐」）がある。これだけではどのように扱われたのかわからない。また、嘉永五年（一八五二）、磐井郡東山大原村住居の黒沢要人組菊地六右衛門が養賢堂へ献金（額不明）して四人扶持加増となり、その扶持米を大原村雑穀蔵より直渡し、安政四年（一八五七）、同村百姓義蔵が養賢堂へ金子一六〇両差し上げて二人扶持を下され、同所（大原村）の養賢堂物成米をもって蔵場より直渡し、となった例がある（大肝入鳥畑家文書、安政二年・同五年『定留』、一関市博物館寄託）。この文書はその後の支給方法の変更をめぐってのもので、それに関しては省くが、重要なのは義蔵の献金に対する扶持米が養賢堂の物成米からとある点である。物成米とある以上、確かに前述の相続料（学田）が存在したことになる。なお、硯を献上している例もあった（『千厩町史《せんまや》』）。

倍合に関しては、文久三年、御用達の仙台城下北材木町日野屋正兵衛が養賢堂備金のうち金三〇両を倍合として渡され、その元利の上納を命じられ、そのことについて願い出ている例（「万扣録《よろずひかえ》」『藩法史料叢書』3・仙台藩上）が知られる。このような倍合を示す商人文書はほかにもありそうだが、貸金運用益によって、藩士の子弟が養賢堂に入る際に「束脩《そくしゅう》」（入学謝礼の金品）や月謝がなく、三〇石以下の士には書物を貸し、筆紙墨、手本紙まで支給したというのであった。

「意見書」には養賢堂内に一役所をおいて役所切りに弁用するとあった。岡鹿門も、校内に会計局を置いて、藩宰（家老）以下諸有司は一万二〇〇〇石の学田の出入財用には「関渉」（干渉）しない特許があり、学頭一人で決定し、副督（添役・副学頭）であっても関わらないと述べていた。「先生」（平泉）は世々大庄屋（正しくは大肝入）の家に生まれ、兄丈作は「著名」な大庄屋、そうした「豪農家」に生まれて「民間ノ利病得失、租税貨財、出入会計、夙《つと》ニ其《その》諳熟《あんじゅく》スル所」ではあったが、「文化十四年ヨリ六十年間、藩廃スルマデ文へ得タルハ、平泉先生ノ才幹智略ハ吾其《その》解ヲ得ザルニ驚ク」と鹿門はいわざるをえなかった。大肝入家がつちかった藩と村をつなぐ行政能力が、民治によって学校経営にもいかんなく発揮されたといえよう。こうして、大槻文彦が評するには、民治前は藩士無学、民治より筆算できるようになり、今の宮城県の文化の大半は民治が功なりであった（「民治伝」、小岩弘明―二〇二三年）。

おわりに

大槻平泉（民治・清準）は、D略伝によると、文政元年（一八一八）、番頭格に進み三〇〇石高となり、さらに同五年、五〇〇石高、天保十三年（一九四二）、城中杖御免、嘉永二年（一八四九）十二月大番頭格となり、同三年正月十七日病んで没した。七八歳であった。学頭であった四二年間に、藩主周宗《ちかむね》・斉宗《なりむね》・斉義《なりよし》・斉邦《なりくに》・慶邦《よしくに》の五世にわたって侍講を勤め、西磐井郡山目村の大槻氏所有の山に帰葬した。E逸話によると、遺言であったという。

養賢堂の学制改革に尽力した平泉をどのようにみるべきであろうか、岡鹿門（千仭）は、「平泉先生ハ宋学ハ本領ナリ。唯《ただ》長所ハ寧《むし》ロ世才吏才ナラン」（『在臆話記』）と評したあたりが、本質をついているだろうか。また、昌平黌で学んだその宋学（朱子学）にしても、大槻文彦が「民治ハ教育ニ国体ヲ基トシ支那ヲ参尹《さんいん》ス、周輔ハ純ニ支那ニ拠ル」（「民治伝」）と述べるように、「経世体要」（および「講堂小誌」）には「国体」すなわち皇国意識が語られていたことは前述した通りである。桜田周輔は前述のように平泉の学制改革に異を唱えた人物で、そのために不遇をかこったが、周輔のほうが純粋な儒学者であるとの見立てであった。平泉への批判者といえば志村弘強もその後、自分ひとりで取仕切る平泉の態度に不満を述べ、文武兼備とはいえ学問が本分であるとの考えを主張していた（鵜飼―一九八二年）。平泉の功績大にしてもその評価をどのあたりに落ち着かせたらよいのか、急がないでおこう。

平泉の後、嘉永三年（一八五〇）に養賢堂の学頭となったのは子の習斎（格次、名は清格、字は文礼）である。習斎は、すでに述べた小学校や日講所を開設したほか、養賢堂に蘭学局を置きロシア語教育も行った。また、大砲の鋳造や、西洋式軍艦開成丸の建造に中心的に関与した。E逸話に「格次ハ唯《ただ》如才ナキノミノ男ナリキ」と評されている。平泉の遺産を手抜かりなく受け継ぎ、幕末を生きたといえようか。習斎ののち、慶応元年（一八六五）に大槻玄沢の二男磐渓が学頭となるが、翌年には辞職している。養賢堂の経営には不向きだったようである。養賢堂は大槻家の歴史とともにあり、学校教育の担い手、家職としての意識は磐渓の子文彦にも受け継がれていった。

大槻如電——知の巨人——

小岩弘明

はじめに

幕末から昭和初期を生き抜いた大槻如電《おおつきじょでん》を、貴族院議員で帝国学士院会員でもあった蘇峰徳富猪一郎は「唯一無二ともいうべき雑学者の権威」とし、和漢洋の学に通じ物を聞いて知らないことはなかった、と語っている（昭和六年一月十三日東京日日新聞夕刊）。俳人高浜虚子は小説『杏の落ちる音』の中で、如電を擬した人物を、先生とあがめられどんなことを聞かれても知らぬということはなく、芝居や遊里《ゆうり》に通じ芸事もたしなむ老人として登場させている。大槻如電とはどのような人物だったのか。同じ時代を生きた人びとの人物評が残されているが、博覧強記《はくらんきょうき》の人、通人、奇人、頑固者ほか多彩である。近時では文化人類学者山口昌男氏が如電を、孤高にして狷介《けんかい》なるエンサイクロペディスト（百科事典）と評した（山口—一九九七年）。その一端を紹介しよう。日露戦争当時軍人に弾除けの札として「撩捁揩」を配る人があり、見たこともない字句で理解に窮した万朝報記者は如電に尋ねた。すると如電は即座に霊符文といい普通は読めない、字も寄字（合字の意）でサムハラと読む梵語であり漢語に翻訳すれば「皆懺悔」となる、とする。意味するところは、懺悔して身心が清浄潔白になれば恐れる所なく外来の障魔に打ち勝つのであり、その精神は矢も鉄砲も決して当たるものではない、と解説して記者を唸らせた（『万朝報』第三七七八号　一九〇四年三月十五日）。

かつて父磐渓《ばんけい》は五歳の如電（修次郎）を囲碁の白石、三歳の文彦《ふみひこ》（復三郎）を黒石に例えて一首を詠じた。二児歌と題されたその冒頭に、大児は白石の如く積極的で人に後れることはない、小児は黒石の如く一歩一歩堅実に辿ってゆく、と正反対ともいえる兄弟の性格を幼いうちに見抜いていた。兄弟の人生はまさにその通りに歩んでいった。

祖父玄沢《げんたく》、父磐渓、弟文彦はそれぞれ蘭学者、漢学者、国語学者とカテゴライズされるが、如電は全く当てはまらない。なんでもござれの博学者と呼ぶべきだろうか。学者であるため如電を文彦と同一人物とみなして「言海を編纂して有名な如電大槻文彦翁」（『東京夕刊新報』大正十五年二月二十六日）ほか誤って新聞紙上に掲載され、また世上でもそう思い込んでいる人が多くいたらしい。なぜそうなったかといえば、如電は新聞社や雑誌社から紙上にたびたび文章やインタビューを求められ、また芸事にも通じていてその実践者であり相談役でもあった存在として名が知られており、学者と認識されていたからにほかならない。加えて如電は一〇を優に超えるペンネームを用い、世人を煙に巻いていた。二男で文彦の養子となった茂雄は、ペンネームなどを調べて電翁《でんおう》、電十郎《でんじゅうろう》、電道《でんどう》

図1　大槻如電

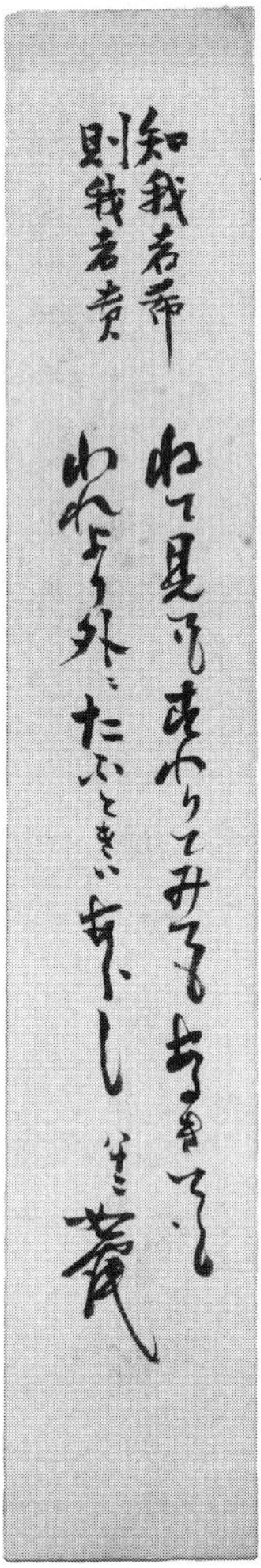

図2　短冊「ねてみても」
短歌は傘寿を迎えた大正13年（1924）の年頭に詠じたもの。この短冊は2年後の82歳時に書した。歌題には「我を知るは希《まれ》、則《すなわ》ち我は貴し」とある。

人《じん》、玩古《がんこ》道人《どうじん》、天草廬舎主人《てんそうろしゃしゅじん》、天笑子《てんしょうし》、同楽野楼《どうらくやろう》、白念坊《はくねんぼう》、活魚人《いきなひと》、豊芥子《ほうかいし》、卍阿弥《ばんあみ》、関東空門優婆塞卍阿弥如電《かんとうくうもんうばさいばんあみじょでん》、磐《は》槻真《つきま》弓《ゆみ》、などを書き残している。これでは同一人物かどうか世人には判断できなかったろう。また蘇峰は冒頭の文に続いて如電について、世の中の人をすべて弟子と思っていた人、と紹介している。これは誇張でも何でもない。八〇歳になった年頭の一句に次のようにある。

　　ねて見ても　すわりて見ても　あるきても　我より外に　尊きはあらじ

唯我独尊を自負していたのだ。友人の一人石井研堂《いしいけんどう》は、少し気に食わない天狗があると、これを排撃してその高慢な鼻柱を挫くを痛快に思っていたと記している（石井研堂「大槻如電先生」『文芸春秋』昭和六年七月号）。そのようなこともあり、如電に対する好き嫌いは大きく分かれていたようだ。

　如電が没した昭和六年からすでに九〇年余り、世上、人の口の端に上ることもほとんどなくなったが、それでも地元一関では如電文彦の学者兄弟として識られており、その揮毫《きごう》に係る書幅《しょふく》に接する機会も多い。本章では如電の人となりを在野の学者としての文筆活動と通人としての側面、そして誌上に記された思い出や批評などから辿ってみたい。なお混乱を避けるために本文中では名前を如電で通すことにする。

一　学術研究者として

生い立ち

如電は弘化二年（一八四五）磐渓の二男として江戸木挽町《こびきちょう》に生まれた。磐渓は男女都合三男四女に恵まれたが、長男のみは生後九ヵ月で夭逝《ようせつ》していた。如電は四年ぶりに生まれた跡継ぎであり、その誕生に喜びを込めて一首を詩集に残している。幼名は修次郎。二年後には弟復三郎（文彦）が生まれた。

如電がいつから家学を学び始めたかについて詳しい資料は残っていないが、本人の述懐によれば、六、七歳頃から漢籍を学ぶ身となったようだ。しかし磐渓の教育方針は文彦によれば、幼時に四書五経素読講義を授けられ、門人への授業に列席して聴講させられたくらいで、教育は放任主義で怠けようが勉強しようがお構いなしだったらしい（大槻茂雄編『大槻如電口授　磐渓事略』明治四十一年六月）。一一歳の時に美濃国加納藩永井家の儒臣長門《ながと》桂里《けいり》から詩書句読を学び、書は近江国膳所《ぜぜ》藩儒関藍梁《せきらんりょう》に学んでいる。一三歳になると如電は詩稿を起こしている。一六歳で藩主慶邦《よしくに》にお目見を果たし、馬術、水錬を学び始め、一七歳で元服した。実名清修《きよなが》、字士修《ししゅう》（のち念卿《ねんけい》）、通称を修次《しゅうじ》とした。

この時分、磐渓の門人川崎道民が裃《かみしも》姿と羽織姿の二枚の硝子湿版写真を撮影している。

同じ年、林大学頭《だいがくのかみ》の門に入り本格的に漢学の修行を始めた。林家は特に朱子学を重んじる教学だが、如電はそこで朱子を神ほとけの如くありがたいものとして説くのが面白くなかったらしい（『磐渓事略』）。如電が磐渓に、経書は堅苦しくて面白くない、と不満を漏らすと磐渓は、では史記を読むように諭し、如電は史記を数回繰り返して読んだ、と長男茂雄が作成した伝記資料「如電先生」（大槻茂雄編五冊　未刊）に記録されている。

文久二年（一八六二）一八歳の時、磐渓に藩から仙台帰住の命が下り、如電も父に従って仙台に向かった。一家は藩校養賢堂《ようけんどう》の構内に住まいを得て、磐渓は養賢堂学頭添役、如電は翌年養賢堂の句読師となり、文彦も諸生主立となっている。この折如電には「先生は学問もある故に尊敬はすれど、江戸弁故に仙台弁の弟子には不明なり」という話があったらしい（大槻茂雄編「大槻如電先生」一冊　未刊）。

二〇歳の時、元養賢堂和学指南役を務めた保田光則《やすだみつのり》から国学の教えを受けたことを契機として、最晩年の著作『御肇国史《はつくにしらすかがみ》』刊行まで如電は国学の研究を絶やすことがなかった。

慶応元年（一八六五）学頭大槻習斎《しゅうさい》が没して新たに学頭となった磐渓だが、翌年病気を理由に隠居し、二二歳となっていた如電が家督を継ぎ、大番組《おおばんぐみ》に属した。同三年仙台藩は兵制改革により洋式となり、如電ほか三人が自身が属す三六〇人の組侍に鉄砲を教えている。

慶応三年（一八六七）大政奉還が発せられると、藩主慶邦の上洛に伴う先発隊の銃士として十二月末に京都に赴き同四年一月十五日に到着するが、すでに戊辰戦争が勃発していて慶邦は上洛せず、如電は三月初めに江戸に戻り、さらに仙台に下って国事に奔走するところとなった。しかし九月仙台藩が降伏すると、十月には如電文彦兄弟にも捕り方が迫り、兄弟は横浜へ脱出し、如電はさらに京都へ向かった。如電はこれより京都、大坂、さらに伊勢の津に流浪して名を磐槻真弓と称し寄留していた。この間磐渓は慶応四年（明治元年・一八六八）八月から山目（現一関市中里）にある大槻宗家に隠棲していたが十月に藩命で仙台に戻り親類預かりとなっていた。しかし二年四月に突如揚屋《あがりや》（士分の牢）入りとなって死罪に問われてもおかしくない状況となった。この時懸命に助命嘆願を行ったのは文彦だった。その甲斐あってか六月には助命が通達され、文彦は閏十月に伊勢まで如電を迎えに行っている。ここで今後の大槻家の方向性が語られたのであろう、如電は十一月下旬に東京に戻り、海軍兵学寮教官の試験を受けて翌三年一月皇漢学

（欧米の洋学に対して、在来の国学、漢学を指す）教官として採用された。五年には文部省に移り、文部卿《もんぶきょう》大木《おおき》喬任《たかとう》の肝《きも》入《いり》で日常使用する漢字の制限を担当し、現代の常用漢字に相当する選定漢字案「新撰字書」の編集に従事した（未刊）。

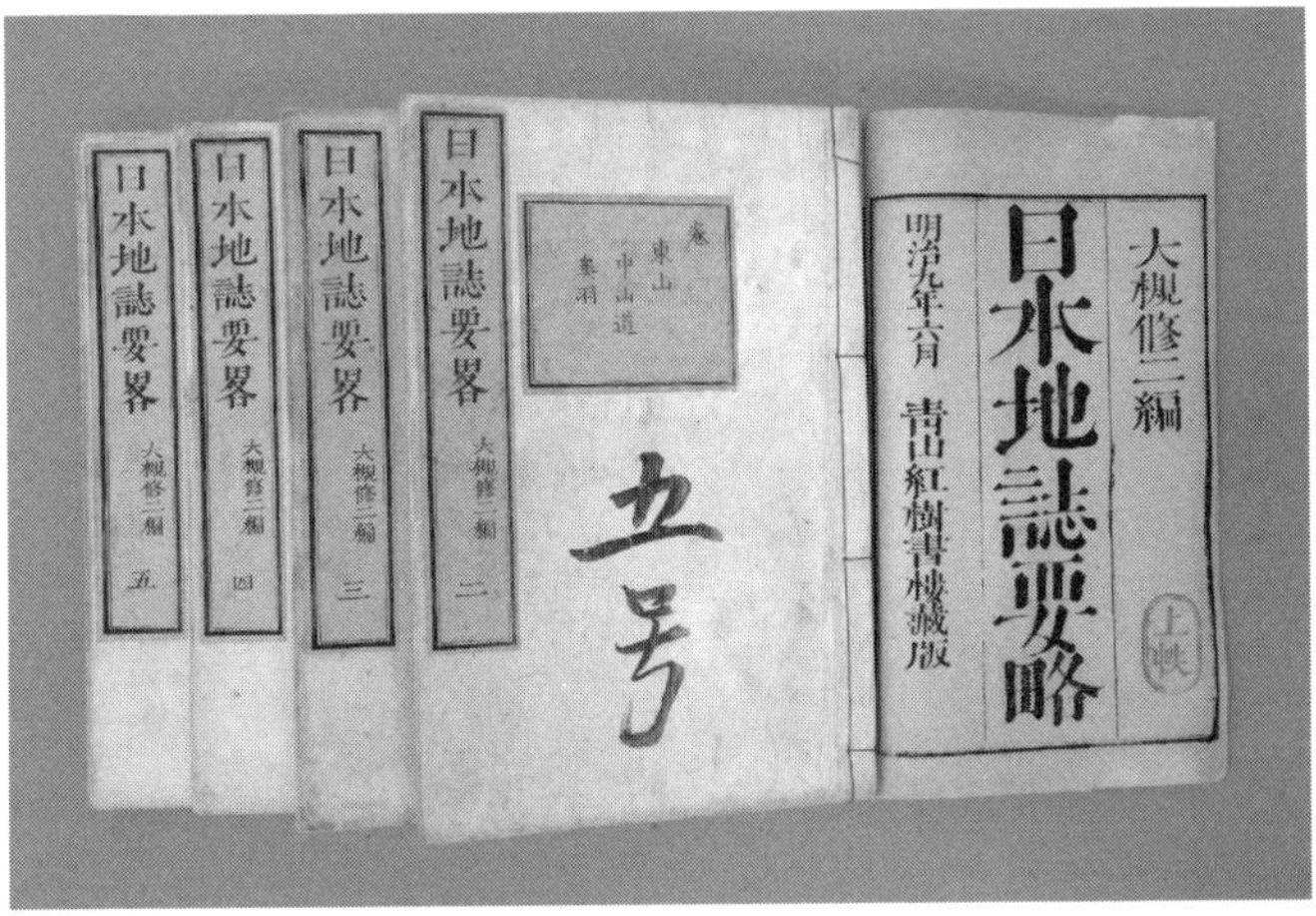

図3　日本地誌要略

また同じ年、東京師範学校設立に伴い、その教科書として「日本地誌略」の原稿を委託によって手掛けている。この著作は文部省を退職した後明治九年に増補して五冊本とした『日本地誌要略』として出版した。これは余程売れたと見え、その時の売上金で浅草に六〇〇坪の敷地を六〇〇円で買ったと後年に自身の言葉で語っている（『読売新聞』昭和三年八月三日　第一八四七二号）。同じ頃に出版した地誌に『日本地名字引』（明治七年五月）がある。これは先の「日本地誌略」に掲げた地名を増補したもので、一万五千部も世に出た。この時過剰な印刷もあり、版が磨滅したため翌年には増補再刻して再販している。

如電は明治七年二月をもって文部省を辞職した。このことについて茂雄は、「多くの方々と意見が合わなくて面白くなかったと見え」（大槻茂雄「父如電を語る」『書道』第一巻第八号　昭和七年）とし、また、山口昌男氏は「新撰漢字が不採用になったのが直接の理由とも考えられるが、そもそも修二自身が役所勤めに不向きな人間であり、ましてそれが薩長藩閥政府であれば」と推察している。その通りだったろう。

「娑婆っ気がないので公益の為に動くことは一切せぬ」とも言い放っていた（「大槻如電叟の気焔」『二六新聞』明治四十年九月二十一日）。

公職を退いた如電は矢継ぎ早に己の身の回りを整理している。同年十一月には家禄を奉還、翌年四月仙台にあった戸籍を東京に移転、九月には自身の隠居と文彦の家督相続を願い出て十月に認められた。この時の理由が、従来多病の性質で家事に堪えかねるというものだった。さらに九年三月には文彦と別籍願いを東京府に提出し認められている。加えて士族から民籍へ編入して平民となった。ここに公職を離れ、旧藩との関係も断ち、なおかつ家督者としての身分からも離れて、晴れて自由人となった如電が誕生した。次項からはマルチな顔を持つエンサイクロペディスト如電について、項目を立てて紹介する。なお、著書については茂雄が冨山房《ふざんぼう》の依頼で『国漢』（第三十七号　昭和十二年七月）に掲載した「大槻如電著書略目」を典拠として解説を付した。

名前の変遷

弘化二年（一八四五）八月十七日江戸木挽町四丁目大槻磐渓二男として誕生、童名を修次郎。

文久元年（一八六一）五月元服して諱を清修、字を念卿、通称を修次とした。

明治二年（一八六九）関西流浪中には、変名として磐槻真弓を名乗っていた。またこの時伊勢国白子青龍寺主から贈られた「註維摩経《ちゆうゆいまきよう》」がある。その一文から如電を用いたとするが、いつから名乗ったかは不明（明治八年再刻した「日本地名字引」の自序の茂雄筆写に「大槻修二識［修二］［如電］自筆なり」と記録されており、また、明治九年別籍、民籍編入時の漢詩「新平民歌」には「大槻如電修」と書かれていたらしい。よって八年代までには号として用いていたと思われる）。

明治四年初旬頃より『古事記』の一文から引用して分《くまり》を称した。

明治五年壬申《じんしん》戸籍には分としたが間もなく修次を修二と改め以後は修二とした。

明治二十七年四月四日修二を如電に改名。この前後に浅草寺奥田貫昭《おくだかんしょう》の得度を受け、有髪僧（俗人で仏道修行僧）となった。以後生涯如電を名前とした。

ここで如電が用いた名前、号の由来について大槻家資料を足掛かりにその詳細を明らかにしておこう。

通称の「修」は「詩経」に「無念爾祖聿修厥徳（爾の祖を念うこと無からんや、聿《いつ》に厥《その》徳を修めよ）」から採り、二男であることにより次、二を付した。

磐槻真弓は『伊勢物語』の「梓弓」収録の「あづさ弓ま弓つき弓年を経てわがせしがごとうるはしみせよ」から採っている。

如電は「註維摩経」の一文「此身如電念々不住（此の身は電の如く念々（刹那）不住）」から採り「ジョデン」と称していたが、紙上で「ニョデン」と読み仮名をふられることもあり、ある時人から読み方を問われると即時に「ゴトピカ」と答えている（ちなみに後掲図5小説『いちじくさうし』の表紙には「ジョデンコジ著」とある）。

分は古事記神生みの項、天之水分神の「分を訓むに久麻理と云う」から取材している。

併せて如電が号としたほかのいくつかの例も挙げておこう。天笑子は中国の古代神話「神異経」に「天笑い電と為る」から、天草廬主人は居宅が浅草で、以前は島原（天草）の乱の功労者旗本板倉家の屋敷跡であり天草屋敷と称されていたことによる。

これらからは如電の教養の源泉が窺い知られる。卍阿弥は大槻の家紋が卍で明治十一年に京都六波羅蜜寺で受戒したことによると思われ、翌年には浄瑠璃一中節《いっちゅうぶし》稽古本にこの号を用いている。関東空門優婆塞卍阿弥如電は空也門として浅草寺奥田師から得度を受けたことによるなど入信者としての一面を示した号。また磐渓の二児歌から白は如電を指すが（黒は文彦で黒石斎を号とする）四五、六歳頃から肌に白斑が生じたことにより白念坊如電とも号した。一方で紙誌に見える人を食ったような玩古道人、同楽野楼、活魚人、豊芥子なども称した。

学術書の執筆

家業である漢学の習得は幼少時に始まり、一一歳で加納藩儒者長門桂里につき、一七歳からは林大学頭の門で学んだが、経書を嫌い史記などを好んで読み返していた。文久二年（一八六二）磐渓が藩命で仙台帰住となり、磐渓は養賢堂学頭添役、翌年一九歳の如電は養賢堂句読師となった。如電の素養は父譲りだったのだろう。

二〇歳の時に国学を藩士保田光則に学んでいる。この経緯について如電は「日本人だから日本の事を知らないではだめだ、それには漢学よりも国学が必要だと気付き」入門したと語っている。この時保田は『大日本史』に訓点を付けており、如電は保田が読むに従って控本に訓点返点をつけて学んだ（「如電先生」）。戊辰戦争後は京坂に流浪し、伊勢の津において、むなしく時を過ごすことを良しとせずこの時とばかりに『古事記伝』や『六国史』、令式、『爾雅《じが》』、『説文』など隈なく目を通していた（新井君美著大槻如電校『東雅』跋文　明治三十六年三月）。こうして国学について如電は「我は漢学者の家に生まれ六、七歳から四角な文字に頭を固められ、十八歳にて仙台移住となり、その翌々年初めて国学に志し、二十六で東京再住、それ以来五十年間おもに国史に頭を突っ込んでいる」と述懐している（「如電先生」）。このように彼自身は国学を飽くことなく生涯の学問としていたことがうかがえる。

教科書として地誌執筆

如電の著述活動は文部省在勤時代をきっかけとして、そのほぼ全てが在野の私人として執筆刊行されたものだ。明治五年（一八七二）師範学校設立に伴う教科書として地理誌の委託を受けて「日本地誌略」を執筆したことをきっかけとして、退職後の明治七年『日本地名字引』、そして明治九年「日本地誌略」を増補して出版した五冊本『日本地誌要略』を刊行し、教科書として世上に流布した。如電が没して間もなく岩手毎日新聞では「大槻如電先生を憶う」と題し、数回にわたって特集記事を組んだ。その第三回の末尾で記者の「最初の権威ある書は何か」との問いに遺子茂雄は即座にこの書物を提示した。明治十二年『改正日本地誌要略』全六巻（一、二巻改定）、明治十九年には第三版『改正日本地誌要略』（全巻改定）を出版している。これは文部省に師範学校教科書に選定された。また、『日本地名字引』の版が磨滅し増補再刻して明治八年新たな『日本地名字引』を再版した。またこれらとは別に明治八年『日本全図暗射指南譜』を刊行している。これは前年に文部省に勤める弟文彦が授業用に考案、発行した白地図『暗射日本国全図』を承けて、山川地名などを付してその補助として刊行したものである。

洋学研究の基本書

日本の洋学史を年表にまとめた洋学研究者必携の書『日本洋学年表』は明治十年に刊行された。この年は内国博覧会を開催した年で、これを契機としたとする。文亀元年（一五〇一）から慶応四年（一八六八）までを記した袋綴二三丁にわたる画期的な一書となった。それから五〇年を経た昭和二年（一九二七）大幅に増補改訂した『新撰洋学年表』を刊行した。例言によれば『日本洋学年表』は刊行の前年に挙行した玄沢五〇年祭追遠会の時に作成したものと明かしている。しかし遺漏、誤謬も多く常々増補改訂を考えて、書籍や資料を集めること怠りなく、大正五年満七一歳の誕生日を期して取り組んだのだった。草稿は十年十二月に成稿し、十二年一月から浄書、七月に自書し終えた。しかし九月一日関東大震災が起こり、自邸は猛火に包まれ、わずかに『新撰洋学年表』と『御肇国史』の原稿のみを抱え、そのほか一切の書器を捨てて、罹災を免れた根岸の文彦宅に逃れたのだった。ここに長年にわたって書き溜められてきた幾多の原稿類は灰燼に帰したが、残った二書の原稿がいかに本人の思い入れが強かったかをうかがい知ることができる。こうした苦難を経て刊行された『新撰洋学年表』は天文五年（一五三六）から筆を起こし明治十年

（一八七七）第一回内国勧業博覧会開催と、同展に出陳した『日本洋学年表』の記事がその掉尾《ちょうび》を飾り、一五八頁に及ぶ大作として如電の代表作の一つとなった。なお、明治三十一年には書名が似る『新撰東西年表』を刊行している。これは清宮秀堅《きよみやひでかた》の『新撰年表』を底本とし国学者井上頼圀《よりくに》と如電が合撰した一書で、日本、中国、西洋の三史を三段に分けて対比させ、それぞれ天之御中主神《あめのみなかぬしのかみ》、五帝、亜當（アダム）と夏娃（イブ）から書き起こし明治三十年（一八九七）までを記している。日本史は井上が補入し、源平以降は如電も増補に加わっている。中国史は如電の選、西洋史は如電が一度は固辞するも推して頼まれ諸書を駆使して選している。昭和二年には増補した『新補東西年表』を刊行している。

生涯の研究テーマ国学

如電が生涯の学問として位置付けていた国学については、明治二十六年（一八九三）に神代から国会開設までを記した『国史要略』、明治三十八年（一九〇五）に今から何年前とする逆引き年表『養徳鑑《やまとかがみ》』、四十四年「延喜式」に載る地名を考証して現在の何処にあたるかを明らかにした『駅路通《えきろつう》』、大正四年（一九一五）には天皇即位にあたり大正天皇から歴代天皇の系図を辿る『皇系世譜』、最晩年の成稿で『古事記』に独特の解釈を施した『御肇国史』（歿後昭和八年刊）などがあり、ほかに東洋史として韓国、中国、ベトナム、タイの歴史を記した『東洋分国史』（明治二十九年刊）という変わり種もある。一方で漢学に関する著作は一つもないが、漢詩は自筆または茂雄の筆写によって残されている。漢文については如電の妻よねが語ったところによると、厳父磐渓の在世中は決して文章を作らなかったという。いかに名文を作っても父の添削が入っていると思われることを嫌ったらしい（高木好次「如電翁を偲ぶ」『江戸文化』第五巻第二号　昭和六年二月）。しかし作品がないわけではない。碑の撰文も方々から依頼され、また漢詩文の揮毫《きごう》なども多く残されている。

健筆家の一端

このほか学術書としては明治九年（一八七六）フィラデルフィアで開催された博覧会に出品するために文部省から依頼された「教育志略」がある。この執筆者の適任者が見つからず人選に困った編集局長西村茂樹から局員の那珂通《なかみち》高《たか》に相談したところ、如電を推薦したのだった。これは古代から近代に至るまでの日本の教育史で、六〇日間で書き上げて那珂は賞嘆したという（大槻文彦「如電先生の事業」大槻茂雄編『大槻如電先生』所収　未刊）。一〇行二〇字詰原稿用紙で四〇〇枚ほど、約八万字に相当する分量だった。また明治十四年には『小学日本文典』という文法書を刊行している。ちょうど文彦が『言海《げんかい》』編纂にあたり文法の必要性から諸友と文法会を起こして研究していた頃であり、文彦の書が出れば一定の法則が出るだろうと例言で述べている。如電は文法について関西流浪中に『詞の八衢《やちまた》』『詞の玉緒』『玉勝間』『古事記伝』『万葉考』などを読み漁って学んだという。『金石学教授法』は明治十七年刊行で鉱物学書。清の乾隆帝《けんりゅうてい》勅撰にかかる中国古器物の図解『西清古鑑』は難解なために分かりやすく注解を施したのが「古器用考」で『新鈔西清古鑑』に収められている。明治三十八年刊行の『舞楽図説』は舞楽の歴史、楽器、装束などを説き、さまざまな舞には舞ごとに図を付して解説し文末で私見を披露している。

二　市井の通人として

邦楽の継承者

東京二六新聞の記事は如電を、得意は老荘、本領は仏典あるいは歴史、有職《ゆうそく》、そのほか何々とそれがわからないところが如電の本領だろうとしてそれは表芸とする。そして隠し芸として「歌舞音曲に造詣が深く、自らも三絃（三味線）も取れば自ら唄いもする、彼の作歌作曲を一人でして、しかもそれを自分で謡うという多芸多能なところが表芸にも現れている」と紹介している（「画報大槻如電翁」『東京二六新聞』明治四十年八月二十五日）。

如電がいつ頃から歌舞音曲に興味を抱いたかについて確たる資料は残されていない。しかしながら如電の妻となるよねとの関係が大きかったと思われる。よねは嘉永五年（一八五二）倉田家に生まれ、万延元年（一八六〇）九歳の時に浅草山谷堀《さんやぼり》の船宿角中村屋石黒家の養女となった。ここで学んだ遊芸の師匠は江戸浄瑠璃の清元延津賀《きよもとのぶつが》といい、清元、富本、一中節《いっちゅうぶし》などに通じていた（「如電先生」）。如電との繋がりについては井口一眠著『函館游寓名士伝』（明治二十五年二月）の一節「大槻修二」（「如電先生」所収）によってその過程を知ることができる。曰く、戊辰戦争後の流浪時に東京船戸に身を寄せたところ、船戸には一女性がいて美しく華やかであり如電は女性に求婚をした、とある（現漢文）。おそらく如電は角中村に寄寓してよねと出会い、よねを通して邦楽に関わっていったのではないだろうか。

また、如電は生まれ育った江戸の風俗史を作ることを思い抱いていて、形あるものはその沿革がどうにか分かるが、形の見えない人情はその時どんなものだったかと思い、そのことを歌曲に求めた。節の伸び縮み流し具合を調べる必要から三味線の稽古をした、と後年回想している。つまり研究の一環だったと受け取れる内容も伝えている（大槻如電「書籍に関する観念」『図書館雑誌』第二〇号　大正三年四月）。

如電に係るもっとも古い邦楽の記事は明治五年（一八七二）で浄瑠璃の一派、一中節「伊香保八景湯治土産」（大槻文彦『伊香保志』明治十五年　最末に所収）で「如電居士述」とある（『伊香保志』は十五年刊行でありその十年も前から如電を称していたかは不明）。明治十年は都一中初代が一流を開いた延宝六年（一六七八）から二〇〇年にあたり、その追遠会を挙行して自作の一中節「都鳥」を披露している。十二年一中節「道成寺《どうじょうじ》」に加筆、同年一中節稽古本に跋《ばつ》文《ぶん》を載せ、十三年には一中節「末広」を如電述、四世菅野序游《すがのじょゆう》調で披露している。

明治十三年には一中節の流れをくむ宮薗節初代千之の弟子千寿の二人の弟子がそれぞれ二代千寿、二代千之を名乗ることになり、相談を受けていた如電は宮薗流の家元を預かることになった。しかし二人の関係に変化が起こると、如電は家元の管理を十代都一中と書家で歌舞伎、三味線音楽の通人永井《ながい》素岳《そがく》に一任して身を引いている（財団法人開

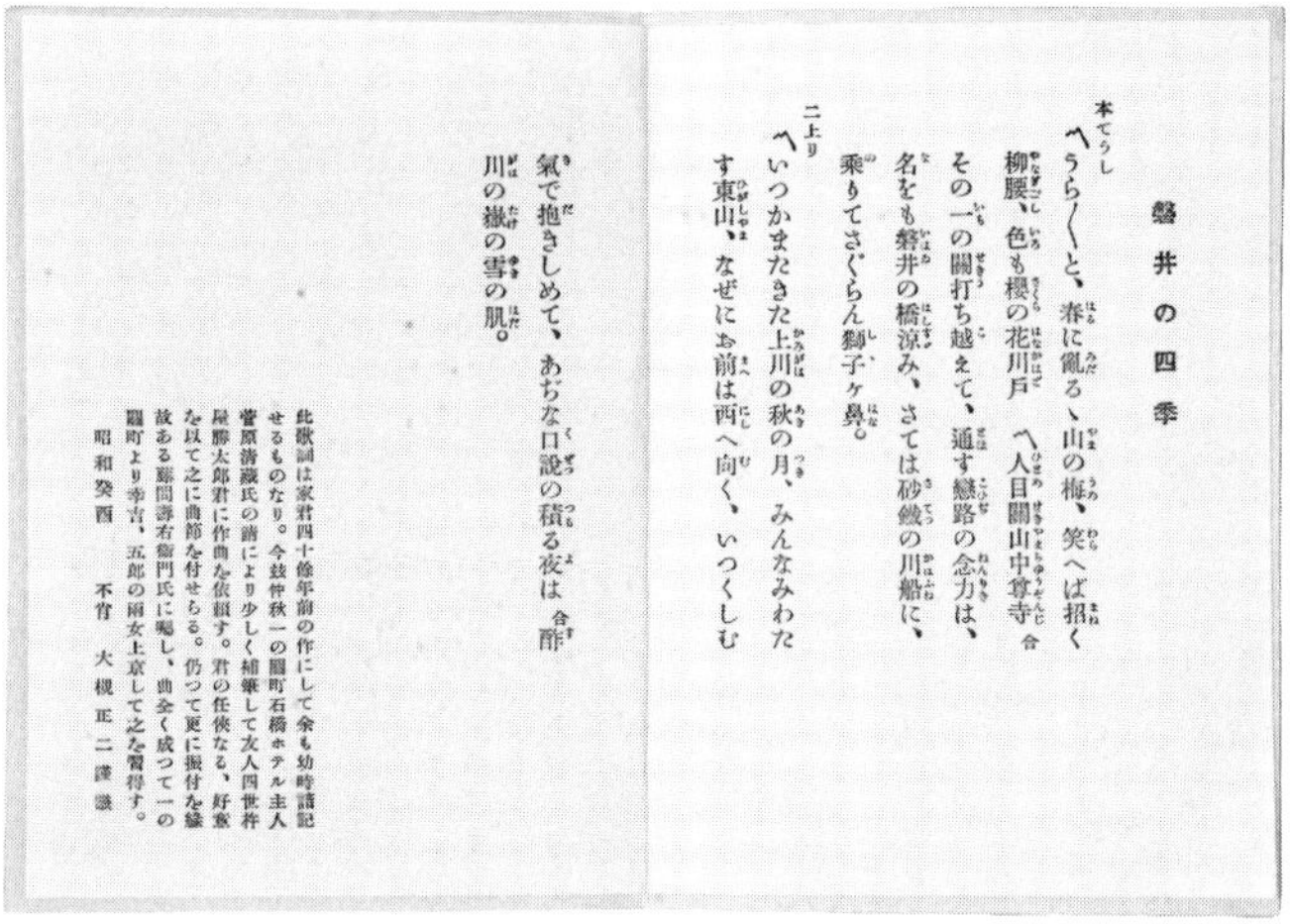
磐井の四季

本てうし
〽うら〳〵と、春《はる》に亂《みだ》ろゝ山《やま》の梅《うめ》、笑《わら》へば招《まね》く
柳腰《やなぎごし》、色《いろ》も櫻《さくら》の花川戸《はなかはど》　〽人目關山中尊寺《ひとめせきやまちゆうそんじ》　合
その一《いち》の關《せき》打ち越《こ》えて、通《かよ》す戀路《こひぢ》の念力《ねんりき》は、
名《な》をも磐井《いはゐ》の橋涼《はしすゞ》み、さては砂鐵《さてつ》の川船《かはふね》に、
乗《の》りてさぐらん獅子《しゝ》ヶ鼻《はな》。

二上り
〽いつかまたきた上川《かみがは》の秋《あき》の月《つき》、みんなみわた
す東山《ひがしやま》、なぜにお前《まへ》は西《にし》へ向《む》く、いつくしむ
氣《き》で抱《だ》きしめて、あぢな口說《くぜつ》の積《つも》る夜《よ》は　合　酢《す》
川《がは》の嶽《たけ》の雪《ゆき》の肌《はだ》。

此歌詞は家君四十餘年前の作にして余も幼時諳記せるものなり。今玆仲秋一の關町石橋ホテル主人菅原清藏氏の請により少しく補筆して友人四世杵屋勝太郎君に作曲を依頼す。君の任俠なる、好意を以て之に曲節を付せらる。仍つて更に振付を緣故ある藤間壽右衞門氏に囑し、曲全く成つて一の關町より亭吉、五郎の兩女上京して之を習得す。
昭和癸酉　不肖　大槻正二謹識

図4　磐井の四季
歌詞は如電40代の作で、昭和8年（1933）に如電の遺子正二が補作し、4世杵屋勝太郎が曲節を付け、藤間寿右衛門振付で完成させたと識語にある。

国百年記念文化事業会―一九五四）。十四年の記録に「富元節歳旦　錦の春　大槻如電」とあり一中節に曲付せりと註がある。常磐津《ときわず》や長唄の作品もある。端唄の作品「仮名手本三《み》都花文《つのはなも》字《じ》」は大正十二年頃如電が作詞、歌沢四世寅右衛門（歌沢相模）が作曲し、昭和七年にラジオ放送されている。（『東京朝日新聞』十二月十四日）。如電作詞作曲の「時雨して」という小唄もあるようだ。十一年の作と記録にはある。小唄田村派初代田村てる編『小唄』（大正十三年十月）に作者は触れずに収録されているが、千紫《せんし》会木《かいき》村荘八《むらそうはち》監修『注釈小唄控』（昭和三十三年三月）、小野金次郎編『最新小唄全集』には如電作詞作曲が明記されているという。LPレコード「本木寿以小唄集第二集」に収録されている（穂積諭吉―一九六七年）。

歌舞伎について目を向けてみる。茂雄の記録に明治六年頃、河竹黙阿《かわたけもくあ》弥《み》の門人になろうとしたところ軍医総監松本良順に忠告されて断念したとある。かなり早い時期からこの方面に傾倒

していた姿がうかがえる。友人の一二代守田勘彌《かんや》が亡くなると七代坂東三津五郎《ばんどうみつごろう》（長男）、一三代守田勘彌（三男）の委嘱を受けて『第十二世守田勘彌』を執筆している。また日本画家鏑木清方《かぶらききよかた》は新聞紙上で、永井素岳を引き合いに出し、如電は永井の顧問格であり、二人は舞台装置、舞台考証の役がなかった明治時分に、團十郎や菊五郎のいい相談相手だったと語っている（鏑木清方「芝居見物今昔（二）」『東京朝日新聞』昭和十三年四月二十五日）。團十郎とは九代市川團十郎、菊五郎は五代尾上菊五郎である。

如電は鎌倉時代以来受け継がれてきた平曲《へいきょく》保存にも力を入れていた。平曲はいわゆる平家琵琶で盲人の専門芸だった。室町時代には幕府の庇護を受け、治外法権的で相互扶助的な自治制度を作っていた。しかし江戸時代になると三味線や箏に圧倒され、明治には制度そのものが廃止され、平曲は致命的な打撃を受けたのだった（『明治文化史』参照）。こうした平曲を如電は明治九年（一八七六）の秋に初めて聞いている。その年には幕末まで七代江戸宗匠《しゅうしょう》、惣《そう》検校《けんぎょう》（関八州周辺の支配）を務めた福住検校《ふくずみけんぎょう》に直接学んだ。検校は翌年の都一中二〇〇年祭追遠会では如電の依頼で奏でている。この年検校は熊谷に退隠したため一時途切れたが、三、四年後福地源一郎に誘われて原口喜運（春之一）に学び、また合田春悦《ごうだしゅんえつ》（正鶴一）にも学んだ。さらに明治三十年正月に上野東照宮における平曲披露にあたり九代宗匠伊豆島検校から学び当日は伊豆島を導師とし如電は助音四人の一人として奉納会を開いた。同年には福住の門人で千葉に隠棲していた瀧口城濱を探し出して教えを受ける（大槻如電「頓写記　代序」館山漸之進『平家音楽史』明治四十三年十月）など平曲における如電の姿勢は積極的なものがあった。如電は奏者の直伝であり正学を得たものと自負している。館山によれば如電は日比谷大神宮（明治十三年創建、現東京大神宮）、増上寺の支院天陽院などで月次《つきなみ》の会を開いていた。その志すところは平曲の保存を図るための活動だったと語っている（「福住検校門人　第一　大槻如電」『平家音楽史』）。加えて文末で館山は感謝の念を述べている。このほか福地を中心とした平曲会にたびたび如電の姿を確認できる（久保勇─二〇一二年）。

これまで見てきたように如電は歌舞音曲について趣味だけで携わっていたわけではない。古い音曲の実践者でありその保存活動者、作詞作曲家、はたまた家元を預かる庇護者の顔も見せるマルチな人物だったことは改めて記しておきたい。二六新聞は隠し芸と称したが、その芸事の多くを今日まで存続させた縁の下の力持ち的活動家であり、隠し芸と軽々に語ることはできないだろう。

明治四十年（一九〇七）十月十七日東京音楽学校に邦楽調査掛が設置された。掛の調査規定第一条には「専ら邦楽の調査及び保存をなす」として保存目的でもあった。調査主事は教授、調査員二名、助手二名で、ほかに調査嘱託を命じられたのが八名であり、内訳は平家琵琶、一中節（二名）、同三味線、富本、清元、尺八、故実で構成されていた。この構成は正に如電が長年実践・研究してきた分野だった。

これより先、文部省から設置の発表があったのは九月二十三日かと思われ（二十四日『東京日日新聞』に設置計画の記事）、同日早速二六新聞記者は如電に取材を敢行した。これに対し如電は「気の毒ながら彼らの仲間で十分の取り調べができるわけがない。取り調べを命じる者が音楽のいかなるものやを知らず、命じられし者も充全の知識なくして何等の効果を得ようぞ」と疑問を呈し、曲それぞれその奥深さを語ってついには「己は十四、五歳の少年時代から専ら研究して居るので、若し此の事を知って居るものを求むるならば、天下に己をおいて外にないのだ、ハヽヽヽ」といかにも如電らしくもとげとげしい見解を語りつつ、公益のために働くことは一切せぬ、彼らのなすがままに任せておく、としたのだった。怪気焔《かいきえん》にあてられた記者が如電を仰ぎ見ると、平然として白鬚を捻ってこだわっていない様子であり、言葉なく帰っていった（「大槻如電叟の気焔」『東京二六新聞』明治四十年九月二十三日）。

愛書家

如電は研究のために膨大な書籍を購入することを常とした。七〇歳を前にして講演した内容が残されている（前掲『図書館雑誌』）。当分この内容に従って筆を進める。

講演した当時、如電はおよそ二万巻を所蔵していた（大槻如電―一九〇五年）。講演によるとその最初は一〇歳頃に手にした『江戸名所図会』で磐渓のもとに出入りしていた大店からだった。この時の様子を別の紙面では「坊ちゃん何でも買ってあげましょう」と言われたことに対して『名所図会』をと言ったところ、帰ってすぐに一部二〇冊が届いたという（大槻如電「月岑事略《げっしんじりゃく》」『日本』明治三十九年四月四日）。なお明治九年に著者斎藤月岑本人が訪ねてきて、幼少から読んできた本の著者であり大層喜んだと同じ紙面で語っている。次に手に入れたのは『大日本史』だった。仙台時代に国学を学んだ師保田光則が取り組んでいたのが『大日本史』に訓点を付けることで、これを契機として『大日本史』を欲したのだった。仙台藩の家老但木《ただき》土佐が、磐渓所蔵の頼山陽の掛物を欲し、その交換として如電が望んだ『大日本史』を磐渓が伝えたところ、江戸勤番《きんばん》の土産として届けられた。如電はそれを数十回読み通し大略を暗記したと語っている。そして次が流浪時代の『古事記伝』だったという。これは津藩藩校有造館《ゆうぞうかん》の蔵書を借りて四〇冊を読み通した。海軍兵学寮教官となって収入があり、自分の金でほしいものを買った最初のものがこの『古事記伝』だった。ここから如電の膨大な収集が始まったようだ。教科書として委託された日本地理書の著述のために諸国の地誌地図を三、四〇〇種、小唄本を始めとする歌曲の書物一〇〇種、一中節、土佐節、河東節の書も多く集めた。「日本教育史」執筆のために六国史、律令格式、物語、冊子、雑史、戦記の類など二〇〇種を買い集めた。仏教書も早くから買い集めていた。『日本洋学年表』執筆に数十百《ママ》種を集めた。三〇部しか刊行されなかった江戸ハルマも何とか手に入れた。如電が設立を計画した「浅草文庫」のために漢書を買いあさり、還暦の時に「第五浅草文庫」として名乗りを上げた。また、木活字本の収集にも力を入れていた。老子の注釈書も日本人によるもの、中国のものなど五、六〇部もあった。こうして集めた書物には全てに目を通し、必要にあってはすぐに取り出して考証の参考とする、と誇らしげに語っている。この講演の九年前、明治三十八年（一九〇五）に如電は所蔵する書物のうち、慶長から元禄までの板本約五〇〇種を展示公開し『第五浅草文庫古板書目』を刊行している。これによれば冊数が記されない書物もあるが、四七六種約二四〇〇冊を超えている。蔵書二万巻（冊の意か）となればどれほどの本の種類だったのだろう。如電はこれらを必要とする人びとに惜しみなく貸し与え、また筆写を奨励した。

石井研堂は如電の書物に対する愛惜の念を紹介している。所有者の自他を問わず、しわや折り目を見つければ必ずそのしわを伸ばし、折り目をおこしたという。さらに他人に請われれば貸与し、版本になければ筆写を勧めて貸し出すことを常とした（前掲『文芸春秋』）。その光景を彷彿とさせる記事もある。ある人が無紹介で如電宅を訪れて書物の借覧を願ったところ、初対面であり貸し出しはできないが筆写は許可するとなった。そこで猛暑の中如電宅で数日筆写し、一冊を写し終えたところ、これまでの様子を見ていた如電は来訪者に、あなたは信用できるので、自由に使いなさいと貸し出しを許可したとある（佐藤堅司「如電先生からの一つの印象」『報知新聞』昭和六年七月四日）。多くの貴重な原本は関東大震災で焼失したが、こうした筆写の勧めによって今でも見ることができるのは如電のおかげと研堂は述懐している。

文芸作家・編集者

如電は小説にも手を染めていた。『ほねがらみ』（内題『骨相観』明治二十四年九月）『いちじくさうし』（内題『無花果草紙』明治二十四年十一月）の二冊がそれである。如電が「おれにも小説は書けるよ」といって書いた自慢のものだったらしい（『国漢』）。両書ともに雑誌『都の花』に連載された。連載は『いちじくさうし』が先で第七号（明治二十

図５　いちじくざうしとほねがらみ

「いちじくさうし」表紙には「ジョデンコジ著」「きんかう堂」、表紙絵には鏡文字で「おもしろき本」「永洗」（富岡永洗）とある。作中には５名の画家による挿絵５枚もある。

二年一月二十日）から第一五号（同年五月十九日）までで全三〇回で完結している。全文を大坂言葉で執筆した。『ほねがらみ』は第二〇号（同年八月四日）から第二九号（同年十二月十五日）まで全四〇回完結である。全文横浜言葉で執筆した。刊行となった二書の体裁はともに仮綴じで、平仮名の表題と絵で表紙とし、挿絵も数点ある。

連載した『都の花』は明治二十一年十月発行を創刊号として二十六年六月まで一〇九号をもって休刊した。文芸雑誌の嚆矢《こうし》とされ、山田美妙を主筆として始まった。二葉亭四迷、尾崎紅葉、幸田露伴、黒岩涙香ほかが誌面を飾っている。二書のほか如電は『都の花』誌上で舞台脚本「妹背山錦絵姿」、浄瑠璃「教草二葉鏡」、浄曲評釈「先代萩」（未刊）などを執筆している。

雑誌『風俗画報』にも多く記名記事がある。『風俗画報』は明治二十二年に創刊し大正五年まで通巻四七八号、増刊を含むと五一七冊を発行した日本初のグラフィック雑誌である。その中で茂雄が調べて残した記録だけでも「岡場所考」（一八九〇年、一三号、一六〜二〇号）を皮切りに一九件あり、うち明治二十八年までで一五件と集中している（小岩弘明―二〇一六年）。

雑誌『好古叢誌』にも九件ほどある。『好古叢誌』は正に字の通りで好古の士を会員とした会員誌で、月ごとの刊行配布を旨として明治二十五年一月に第一巻が刊行された。この会名である好古社は十四年に始まり、年に二回好古会を開催して会員が持ち寄った古書古器を披露していた。如電は明治二十四年十月二十五日に開催された第一九回好古会に小杉榲邨《すぎむら》の誘いで初めて参加し（初編第二）、文化年間に奥州琵琶柵（現岩手県奥州市衣川が擬定地）出土の古陶器一点を出品している（同第三）。好古社は同年十月に社長が交代して規則も改めて、幹事、評議員、叢誌編集員などの役員を定め、規約に則って『好古叢誌』第一が刊行されたのだった。如電初の記事は二十五年五月発行の第五で「猿曳棚《さるひきたな》の記」と題し、祖父玄沢が佐野藩主堀田正敦から贈られた家蔵の猿引棚を茶人谷村嘉順《たにむらかじゅん》に譲った顚末だった。そして評議員だった如電は前任前田健次郎に代わって編集員を社長松浦詮《まつらあきら》から委嘱された（二編第一二、明治二十六年十二月）。従って二十七年の第三編は第一から一二まですべて如電の編集である。如電は早速雑誌の改革を行い、例言の中で考説、漫録、文雅の三部門に分けることを掲出した。考説は歴史上の事実から古器物古建築などの考証、漫録は史料、話題となるべき見聞記事、文雅は詩歌文章の話説を始めとして風流韻事《ふうりゅういんじ》に係るものとした。その文末には「好古社編集員大槻修二」とある。その第三編第一には考説に「歌会式」を大槻修二で、漫録に「電話十八番」大槻如電で収録している。なお同号「会員諸君へ一言す」によれば、編集員が決定したのは十二月二十六日で、寄稿文に接したのは一月八日、「歌会式」を載せることになったのは十五日のことだった。印刷日は三十一日とあるから「電話十八番」執筆も含めて如電のてんてこ舞いが想像できる。同編第三の文雅には弟文彦が大槻黒石名で「頼山陽翁和歌」を、第四には考説に文彦名で「文倉六右衛門墳墓考」を収録している。このほか如電は第六に考説「音律の事」、第七と第一二に漫録「電話十八番」を掲載し、これ以外にも識、付記や補記、などが見えている。こうして如電は第三編の編集員を全うした。翌年からは如電の提起によって刊行は年二回、編集員は置かず幹事が編集することとなった。内実は第一以来発行部数五〇〇に対して会員数は大幅に減少していて資金不足が続き、如電は発行部数を三五〇にしたもののそれでも不足が生じていた。そこで如電は十二月の評議会に向け毎月の刊行をやめ、春秋二回の好古会出品、所説を編纂するにとどめ、冊数も社員実数とすることを提案したのだった。こうした流れの末、明治三十年十二月に社長松浦詮が辞任を申し出て評議会が開かれたが、評議員出席は如電など三名のみで評決に至らずに終わった。『好古叢誌』はこの内容を末尾に収録した第七編上巻（明治三十一年五月）をもって終刊となったようだ。

なお編集員として従事していたこの時期、奥付の編集人が第六までは修二で、第七以降は如電に変わっている。四月四日に戸籍を修二から如電に変えたことによる。

このように編集者としての経験を持つ如電だったが、常々天下一嫌いな者は新聞記者だと公言していた（石井）。その如電が一日だけ新聞記者をしたことがあった。如電が宮武外骨《みやたけがいこつ》との対話の中で新聞記者の経験を語っている。「明治十年のことであったよ、朝野新聞社長の成島柳北《りゆうほく》が記者に成れと云うから成るつもりで承諾したが、たった一日出社した限りで止めたよ、あんなうるさいものに成るもんじゃない」（宮武外骨「大槻如電翁と今泉雄作先生」『明治奇聞』第二篇　大正十四年三月）。如電の新聞記者嫌いはここをスタートとしたのだったか。記者の玄関払いを目撃したこともある研堂と同郷で、記者をしていた友人が取材で如電を訪ねたところ、取りつく島がなかったらしい。その話を聞いた研堂は、それは落雷にあったようなものだとし、避雷針代わりとして、相当の人の紹介状と酒の一、二升を持って、礼を尽くして行って願えば、それはそれは親切なのだと語って聞かせたのだった（石井）。

三　父祖の顕彰者として

追遠会と出版物

明治九年（一八七六）は玄沢没後五〇年にあたっていた。磐渓は父の五〇年祭を行わないうちは自分は死なないと常々言っていた（『磐渓事略』）。その五〇年祭を同年九月二十九日玄沢の誕生日に挙行した。場所は新築になったばかりの磐渓の居宅岳雪楼《がくせつろう》で、祭主は磐渓、如電、文彦の三人。大槻にゆかりの深い杉田、桂川、宇田川は勿論、勝海舟や松本良順、福沢諭吉ほか、変わったところではロシア正教会のニコライも参会していた。また、庭では陸軍軍楽隊が出張演奏を行っていた。これは国家に所属する軍楽隊が、一般の私事のために出張し演奏した嚆矢となった。松本良順以下五名の周旋《しゅうせん》だった。こうした会の内容や式辞など、三〇年祭などを翌年如電は冊子にまとめて『追遠会誌』と題し刊行した。

磐渓が明治十一年に亡くなると、その二〇年祭、三〇年祭を磐渓関連の品々の展覧会という形で磐渓の命日に合わせ文彦とともに上野公園日本美術協会列品館で行い、それぞれ目録を発行している。二〇年祭は『愛古堂蔵品展観目録』（明治三十年六月）、愛古堂とは磐渓の号である。三〇年祭は『磐渓追遠展覧会大槻文庫目録』（明治四十一年六月）。

大正三年には親類大槻習斎の五〇年祭を挙行しているが、平泉、習斎、良と続いた仙台大槻家は良に継嗣がないまま亡くなり、良の妻の養子に入る形で如電の三男正二が相続していた。五〇年祭はその翌年であり、玄沢が蛮書和解《ばんしょわげ》御用《ごよう》訳員に就任一〇〇年、平泉が養賢堂再造して一〇〇年、磐渓三七年祭も兼ねて展覧会が行われたが、この時刊行された『大槻習斎五十年祭遺物展観品目』は如電の手になる事は間違いがなく、併せて刊行された『習斎詩文』も如電の校訂だったろう。

如電は大槻家に残されていた玄沢、玄幹、磐渓に関係する書簡類の翻刻にも携わっていた。父玄沢、そして友人知人からおくられた書簡類を磐渓が二巻に装丁して「金蘭遺臭《きんらんいしゅう》」と題した巻子《かんす》を、全文翻刻して刊行した『金蘭遺臭』がまず挙げられる。如電はほかにも玄幹に宛てられた玄沢追悼の書簡集「敬惜帖」も翻刻を手掛けていた（未刊）。

玄沢について少年向けに書いた『少年読本第五十篇　大槻玄沢』が明治三十五年に刊行された。また磐渓一代の伝記とも言うべき『大槻如電口授　磐渓事略』（明治四十一年六月）は息子たちに言い聞かせる体で書かれたもので、文彦が補述する形となっている。磐渓三〇年祭に向けて如電文彦兄弟が語ったことを筆記したものだ。両書によって玄沢、磐渓の大概を知らしめることが可能となったと言える。

明治四十四年玄沢に正四位が贈位されると、編者を茂雄として玄沢の著作一九種を二冊にまとめて大正三年に『磐《ばん》水存響《すいぞんきょう》』と題して刊行したが、本編の校訂は如電一人によったものだった。さらに大正十三年磐渓が従五位を贈位されると、磐渓の開国論を収録した「献芹微衷《けんきんびちゅう》」と漢詩によって辿る編年の事歴「昨夢詩暦《さくむしれき》」を選んで帙《ちつ》に収め『磐渓先制』と題し刊行した。内容の重修は兄弟で行ったが、校訂は如電だったことが「昨夢詩暦」の大尾で語られている。父祖を敬い、その燦然たる事績を後世に伝えることに意を注いだ如電文彦兄弟、彼らの文才あって成し得た事業であった。分けても如電は、大きな仕事を常に担っていた文彦と違って、在野の研究者・通人であったがために必要な時に必要の仕事を成し得たのだ。

おわりに

如電についての一代記は存在しない。あまりにも多方面で業績を残し、また紙上で語る言葉は学術的、また洒脱、そして攻撃的と、読む人を尊敬と混乱を呼び起こしていたからかもしれない。直に接する人も、深く親交を結ぶ人もあれば、憤慨する人も多かったからでもあろう。そのような人間の一代記を記すことは無理があり、また無意味だと思う。従って本章は、如電の業績に目を向けその核となる部分を抜き出すことにした。とはいえ多分野にわたり、かつ膨大な紙面誌上に記事が載るところで、それを見つけ出すことは見上げる星空に目的の星を見つけるようなものだ。本章を起こし得たのはひとえに如電の二男茂雄の仕事の賜物にほかならない。数千点にわたる大槻家旧蔵資料のかなりの数は茂雄による如電、文彦の事績のメモや新聞切り抜き、そしてそれらを基に編集した冊子類である。その中には記事の内容、題名が書かれるが、そのすべてに出典と年月日を記入している。これは文彦譲り、というか文彦から指導されて身についたものだろう。文彦の原稿、書付にはほぼ全てに日付が書かれている。筆者は茂雄の書き残した情報を基に、手元にない資料は国立国会図書館などがインターネット上で公開しているデジタル資料で確認しながら稿を進めた。茂雄の仕事がなければ本章は成立しなかったのだ。

最後にこれまでの拙稿の誤りを正す意味も込めて如電の子息について少しだけ明らかにしておきたい。如電には子供が九人いた。男六人女三人の兄弟姉妹だが茂雄、正二、清三の三兄弟以外はほぼ早世していて、長男高枝は当歳で夭逝《ようせつ》し、二男が茂雄、三男が正二、四男が清三である。さらに如電は後継を持たなかった。茂雄は文彦に、正二は仙台大槻家に、清三は一関大槻宗家の清弘の養子となった。ここにも如電のポリシーが反映していたと思えるのだが。

大槻文彦——言葉の海の探究者——

髙橋紘

はじめに

日本の近代的国語辞書の嚆矢《こうし》として名高い『言海《げんかい》』に掲げられた「本書編纂ノ大意」は、「此書ハ、日本普通語ノ辞書ナリ」という言葉から始まる。ここに謳われている普通語とは、古今雅俗の言葉で通用語となっているもの、諸外国語で日常的に使われるもの、新出漢字訳語で通用語となったものを意味する。そしてそのなかで、辞書の要件として発音、語別（品詞）、語原、語釈、出典の五つを挙げ、語句を五十音順で配置するという現代に続く国語辞書の規範を提示した。

この一著を、一六年もの歳月をかけて完成させた人物、その人こそ大槻文彦《おおつきふみひこ》である。江戸大槻家に生を受けて、日本の近代国家への胎動、そして成長していく幕末、明治、大正、昭和（初期）という時代を生き抜いた文彦については、多くの研究がある。そこで本章では、文彦の青年期と文彦の言葉・歴史にまつわる研究・著述・撰文《せんぶん》を踏まえながら、彼の人生を追ってみたい。

特に文彦の歴史研究（外国史、日本史、郷土史、蘭学・洋学史）は、幕末維新期から『大言海』の編纂に注力する晩年に至るまで確認できる。多彩な業績を残した文彦が、最後まで関心を持ち続けた歴史研究には、どのような目的があったのだろうか。国語学の源泉のひとつである英学、幕末維新期の仙台藩士としての活動、国語学の陰に隠れた歴史研究から文彦の横顔をみたいと思う。なお、一関市博物館所蔵「大槻家関係資料」に含まれる資料については、所蔵先を明記していない。

図1　大槻文彦

一　大槻文彦という人

文彦の自伝・履歴書にみる略歴

まず最初に、文彦の略歴を紹介しておこう。その基礎資料となるのが、彼自身が半生を語った「大槻博士自伝」（『国語と国文学』五巻七号（一九二八年）、以下「自伝」）、文彦自筆の「文彦年譜」、同じく自筆の履歴書（小岩弘明―二〇一四年）、「復軒先生伝記《ふくけんせんせいでんき》資料《しりょう》」（大槻茂雄・清彦―一九八〇年）である。

文彦は弘化四年（一八四七）十一月十五日に仙台藩の漢学者である父磐《ばん》渓《けい》、母淑《よし》の三男として江戸木挽町《こびきちょう》（現東京都中央区銀座）に生まれた。通称を復三郎《ふくさぶろう》、諱を清復《きよしげ》、号を復軒、黒石斎、かなのや主人などと称した。ちなみに通称・諱《いみな》に「復」の字が使用されているのは、彼の誕生日である十五日が冬至であり、その日を「一陽来復《いちようらいふく》」ということに由来する。幼少期から家学である漢学・詩文を学び、明治五年（一八七二）文部省に出仕、英和辞書や教科書の編纂に従事した。翌年には宮城師範学校長に就任、仙台に赴任した。明治八年に帰京して、文部省報告課勤務となり、のちに『言海』に結実する日本辞書の編纂を命じられた。その後、独力で編纂を続け、明治二十二年から二十四年にかけて、私版として日本辞書『言海』を刊行した。

文彦は明治八年に所属していた学術結社・洋々社の機関誌『洋々社談』に「日本文法論第一」（『洋々社談』第七号）を発表するなど、日本語文法の確立の重要性を早くから認識し、『言海』編纂に並行して独自に文法研究会を立ち上げ、文法の研究に力を注いだ。その成果は『言海』第一冊巻頭に掲げられた「語法指南」、明治三十年（一八九七）刊行の『広日本文典』『広日本文典別記』に結実している。国語国字問題にも関心が高く、明治十年代には漢字の廃止、仮名文字の使用を主張した「かなのくわい」の主要メンバーとして活動、三十五年に官制発布、発足した国語調査委員会では主査委員、四十一年には臨時仮名遣調査委員会の委員を務めるなどしている。特に国語調査委員会の最大の成果とされる『口語法』（大正五年（一九一六））、『口語法別記』（大正六年（一九一七））は、日本全国で通じる標準語の規範を定めたものである。この間の明治三十二年（一八九九）文学博士、四十四年（一九一一）帝国学士院会員となった。

その後の四十五年、冨山房《ふざんぼう》の坂本嘉治馬《さかもとかじま》から『言海』増訂の打診を受けて承諾、『言海』以降に出版された辞書類と差別化を図るため、特に語原の研究に力を入れ編纂作業に没頭した。しかし、サ行まで原稿が進んでいた昭和三年（一九二八）二月十七日、肺炎のため八二歳で死去した。増訂版は死後、兄如電や関根正直、新村出《しんむらいずる》らによって引き継がれ、昭和七年から十年にかけて『大言海』と標題して刊行された（一関市博物館―二〇一一年）。

多岐にわたる業績

このように近代的国語辞書の編纂や日本語の近代文法論・標準語の確立に寄与した文彦であるが、彼の業績はそれにとどまらない。宮城師範学校長をはじめとして、音楽取調掛、古事類苑《こじるいえん》編纂委員、東京帝室博物館列品鑑査掛、宮城県書籍館長、宮城県誌編纂委員などを務め、仙台藩出身の在京学生を支援する仙台造士義会、郷土資料や古典籍・一般図書を収集・保管・公開することを趣旨とした仙台文庫会にも関与した。

国語学以外の著述も見逃すことができない。そもそも文彦の初の著書は『北海道風土記』という地誌であったし、文部省入省後に最初に手掛けたのは英和辞書の編纂や外書の翻訳であった。ほかにも歴史研究、国境意識、印刷出版、人物誌、音楽関係など多岐にわたり、その多彩さからマルチ人間と称されることもある（後藤斉―二〇一九年）。

文彦は「自伝」で自身の学問について、雑駁《ざつぱく》でいろいろとあるが上等なものがない、とする。そして「かやうな雑学になつた《ママ》は辞書などを作つたからであらうが、私の生れ時がわるくて、今の文明の教育を施されるやうになつた頃には成長し過ぎて其教育を受けられなかつたのもそれである」と語っている。ここで述べられている辞書とは、『言海』を意味すると見られ、『言海』編纂はその後の著述活動の基礎ともなったことがうかがわれる。加えて、誕生した学問の家・大槻家という環境や幕末維新期の経験が、のちの文彦の興味関心や問題意識を育んだといえよう。

二　青年期の英学修行

英学を志す

後年に国語学者として大成する文彦ではあるが、当初自らの学問と見定めたのは英学であった（小岩―二〇〇八年）。

そのきっかけは「自伝」によると、父磐渓の「祖父磐水の蘭学の志を継げ」という言葉だったという。文久二年（一八

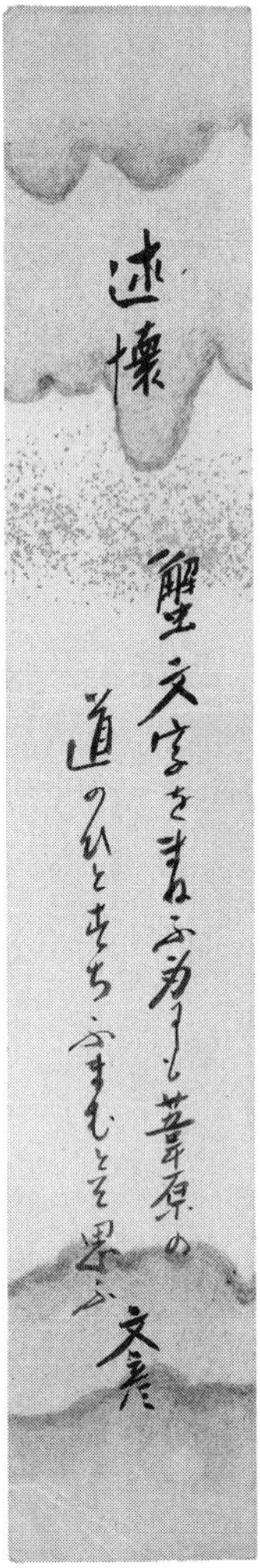

図2　大槻文彦短冊
慶応2年（1866）
アルファベットを蟹文字と表現している。

六二）、一六歳の文彦は幕府の洋書調所《ようしょしらべしょ》に入所、英学修行を開始したが長くは続かなかった。開国以降の情勢不安を受け、磐渓の仙台移住が決まったのである。仙台藩医の石川桜所《いしかわおうしょ》に文彦を預けて英学修行を継続させる案も挙がったが、結局、文彦は父に従い仙台に向かった。在仙中の文彦は文久三年に藩校養賢堂《ようけんどう》に入学、その年のうちに養賢堂諸《しょ》生主立《せいおもだち》という助教役を命じられるなど頭角を表すが、英学修行の中断を余儀なくされた。

再開の転機となったのは、慶応二年（一八六六）二〇歳の時である。五月、文彦は藩から向こう三ヵ年の「洋学稽古人」という辞令をもらい、稽古料として一ヵ年金五両二人扶持を受け取ることとなった。当初はのちに文彦の妹雪《せつ》と結婚する大築拙蔵から学んだが、思うような修行ができず、江戸で親類と話し合いをすることを口実に、九月に仙台を発ち、十月下旬に洋書調所の後身である開成所に入学、本格的に英学修行を再開させるに至った。その文彦が修行の場として選んだのが、開港地のひとつ横浜であった。この地で出会ったアメリカ人宣教師バラから英語を習い、その時の心境を文彦は「蟹文字を　まねふ身にしも　葦原の　道のひとすち　ふまむとそ思ふ」と詠じている。

慶応三年、横浜に拠点を構え、イギリス領事館牧師ベーリーが発行していた「万国新聞紙」の編集に従事した。「万国新聞紙」は外国船がもたらした英字新聞の抜粋、翻訳文掲載や国内記事を扱った新聞で、一ヵ月の給金は五〇分（一二両二分）であった。文彦にとってアルバイトと英学修行を兼ねる格好の仕事であった。文彦はこの給与で四、五人の食客《しょっかく》を養っていたという。後年文彦は、この時の経験を「自伝」のなかで、「此《この》大槻は日本最初の新聞記者だ」と回顧している。また、同じ頃にアメリカ人宣教師タムソンからも英語を学んだという。同年十月、横浜にいた書生達は幕府の命により放逐となり、文彦も江戸藩邸に戻る。ただ、同じ頃に私費による英学修行が藩から認められ、文彦は晴れて江戸横浜での英学修行に打ち込める立場となった。背景には兄如電《じょでん》らの尽力があった（小岩弘明―二〇〇八年）。

戊辰戦争による中断と再開

横浜の地で英学修行に励む文彦だったが、否応なく幕末維新期の動乱に巻き込まれていく。慶応三年（一八六七）十月十四日、一五代将軍徳川慶喜が大政奉還し、幕府政治は終わった。この動乱期における、仙台藩士としての文彦の動きは後述するのでここでは省くが、英学修行は中断を余儀なくされた。慶応四年（明治元年・一八六八）三月文彦は京都などでの任務を終えて一旦仙台に帰る。そして同閏四月十六日、藩から向こう三ヵ年の洋学稽古を命じられ、稽古料年二〇両三人扶持を給され、修行の場所を横浜とされて江戸へ再び向かっている。ただその内実は藩の密偵で英学修行を再開できるのは、仙台藩降伏後のことであった。

同年九月、仙台藩降伏後に仙台に戻った文彦は、家族・家財を山目《やまのめ》（現岩手県一関市）の大槻宗家に送った。十月、藩論が一変したことを受けて如電・文彦兄弟にも捕縛の危機が迫ったため、兄弟は仙台を脱出、文彦は江戸から横浜に向かった。横浜潜伏中は再び、タムソンのもとで学ぶ機会を得た。明治二年（一八六九）春、プロシア公館内に転居し、そこで幕府の翻訳官・箕作秋坪《みつくりしゅうへい》の長男、奎吾《けいご》と出会っている。奎吾は幼少期から英語を学び、慶応二年に幕府派遣の留学生としてイギリスに渡っている。

明治二年四月、精力的に英学修行を続ける文彦のもとに、一通の手紙が届く。父磐渓の兄玄幹《げんかん》の家系で、その系譜が途絶えようとしていたところに大槻宗家から養子に入った大槻玄梁《げんりょう》からであった。その内容は磐渓が入牢したことを伝えるものであった。罪状も定まらない中での出来事であったが死罪の可能性があったことから、文彦は急いで仙台に戻り助命嘆願に奔走した。その甲斐あってか六月下旬にようやく磐渓の罪状が定まり、死罪の可能性は消えた。この時文彦は姉陽《よう》の夫森約之《もりのりゆき》に宛てた手紙の中で、再び東京に出て勉学に精進する決意を伝えている。勉学とは英学のことであろう。翌年元旦に磐渓が出牢したのを見届けたのち、文彦は東京に戻り洋学稽古人の身分で大学南校に入学、明治四年（一八七一）三月には箕作秋坪が主宰する英学塾三叉学舎《さんさがくしゃ》に入塾した。ここで諸藩からの翻訳依頼などをこなして収入を得ながら、入塾半年後の九月には三叉学舎の幹事に挙げられ、十月には文部省編輯局《へんしゅうきょく》の依頼で羅馬《ローマ》史の翻訳に従事している。このようにして文彦の英学は磨かれていった。

キャリアスタートとしての英学

こののちの明治五年（一八七二）十月、文部省八等出仕として字書取調掛を拝命、英和辞書の編纂に取り掛かることとなった。文彦の明治期のキャリアスタートは英学に支えられていた。残念ながら明治六年には宮城師範学校勤務となり、英学分野の事業から離れることとなる。ただのちの『言海』編纂および日本語文法研究に英学の影響が指摘されており（小岩弘明―二〇〇五年、二〇〇八年ほか）、文彦の国語学の根底には確かに英学があった。

加えておきたいのが、文彦の業績のなかに蘭学・洋学史に関する著述や撰文が散見されることである。例えば明治十年（一八七七）に発表した「伊達政宗ガ遣欧使ノ記事」（『洋々社談』二六号）は、支倉常長率いる慶長遣欧使節の事蹟を取り上げたもので、祖父玄沢が使節の将来品を調査考証した『金城秘韞《きんじょうひうん》』（宮城県図書館所蔵）が我が家に現存していると明かし、抄略を公表して世の中の考証の欠を補うと謳っている。この文章が執筆された背景には、明治天皇の明治九年東北巡幸の際に、遣欧使節の将来品が展示され社会の注目を集めたことがある。欧米列強との不平等条約改正という課題を抱える対外情勢のもとで、遣欧使節への関心が高まるなか、玄沢の研究を広く世間に公表する意図があったのであろう。文彦はこののち、明治二十三年に『金城秘韞（仙台黄門遣羅馬使記事）』に補綴（解説）を付して公表（『文』第四巻一・二・四号）、明治三十四年に英訳を付けた『伊達政宗南蛮通信事略』を刊行したほか、支倉常長に関する論考や碑の撰文を手掛けている。また、祖父玄沢そして父磐渓も踏まえて洋学史を記した「洋学開祖諸哲の苦学」（『復軒雑纂』所収）も代表的である。

文彦は「自伝」のなかで洋学稽古人となった二〇歳の時、初めは蘭学を学んだという。英学を志した要因が「祖父磐水の蘭学の志を継げ」であったように、彼の英学は玄沢の系譜に連なるという自負があった。大槻家の学問系譜が近代における国語辞書・日本語文法成立史に影響を与えたことは注目される。そして、蘭学・洋学史に関する著述や撰文は、蘭学・英学を学んだ文彦にとって、江戸蘭学界の巨星であった玄沢の顕彰にとどまらず、自身を蘭学・洋学の知脈に位置付ける作業でもあったのである。

三　戊辰戦争と旧臣意識

京都・江戸での情報探索

文彦は幕末維新期の自身を「藩の国事に奔走する者の内の最年少者であった」と「自伝」のなかで回顧している。大政奉還当時、二一歳の文彦も変革のうねりに身を投じていく。

大政奉還ののち、仙台藩は情報収集のために江戸公議使の大童信太夫《おおわらしんだゆう》を京都に急行させた。文彦もこれに同行している。文彦はこの期間を、『慶応卯辰実記』三巻（宮城県図書館所蔵）、『復古始末』一巻（国立公文書館所蔵）、『王政始末記』三巻、「慶応三年丁卯上京之記程」（「雑録　紀行類」所収）などにまとめている。このうち『王政始末記』三巻は残念ながら行方不明である。文彦が大童の日記を書き写した「戊辰上京日記」の欄外の書込みによると、大童からの誘いを受け同行したという。文彦の上京名目は、「慶応三年丁卯上京之記程」によると、京都表において洋学研究をしたいというもので、十月二十五日に江戸を出発、十一月一日に京都藩邸に到着した。その後三月四日に京都を離れ、八日に大坂から宮城丸に乗船するまでの約四ヵ月にわたる長期滞在であった。この間に鳥羽伏見の戦いや京都、兵庫、大坂、奈良などを見聞した。

また、十二月二十七日付で藩主伊達《だて》慶邦《よしくに》の朝廷宛建白書を草して、藩奉行の但木《ただき》土佐《とさ》に提出している。概要は人心の満足いかないところを改め、全国から英才を集め公議を持って意思決定するべしというものである。ただ、この建白書は慶邦の上洛が取りやめになったこと、土佐が仙台に帰国したことにより日の目を見ることはなかった。この建白の草稿および明治四十三年（一九一〇）の清書が残されている。清書に十月二日付けで記されたあとがきには、後から見た者はいかにと思うだろうがとしつつ、「此文の趣意ハ当時の内外の薩長反対者の衆論を代表したるものと見て可なり、此時《このとき》実ニ此の如くなりし也、此消息其境ニ遭遇したる人ならざれハ通ぜざるべし、然《しか》れども是れすべて咋夢なり、唯一噱《ただいつきやく》ニ付すべし」と感慨を追記している。

明くる慶応四年一月三日、鳥羽伏見の戦いが勃発した。文彦はその様子と関連情報を国元に正月四日付、正月五日付、正月二十二日付書状で伝えている（小岩弘明―二〇〇八）。簡単にまとめると戦端の経緯や戦況、市中の情況などが書かれ、藩邸焼き討ちを覚悟したこと、四日には戦場を実見し死者や砲弾が散乱する中、大砲の砲弾一発が頭上をかすめて近くで炸裂した様子、仙台藩に対する会津藩攻め命令に関する一件まで詳述している。また、五日付書状ではいずれ関東方が勝利するだろうと予想している。だが予想に反して、戦闘は薩長方の勝利で終わった。文彦は歴史の転換点を実感したであろう。

京都などでの情報収集を終えて仙台藩の艦船宮城丸で仙台に戻ったが、途中、船が難破する危機に瀕している。前述のように文彦は、再び江戸・横浜に向かうことになった。

「文彦年譜」によると藩から「余東京に潜伏シ、探索周旋ノ事」を命じられ、「洋学ハ学フ能《あた》ハズ、江戸ニ居レハ、藩用俗務を弁シ、横浜ニ居レハ器械弾薬ヲ買フテ仙台へ送ル、皆潜伏シテ事ヲ行フ、危難言フベカラズ、捕縛ノ機会ニ瀕スル数十度ナリ」という状況だった。文彦は偽名として平新吉、あるいは千葉新吉と名乗り情報収集や武器弾薬を仙台に送付していた。密偵に選ばれた要因は、彼の江戸言葉だったという。仙台弁は容易に敵の探索の網にかかったらしく、「文彦年譜」には捕縛された仲間たちの名が記されている。江戸言葉をかわれた文彦であったが、長州藩士に定宿を取り囲まれ、そこを脱して三河島に逃れたこともあったという。そして、前節で確認したように再度の潜伏、磐渓の助命嘆願活動を経て、文部省入省という新時代のキャリアをスタートさせるのである。

旧藩主家・仙台藩に対するメンタリティ

大正元年（一九一二）、陸軍大将・乃木希典《のぎまれすけ》夫妻が明治天皇大喪の日に自害した事件を契機に、文彦が書いた「殉死の事」（『普通教育』三巻一二号）という文章がある。そこには「余は仙台藩の旧武士なり、昔の主従の感情は一種特別なるものにて、主人に言葉にても掛けらるれば、身の締る如く感じて、君の為めならばそれ火に入れ、水に入れと云はれても、二言と云はせず飛込む心にてありき」と大正元年当時の旧藩主家である伊達家・仙台藩に対する認識が表明されている。明治という時代が終わっても、文彦のメンタリティのなかで伊達家・仙台藩という枠組みが、意味を持ち続けていたことが知られる。

事実、文彦はその生涯にわたって、戊辰戦争に敗れ賊軍の汚名を着ることとなった仙台藩、そして旧藩主家の名誉回復に努めている。明治十七年（一八八四）の華族令によって、当主伊達《だて》宗基《むねもと》は五段階中三番目の伯爵と必ずしも高位とはならなかった。旧臣層の一部は、それを不服とし、伊達家の爵位向上運動を展開する（栗原伸一郎―二〇一六年）。文彦は依頼を受け、請願書の草案を作成している。明治二十五年（一八九二）に文彦がその経緯や材料をまとめた「陞爵請願書材料《しようしやくせいがんしよざいりよう》」の表紙には、「戊辰ノセメテモノ罪滅シ」とある。明治四十四年に秋田県出身の新聞記者、藤原相之助が著した『仙台戊辰史』に、文彦が寄せた「仙台戊辰史序」や「仙台藩挙兵懐旧誌」（大正六年（一九一七））などでは戊辰戦争後に戦争責任を負った奉行但木土佐や磐渓、仙台藩の正当性を主張している。文彦はほかに明治十年（一八七七）に経ケ峯瑞鳳殿《きようがみねずいほうでん》（仙台市）境内に建立された弔魂碑をはじめとして、戊辰戦争戦没者の顕彰・慰霊活動にも関わっている。

このほかにも文彦の叙述のなかに仙台藩士としての自己認識をうかがわせる箇所が見える。明治三十三年（一九〇〇）、文彦は『伊達《だて》行朝勤王事歴《ゆきともきんのうじれき》』を世に送り出した。本著は南北朝時代に南朝方として活躍した伊達行朝を顕彰した内容であり、行朝の五五〇回忌にあたって、旧藩主家の伊達宗基から編纂を託された。本著の目的は『大日本史』に行朝が北朝に降ったとある記載の訂正、行朝の勤王を資料から考証することであった。のちに文彦は行朝の陞爵《しようしやく》願《ねがい》の起草に関わり、明治三十四年八月付請願書の草稿が『復軒文稿』巻二に収められている。ただ、この請願書は提出されなかったようだ。

『伊達行朝勤王事歴』の巻一に掲げられた「念海伊達公勤王事歴序」の文末には、「仙台旧臣　文学博士大槻文彦敬書」と記している。日本初の近代的国語辞書『言海』を著し、国語学の業績を評価されて得た文学博士という新時代の肩書きと仙台藩士としての意識が、彼の中に併存していたのである。なお「旧臣」は「仙台戊辰史序」でも使用され、そのほかの著作や撰文では「旧藩士」「旧仙台藩士」などと称することもあった。

四　近代国家の辞書『言海』

言葉の海との格闘

文彦を語るにあたって、『言海』を欠くことはできないだろう。日本が近代国家として歩み出した明治時代、言葉と国家そして民族との不可分の一体性という言説も形成されていく。その言説は文彦にも当てはまる（安田敏朗―二〇一八年）。明治三十年、文彦は『広日本文典別記』のなかで、「一国の国語は、外に対しては、一民族たることを証し、内にしては、同胞一体なる公義感覚を固結せしむるものにて、即ち、国語の一統は、独立たる基礎にして、独立たる標識なり」と述べている。そのすべての始まりこそ、『言海』である。

明治八年二月、宮城県に赴任していた文彦に文部省報告課への異動辞令が下った。ここに日本語の辞書、のちの『言海』編纂が始まった。報告課の課長は西村茂樹、編纂者は文彦と榊原芳野《さかきばらよしの》の二人だったが、ほどなく榊原はほかへ移り、編纂は文彦一人の手に委ねられることになった。当初文彦は、欧米の英語辞書を翻訳する方法を考え、アメリカのウェブスター英語辞書のオクタボ版の翻訳を始めたが、単なる翻訳では国語辞書は完成しないことが、早々明らかとなった。欧米と日本との生活様式や習俗・風土の違い、古語や品詞などに日本独自の内容を必要としたためだった。

『言海』を探るための基礎資料が、その巻末に掲載された「ことばのうみのおくがき」（以下、「おくがき」）である。この文章は文彦が『言海』編纂の経緯などをまとめた文章であり、『言海』の成立事情や文彦を考える上で重要史料とされてきた（高田宏―一九七八年、犬飼守薫―一九九九年、小岩弘明―二〇〇四年、安田敏朗―二〇一八年、田鍋桂子―

二〇二二年など）。このうち田鍋桂子氏によると、同文は祖父玄沢の師杉田玄白の『蘭学事始』を下敷きに、福沢諭吉の「蘭学の物語」を経由して記された大槻家の「物語」であり、文彦自身と大槻家を再度肯定する補完的な営みの一環だったという（田鍋桂子—二〇二二年）。その「おくがき」のなかで文彦は、当時のことを「筆執りて机に臨めども、いたづらに亡羊の歎をおこすのみ、言葉の海のただなかに櫂緒絶えて、いづこをはかとさだめかね、ただ、その遠く広く深きにあきれて、おのがまなびの浅きを恥ぢ責むるのみなりき。」と回顧している。ここから文彦の格闘が始まった。体裁はウェブスターに求めながら、古今東西の書物などから古言・今言・雅言・俗言の言葉を漁り、人びとに言葉を尋ね学び、日常語になっている漢語、英語そのほか諸外国語を選ぶなど言葉探しに奔走した。そしてそれらに適切・簡略な語釈を考えるという繰り返しが続いた。

また、その過程で日本語文法の確立の重要性を認識した文彦は、明治八年十月に「日本文法論第一」を発表、翌年には有志による日本語文法の研究会を組織した。文法会である。明治九年十二月十六日から活動を始め、文法の立案には文彦自身があたり、その内容を会のメンバーが討論するという活動だった。小岩弘明氏の研究によると、当初メンバーは文彦を筆頭にして英学を修めた人間が多く、当初は英文法に重きが置かれていた可能性があるという（小岩弘明—二〇〇五年）。例えば内田《うちだ》嘉一《よしかず》、片山淳吉《かたやまじゅんきち》、那珂《なか》通世《みちよ》は大槻家と交流のあった福沢諭吉の主催する英学塾慶應義塾の出身である。そののちに国学、史学、哲学などの研究者が加わり討論が重ねられ、国語の文法としての体裁が整えられていった。文彦自身も文法研究のために国学を独学している。この文法会の成果が「日本文典」として脱稿したのは明治十五年九月であった。しかし刊行されず逐次手元で見直しが行われ、その成果の抄録が『言海』第一冊巻頭に掲げられた「語法指南」である。

『言海』の成就

同じ頃、文彦は国語辞書の草稿作成を終え、浄書作業に入った。作業は中田邦行《なかだくにゆき》、大久保初男《おおくぼはつお》を迎えて進められ、平行して校正作業も行っていた。明治十七年（一八八四）に草稿が完成、ひき続き再訂を行い明治十九年三月にその作業を終えた。稿本《こうほん》には国学者佐藤誠実《さとうじょうじつ》の選考による『続古今和歌集』序文と九条良経《くじょうよしつね》の「敷島や　やまと言葉の海にして　拾ひし玉は　みがかれにけり」から『言海』と名付けられた。『言海』は文彦の手を離れて文部省内に収められ、その後の五月、文彦は文部省非職《ひしょく》となった。ただ実際のところ、文彦は同年六月まで校訂を続けたようだ（小岩弘明―二〇一三年）。ここに『言海』は成ったが、出版への道のりは厳しいものであった。『言海』稿本が文部省内に長く留め置かれたのである。ようやく明治二十一年十月に至り、編集局長伊沢修二《いさわしゅうじ》から自費出版を条件に下げ渡すという文部省の意向が伝えられ、文彦はこれを受け入れ、早速その刊行準備に入った。そして、全巻刊行、編集局印刷工場での印刷、文部省奉職中の編纂であることの明記、一〇部献納などの条件のもと、同月二十六日に稿本全巻を下された。ここに当初国家事業であったはずの日本語辞書編纂事業が、私版として自費出版されることになったのである。刊行に動き出した文彦であるが、明治二十一年九月に再び非職を命じられ、二十四年十月に非職満期となっている。非職の棒級は現俸の三分の一であったから、経済状況はよくなかった（小岩弘明―二〇一三年）。

単独で刊行作業に入った文彦は、自宅に大久保初男、中田邦行を住まわせて、校訂作業と浄書を進め、全四巻を二十二年九月完成予定で予約を募った。そして明治二十二年五月、第一巻を発売するに至る。しかし印刷予定の編集局印刷工場の存続問題や編集を手伝っていた中田邦行の死去、大久保初男の徳島赴任が続き、刊行が遅延することになった。予約者からは書肆《しょし》を通じて「大虚槻文彦先生著　食言海」なる匿名の葉書も届けられ、そのうえ二十三年十一月には次女えみ、十二月には妻いよが亡くなった。文彦はこの葉書や妻子を亡くした悲しみを「おくがき」に記している。

図3　『言海』各種

夏目漱石など当時の文豪たちからも愛用された。昭和24年（1949）の最終版には、1000版と記されている。

「おくがき」には、度重なる不幸に見舞われた文彦を支えた言葉が記されている。磐渓から伝えられた祖父玄沢の遺誡「およそ、事業は、みだりに興すことあるべからず、思いさだめて興すことあらば、遂げずばやまじ、の精神なかるべからず」である。その言葉に支えながら、明治二十四年（一八九一）四月第四冊を刊行、一六年に及ぶ『言海』編纂事業は完了した。同年六月には東京芝の紅葉館で、完成祝賀会が開かれた。仙台藩出身で前日本銀行総裁冨田鉄之助《とみたてつのすけ》と薩摩藩出身の男爵高崎正風《たかさきまさかぜ》が発起人を務め、初代内閣総理大臣の伊藤博文、山田顕義《やまだあきよし》、谷干城《たにたてき》、黒川真頼《くろかわまより》、榎本武揚《えのもとたけあき》、勝海舟、重野安繹《しげのやすつぐ》、土方《ひじかた》久元《ひさもと》、伊達邦宗《だてくにむね》、陸羯南《くがかつなん》など三十余名が参加した祝宴であった。高田宏氏や安田敏朗氏などは、参列者などの分析から明治日本における『言海』やその政治性について論じている（高田宏一九七八年、安田敏朗二〇一八年など）。

近代国家として歩み始め、欧米列強との不平等条約改正を進めたい明治日本にとって、『言海』は待望の著作だった。そしてそれを成し遂げた文彦は「国語学者」としての名声を得ていくのである。

五　考証と顕彰――歴史研究の目的――

著述の傾向・時期区分

ここまで概観したように、文彦の業績の中で特筆すべきは国語学の分野である。先見性のある業績の一方、その端々に江戸大槻家としての自負や仙台藩・伊達家への追想も見え隠れする。また英学修行で培われた知識教養、彼の幅広い興味関心を示すかのように、他分野でも多様な著作を残した。その一つが本章で取り上げる歴史研究である。小岩弘明氏は文彦の著述傾向を四区分し、その推移を明らかにした（小岩弘明―一九九八年）。これを簡単に整理すると、幕末維新期から『言海』完成の明治二十四年（一八九一）までの第一期、宮城県尋常中学校長として仙台に赴任した第二期（明治二十五年（一八九二）から二十八年（一八九五））、仙台から東京に転居し『大言海』編纂に踏み出すまでの第三期（明治二十八年から明治四十五年（一九一二））、『大言海』の編纂に注力した第四期（明治四十五年以降）となる。小岩氏によると文彦の著述活動は社会状況や職務などの影響を受け、最初の著作である『北海道風土記』や『琉球新誌』、『小笠原島新誌』など、当時の対外情勢を反映した地誌から始まって、翻訳本や国語、歴史と広がりを見せる。そして、『大言海』編纂の影響もあってか、第四期には極端に数が減少する傾向にあるという。

このうち歴史研究については、慶応二年（一八六六）に「北条氏論」（『復軒文草』初篇所収）、明治八年（一八七五）刊行の『万国史略』巻三皇国之部、明治十五年刊行で教科書として広く用いられた『日本小史』などの第一期から、大正八年（一九一九）に蘭学者青木昆陽の事歴をまとめた「昆陽先生事歴」（『三田評論』第一八号）など第四期まで継続している。郷土史に関する論考は、第一期から『洋々社談』に、伊達政宗や仙台藩の御家騒動・寛文事件（伊達騒動）に関する論考を寄せているが、傾向としては仙台に赴任した第二期から増えている。文彦がその生涯にわたって、歴史に対して深い関心を懐いていたことが知られる。ここでは大槻家が連なる葛西氏にまつわる著述、撰文、紀行から歴史研究の一端を探ってみよう。

葛西氏の系譜考証

文彦が生を受けた江戸大槻家は祖父玄沢に始まるが、その血脈は文治五年（一一八九）奥州合戦ののち、奥州総奉行として奥州の軍事・警察権を掌握した葛西清重《かさいきよしげ》にまで遡る。文彦はこの由緒を尊び、系譜の考証や顕彰活動に努めている。幕末期に使用した平新吉、あるいは千葉新吉という偽名、「おくがき」のなかで「平　文彦」と称したのも葛西氏の本姓が平氏であること、大槻氏の祖である泰常が千葉四郎兵衛と称したことに由来する。

はじめに文彦が明治十七年（一八八四）に編んだ「大槻氏略系」から、大槻氏の動向を紹介しよう。この略系は文彦が父磐渓の年譜をまとめた『磐翁年譜』に掲げられている。大槻家は清重を高祖、その孫清次を鼻祖とする寺崎氏系で、五世清義の時に葛西宗家に従って陸奥国桃生郡《ものう》（現宮城県石巻市）に移り、一二世明清が磐井郡楊《よう》生城（現岩手県一関市）へ来住、そして千葉とも称していた一四世泰常《やすつね》が金沢村（現一関市花泉町）飯倉館《いいくらだて》に居を構えた。この館には大きな槻の木があったことから、里人が大槻殿と呼んだと伝える。泰常は葛西晴信のもと、采地《さいち》一〇万刈を領していたが、天正十八年（一五九〇）、豊臣秀吉の奥羽仕置によって主家と共に没落、やがて葛西・大崎一揆に身を投じて桃生郡深谷《ふかや》の地で討死した。子の常範は磐井郡赤荻《あこおぎ》（現一関市）に隠棲、帰農した一七世茂慶に至って仙台藩大肝《おおきも》入《いり》職となり以下明治まで世襲している。文彦の家系は二〇世玄梁《げんりょう》が別家して一関藩医となり、子の玄沢が出府し杉田玄白に入門、やがて仙台藩に移籍して定府《じょうふ》となり江戸大槻家として文彦に至るのである。清重から数えると文彦は二三世、泰常から一〇世孫となる。

明治三十三年に文彦が記した『伊達行朝勤王事歴』は、伊達行朝に関する考証と顕彰を目的としながら、その一節に「葛西武蔵守清貞勤王事歴　附　奥州牡鹿湊吉野先帝碑」（以下、「葛西武蔵守清貞勤王事歴」）が収められている。本節は伊達行朝とともに南朝方として勤王を示したとされる葛西清貞や葛西氏に関する論考である。文彦は『吾妻鏡』や白河文書などさまざまな資料を用いて考証を加えており、現代の研究において否定されている箇所も多いが、近代における本格的な葛西氏研究の嚆矢と評価されている（入間田宣夫―二〇〇一年、小岩弘明―二〇〇一年）。『伊達行朝勤王事歴』に掲げられた「例言」と「引用書目」によると文彦は、相馬子爵家・丹羽子爵家など伊達家以外の旧藩主家や東京帝国大学などの所蔵史料も駆使している。それを可能としたのは、『言海』をはじめとする国語学の業績に裏打ちされた学識とみてよかろう。

また、大槻家蔵の『奥州葛西記』なども活用している。文彦の雑記帳である『復軒雑記』によると、明治二十四年（一八九一）十月頃の家蔵書数は八三七六冊に及んだ。蘭学者であった祖父玄沢には、先に述べた『金城秘韞』以外に、文化十四年（一八一七）に大槻宗家から送られた土器について、各地の事例を集めて論じた『伊波比倍考証《いわいべこうしょう》』（早稲田大学図書館所蔵）、文政八年（一八二五）に大槻泰常などの事跡を中心にまとめた『家譜書出草案』があり、蘭学の傍ら古器物や家史をはじめとする歴史分野に関心を寄せていたことが知られる。また、父磐渓も別号として愛古堂《あいこどう》を称し、近世初期の武将達の逸話を平易な漢文で記した『近古史談』を著すなど歴史への造詣があったから、歴史分野の書籍が所蔵されていたことは疑いない。国語学の業績や学問の家としての蓄積が、文彦の歴史研究を可能とした側面があったのである。

文彦は「葛西武蔵守清貞勤王事歴」のなかで、諸家に残された系図類のうち、仙台藩に仕官した仙台葛西家伝来の仙台葛西氏系図が信頼に値すると評価した。文彦は採録した系図の前文に「奥州葛西氏ノ系譜ヲ索ムル事、三十餘年ニシテ」と記しており、明治維新前後から葛西氏研究に関心を抱いていたことが知られる。ただ注意したいのは文彦に先立って、大槻宗家でも系譜調査が行われていたことである。玄沢の叔父である清慶《きよよし》は、磐井郡とその周辺から大槻家にまつわる系図や古文書、諸記録を収集しまとめている（八巻一雄―一九七五）。その成果を仙台藩士で天文生の佐《さ》竹義根《たけよしね》に考証を依頼するなどして、仙台葛西氏系図を正系と認めている。大槻宗家の系図類は文彦の系譜考証にも使用されており、文彦の系譜考証は江戸時代の成果を受けてのものであった。

葛西清重・大槻泰常の顕彰

また、系譜の考証に留まらず探求の成果は顕彰活動にも生かされた。祖先の縁地への建碑である。明治三十二年（一八九九）には、現在の東京都葛飾区にある超越山西光寺に葛西清重の墓標を建立した。この寺は清重の居館を寺としたという縁起を持つ古寺で、木造の清重像が安置され、清重墓の伝承地も近隣に所在する葛西氏とゆかりの深い寺院である。墓碑の裏面には文彦撰の銘文があり、その最後に住職である葛西覚正と連名で「二十三世孫文学博士大槻文彦　建」と記されている。文彦と西光寺との交流の端緒は清重像や墓の伝承地の存在が関係しているとみられ、『復軒雑記』巻一によると「大槻氏略系」を編んだ明治十七年に西光寺を訪れている。明治三十三年には住職から請われて、『天台宗超越山西光寺略縁起』を草し、その最後を「旧仙台藩士　大槻文彦謹記」と締め括っている。

加えて大正三年（一九一四）十二月三日、家祖大槻泰常が館を構えた金沢村飯倉館に「大槻但馬守平泰常館址」、四日、泰常が命を落とした桃生郡須江村糠塚（石巻市）の地に「大槻但馬守平泰常殞命《いんめい》地」を建てた。双方とも「十世孫　文学博士　大槻文彦謹記」と締め括っている。建立にあたっては文彦が現地に赴き、その際の紀行文である「宮城岩手建碑行」を残している（大槻文彦―一九三八年）。それによると両地に碑を建てることは多年の志であったという。

文彦は明治三十二年六月～八月にかけて相馬、仙台、一関（山目・瀧沢・薄衣《うすぎぬ》・千厩《せんまや》・金沢《かざわ》）、平泉、仙台、盛岡、水沢、一関（山目）、佐沼《さぬま》、登米《とよま》、須江村を含む石巻周辺、涌谷周辺を旅した（小岩弘明―二〇一七年）。この時初めて金沢村飯倉館を訪れた文彦は、その紀行文に「此地ヲ見ント希望セシ事三十余年、今日始メテ志ヲ達スル事ヲ得タリ、我宗族中百五十余年来此地ニ来リシハ我ノミナルベシ」と感慨を記している。また、この旅のなかで文彦は各所で葛西氏に関する講演や資料調査、聞き取りを行っている。例えば盛岡では「南北朝時代奥州勤王大名」と題した講演、盛岡葛西氏と江刺《えさし》氏の系図を閲覧している。佐沼（現宮城県登米市）では佐沼城の戦いに関する史跡を尋ね、奥羽仕置まで葛西氏の本拠地であった登米（現登米市）では、葛西氏に関する講演、葛西氏の菩提寺であった龍源寺などでの資料調査、伝承の聞き取りを行った。これらは翌年の「葛西武蔵守清貞勤王事歴」に反映された。旅行は資料収集の格好の機会だったのである。この旅行で文彦は、寛文事件に関する資料も収集しており、その成果は明治四十二年（一九〇九）刊行の『伊達騒動実録』に生かされた。

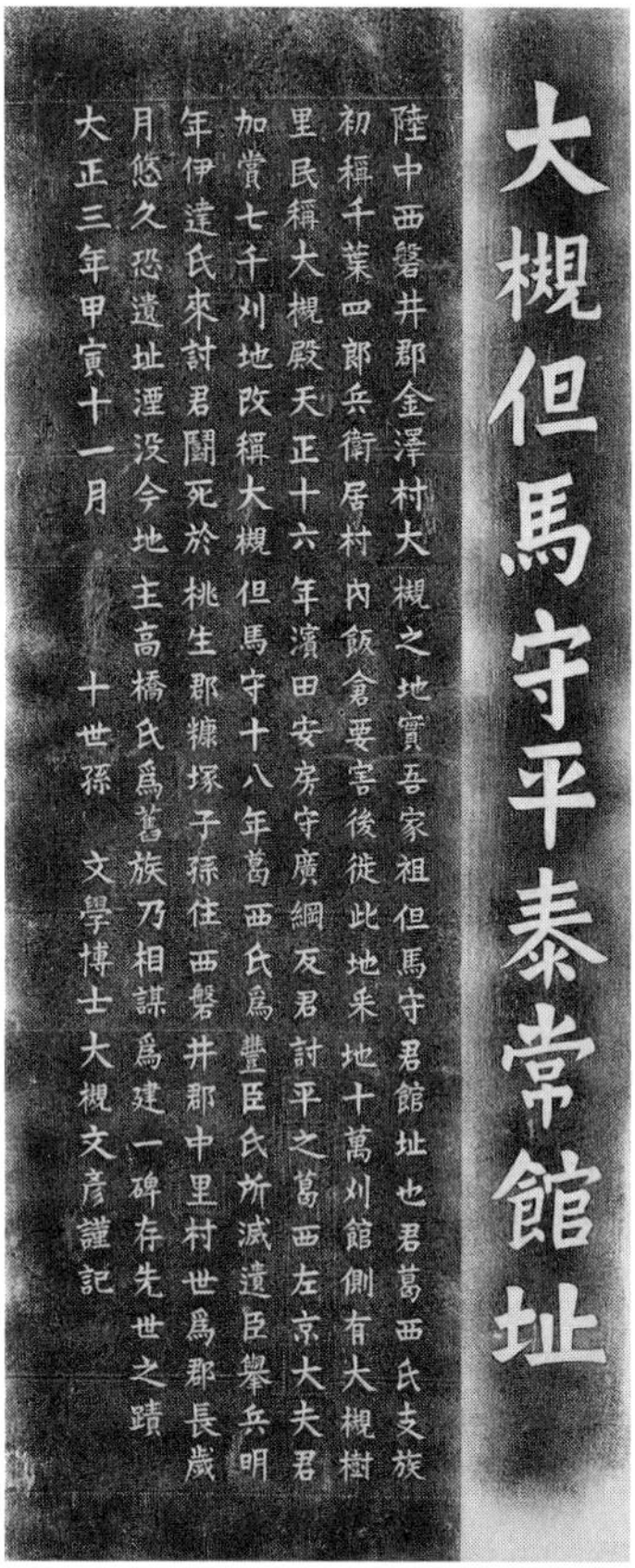

図4　「大槻但馬守平泰常館祉」石碑拓本　大正3年（1914）建立
葛西氏は豊臣氏によって滅ぼされ、泰常は伊達氏によって討たれたと記す。「大槻但馬守平泰常殞命地碑」は、加えて豊臣秀次の命で、伊達氏が泰常らを切ったとする。両碑とも政宗の名前は記さず、豊臣氏に命令の主体が置かれている。

話を石碑に戻そう。興味深いのは両碑ともに、泰常が落命する経緯を説明するなかで、伊達氏に言及している点である。豊臣政権による葛西氏の改易から、葛西・大崎一揆の鎮圧に至るなかで伊達政宗は大きな働きを見せている。一揆の最終盤である天正十九年（一五九一）七月、最大の激戦である佐沼城の戦いののち、寺池城に移った政宗は、一揆勢の降伏を受け入れ、豊臣秀次への助命の取りなしを一揆勢に約束、その上で、桃生郡深谷に参集させた。しかし秀次は助命を認めず、政宗は秀次の命に従って一揆勢を切った。泰常は切り捨てられた一揆勢のなかにいたのである。事実関係だけであれば、政宗は泰常の仇となるわけである。ただそう簡単ではない。先に確認したように、文彦にとって伊達家、政宗に始まる仙台藩という枠組みは、その生涯にわたって意味を持ち続けていた。加えて文彦は宮城県における伊達政宗顕彰にもかかわっていた（栗原伸一郎―二〇一七年ａｂ）。文彦のなかに葛西清重以来の系譜意識と伊達家を頂く仙台藩士・「旧臣」としての意識は併存しうるものであったのである。

家宝「葛西清重夫妻肖像」

文彦が葛西氏研究に傾けた熱意を示すかのように、一関市博物館所蔵の大槻家関係資料内には「葛西武蔵守清貞勤王事歴」のために収集されたとみられる資料や大槻宗家に伝来された「葛西晴信黒印状」（天正十六年五月三日付大槻泰常宛）の写しなどが残されている。そのなかで最も大切にされた家宝のひとつともいうべき資料が、「葛西清重夫妻肖像」である。

この一幅を文彦が入手したのは、明治二十三年（一八九〇）八月十八日のことであった。軸の上巻部分には、「葛西三郎清重君及室君法体肖像　土佐光輔筆　大槻氏伝家宝蔵　不肖遠孫　文彦謹題」とある。入手経緯は、『復軒雑記』巻二所収の「顚末記」に詳しいが、江戸で辻番所の人入れ請負人をしていた板橋佐五兵衛から購入した。板橋氏は清重の父祖豊島常家の男康家に連なる家系で、代々本陣を営んだという。

文彦は明治九年（一八七六）にこの資料を知り、複数回交渉を試みたもののうまくいかず、二十三年に「美術協会ノ絵画展覧」に売りに出されているのを兄如電から伝えられ、すぐさま交渉入手した。先に確認したように、明治二十三年は刊行が遅延しながらも『言海』の出版が続く時期であった。困難な状況のなかようやく入手できた喜びを文彦は、「己レ大槻家正シク奥州葛西氏ノ末葉ニテ十余年望ヲカケツル高祖ノ像ノ今斯ク入手セル事、冥々ノ中ノ高祖霊感出デシナラム、今日午後五時許ニコレヲ獲テ、即チ香ヲ羹シ神酒ヲ献ジ謹デ拝スル事数刻セリ、ヤガテ母君姉君妹妻共ニモ拝セシナス、アハレ王父先考ノオハシマサムニハ如何《イカ》バカリ感涙モシタマフラン、アナ嬉シノ事ヤ悲シノ事ヤ」と記している。文彦は姪の森鑛《もりこう》にこの肖像を模写、制作当初の色合いを念頭に着色させた摸本一幅を西光寺に奉納している（小岩弘明―二〇〇一年、二〇〇七年）。この資料こそ、葛西氏に連なる大槻家を象徴する資料であった。

おわりに

近代の国語史に多大な功績を残した文彦だが、その基礎には青年期の英学修行や幕末維新期の経験が生かされていた。また興味深いことにその精神には、葛西清重以来の系譜意識と伊達家を頂く仙台藩士としての意識が併存していた。加えて彼の著作の端々には、父祖に対する畏敬の念をうかがうことができる。

稿本『言海』第三巻（宮城県図書館所蔵）のおわりには、明治二十四年（一八九一）三月のこととして、「同月廿一日第四冊印刷製本成リ、二十二日内務省へ納本ス、コレヲ大団円トス、製本ヲ祖霊ニ供シテ一拝ス」とある。編纂途中の明治十一年（一八七八）に父磐渓を亡くし、一六年にも及ぶ編纂事業を精神的に支えたのは祖父玄沢の遺誡であった。新時代に求められた『言海』編纂の最後に、祖霊に対して祈りが捧げられているのは大変興味深い。また文彦は兄の如電と共に父磐渓の二〇回忌を期して、明治三十年六月十二日から三日間にわたって、上野公園美術協会列品館で開催した愛古堂蔵品展覧会をはじめとして、大槻家に残された資史料の展覧会を開催し、父祖の顕彰に努めている。

祖父玄沢をはじめとする蘭学・洋学の知脈に文彦自身を位置付けること、そして葛西氏に連なる大槻家の系譜を、考証・顕彰するのが歴史研究の大きな目的であった。ある意味で言えば、歴史研究は文彦の精神を陰ながら支えた一分野といえるかもしれない。加えて『言海』をはじめとする国語学の業績とその学識は、さらなる著述の機会をもたらすことになった。本章で取り上げた支倉常長・伊達行朝・葛西清貞は、文彦の考証・顕彰の甲斐もあり、大正十三年（一九二四）の皇太子成婚に際して贈位を受けた。そしてこの時、敬愛する父磐渓も従五位を贈られた。文彦の喜びはいかほどであったろうか。

もちろん文彦の歴史研究は、本章で取り上げたものに限定されない。例えば古代東北史に関する「陸奥国遠田郡小田郡沿革考」（『宮城県教育雑誌』第七〇号・明治三十四年（一九〇一））や「日本黄金始出地碑」（明治四十一年撰文）などである。また、史料に基づいた考証を是としながらも、顕彰を目的のひとつとしていたこともあって、現在の研究水準では問題のある箇所も存在する。それを差し引いても、明治二十年（一八八七）に水沢（岩手県奥州市）を訪れたときに発見、紹介した陸奥国宮城郡の領主留守氏の先祖書「余目氏旧記」は、中世東北史研究における重要史料であるし、『伊達騒動実録』は現在においても寛文事件の基礎資料集としての輝きを失っていない。顕彰としての側面も踏まえつつ、文彦の歴史研究を評価する必要があろう。文彦の歴史研究や系譜意識と明治期のナショナリズムとの関係を考察することも課題である。

明治という新時代に国語の確立という側面から国づくりに貢献した文彦であったが、その精神は自家の歴史や旧藩意識に支えられた側面が多分にあったのである。偉大な国語学者の源泉には英学や幕末維新期の経験があり、歴史研究は彼の自己認識を補完する営みであった。

参考文献

阿曽歩「大槻平泉の対外認識―『経世体要』にみる内憂と外患」浪川健治編『十八世紀から十九世紀へ』清文堂出版、二〇二一年
有馬成甫『人物叢書8　高島秋帆』吉川弘文館、一九八九年
石川謙『日本学校史の研究』日本図書センター、一九七七年
板橋区立郷土資料館編『高島秋帆　西洋砲術家の生涯と徳丸原』板橋区立郷土資料館、一九九四年
一関市博物館編『大槻磐渓―東北を動かした右文左武の人―』一関市博物館、二〇〇四年
一関市博物館編『塵も積もれば』一関市博物館、二〇〇六年
一関市博物館編『大槻玄沢生誕二五〇年 GENTAKU―近代科学の扉を開いたひと―』一関市博物館、二〇〇七年
一関市博物館編『ことばの海　国語学者大槻文彦の足跡』一関市博物館、二〇一一年
犬飼守薫『近代国語辞書編纂史の基礎的研究『大言海』への道』風間書房、一九九九年
入間田宣夫「葛西氏研究の成果と課題」『源頼朝と葛西氏』葛飾区郷土と天文の博物館、二〇〇一年
鵜飼幸子「養賢堂の学制改革について―桜田欽斎、志村篤治の反論を中心に―」仙台市博物館編『仙台市博物館調査研究報告書』二号、
　仙台市博物館、一九八二年
大分県立先哲資料館編『大分県先哲叢書　前野良沢　資料集　第二巻』二〇〇九年
大藤修『仙台藩の学問と教育―江戸時代における仙台の学都化―』大崎八幡宮、一九九九年
大島英介『槻弓の春　大槻玄沢の横顔』岩手日日新聞社、一九九九年
大島英介『大槻磐渓の世界―昨夢詩情のこころ―』宝文堂、二〇〇四年
大島晃一「『蘭学階梯』の諸本」一関市博物館編『はるかなるヨーロッパ』一関市博物館、二〇〇〇年
大槻如電『第五浅草文庫古板書目』識、一九〇五年
大槻如電『新撰洋学年表』一九二七年
大槻如電「磐水事略」一九一二年、「磐水存響」所収

大槻如電・文彦述、大槻茂雄編『磐渓先生事略』一九〇八年
大槻磐渓『昨夢詩暦　上・下』玉山堂、一八七一年
大槻磐渓『西遊紀程　乾・坤』一八三一年
大槻文彦『復軒旅日記』冨山房、一九三八年
大槻文彦『磐翁年譜』一八八四年
大槻茂雄『磐水存響』思文閣出版、一九九一年
大槻茂雄編・大槻清彦補「復軒先生伝記資料」山田俊雄編『図録日本辞書　言海』大修館書店、一九八〇年
岡部幹彦「亜欧堂田善の実用銅版画と松平定信」『福島県立美術館研究紀要』三号　福島県立美術館、一九八八年
片桐一男『蘭学、その江戸と北陸』思文閣出版、一九九三年
片桐一男『書誌書目シリーズ81　未完蘭学資料の書誌的研究Ⅱ』ゆまに書房、二〇〇六年
亀田次郎「蘭学階梯及和蘭語法解の原刊本に就て」『書物礼賛7』杉田大学堂書店、一九二七年
川崎ミチコ「敬惜字紙について」『東洋思想文化2』東洋大学文学部、二〇一五年
川村博忠『江戸幕府の日本地図』吉川弘文館、二〇〇九年
川村博忠『江戸幕府撰日本総図の研究』古今書院、二〇一三年
菊池勇夫「文化五年の仙台藩蝦夷地警固―派遣の実態と人命喪失―」『北の歴史から』八号、『北の歴史から』編集室、二〇二三年
菊池俊彦解説「江戸科学古典叢書31　紅毛雑話／蘭畹摘芳」恒和出版、一九八〇年
朽木昌綱『西洋銭譜』松本善兵衛ほか、一七八七年
工藤宜『江戸文人のスクラップブック』新潮社、一九八九年
栗原伸一郎「大槻文彦と伊達家爵位昇進運動」『宮城県公文書館だより』三〇、宮城県公文書館、二〇一六年
栗原伸一郎「伊達政宗の顕彰と青葉神社」『市史せんだい』二七、仙台市博物館、二〇一七年a
栗原伸一郎「宮城県知事の伊達政宗顕彰」『宮城県公文書館だより』三四　宮城県公文書館、二〇一七年b
栗原東洋『印旛沼開発史　第一部上巻』印旛沼開発史刊行会、一九七二年
小岩弘明「大槻文彦における著述傾向の推移」『一関市博物館研究報告』一号　一関市博物館、一九九八年

小岩弘明「二十三世孫大槻文彦―葛西清重夫妻肖像と西光寺の関わりのなかで―」『源頼朝と葛西氏』葛飾区郷土と天文の博物館、二〇〇一年
小岩弘明「『言海』刊行遅延の謝辞と「ことばのうみのおくがき」について」『一関市博物館研究報告』七号　一関市博物館、二〇〇四年
小岩弘明「大槻文彦「日本文典」立案過程の痕跡（その二）」『一関市博物館研究報告』八号　一関市博物館、二〇〇五年
小岩弘明「大槻磐渓の西遊に際して―人々の思いと目的の西検証―」『一関市博物館研究報告』九号　一関市博物館、二〇〇六年
小岩弘明「二つの葛西清重肖像―大槻文彦と西光寺をめぐって―」『葛飾区郷土と天文の博物館紀要』一一号　二〇〇七年
小岩弘明「大槻磐渓作成の貼り交ぜ帳について」『一関市博物館研究報告』一〇号　一関市博物館、二〇〇七年
小岩弘明「大槻文彦の英学修行と戊辰戦争―その青年期を再検証する―」『一関市博物館研究報告』一一号　一関市博物館、二〇〇八年
小岩弘明「大槻文彦「言海」宅下一件―辞書編纂に寄せる思いと幻の草稿を追う―」『一関市博物館研究報告』一六号　一関市博物館、二〇一三年
小岩弘明「大槻文彦自筆履歴書―大槻家寄贈資料から―」『一関市博物館研究報告』一七号　一関市博物館、二〇一四年
小岩弘明「大槻如電著述目録」『一関市博物館研究報告』一九号　一関市博物館、二〇一六年
小岩弘明「大槻文彦の一関「帰省」―旅行記を読む―」『一関市博物館研究報告』二〇号　一関市博物館、二〇一七年
小岩弘明「大槻文彦稿「大槻民治ノ逸話」」『一関市博物館研究報告』二六号　一関市博物館、二〇二三年
国民文庫刊行会編『国訳大蔵経　論部　第四巻』国民文庫刊行会、一九三六年
後藤斉「洋学者としての大槻文彦」東北大学大学院文学研究科講演・出版企画委員会編『ハイブリッドな文化』東北大学出版会、二〇一九年
斎藤信「前野良沢の『蘭訳筌』について」『名古屋市立大学教養部紀要』一六　人文社会研究／名古屋市立大学教養部編、一九七二年
財団法人開国百年記念文化事業会編『明治文化史』第九巻音楽・演劇編、一九五四年
佐藤昌介著『洋学史論稿』思文閣出版、一九九三年
椎名仙卓『明治博物館事始め』思文閣出版、一九八九年

品川区立品川歴史館編『品川御台場―幕末期江戸湾防備の拠点―』品川区立品川歴史館、二〇一七年
清水光明「寛政改革から「大御所時代」へ」荒木裕行・小野将編『日本近世史を見通す』3、吉川弘文館、二〇二四年
杉田玄白『蘭学事始』一八六九年（杉田玄白著・緒方富雄校註『蘭学事始』岩波文庫、一九五九年）
杉本つとむ『江戸時代　蘭語学の成立とその展開Ⅱ―蘭学者による蘭語の学習とその研究―』早稲田大学出版部、一九七七年
杉本つとむ他『大槻玄沢・志村弘強編　環海異聞　本文と研究』八坂書房、一九八六年
仙台郷土研究会編『新版　仙台藩歴史用語辞典』仙台郷土研究会、二〇一五年
宗田一解説「江戸科学古典叢書32　六物新志・稿／一角纂考・稿」恒和出版、一九八〇年
相馬美貴子「大槻玄沢「文化九年入奥紀行」について」『一関市博物館研究報告』二八号　一関市博物館、二〇二三年
高田宏『言葉の海へ』新潮社、一九七八年
田鍋桂子「大槻文彦と『言海』編纂　新資料「言海跋」と「ことばのうみ　の　おくがき」を通して」岩下哲典編著『「文明開化」と江戸の残像　一六一五～一九〇七』ミネルヴァ書房、二〇二二年
中田勇次郎編『日本の篆刻』二玄社、一九六六年
沼田次郎・松村明・佐藤昌介校注『日本思想大系64　洋学　上』岩波書店、一九七六年
福岡県編『史跡名勝天然記念物調査報告書　第十二輯』福岡県、一九三七年（覆版　福岡県文化財資料集刊行会、一九七六年）
穂積諭吉「大槻如電翁」『風流』創刊号、一九六七年
松崎慊堂『慊堂日暦6』平凡社、一九八三年
森弘子・宮崎克則『鯨取りの社会史―シーボルトや日本の学者たちが見た日本捕鯨―』花乱社、二〇一六年
宮崎道生『新井白石の研究』吉川弘文館、一九五八年
屋名池誠著『横書き登場―日本語表記の近代―』岩波新書、二〇〇三年
山形敞一「佐々木中沢と大槻玄沢」『日本医史学雑誌』二三巻　一号、一九七八年
山形敞一「佐々木中沢と佐々木朴庵」『日本医史学雑誌』二一巻　一号、一九七五年
山口昌男「街のエンサイクロペディスト大槻如電と石井研堂」『ＮＨＫ人間大学』、一九九七年
安田敏朗『大槻文彦『言海』辞書と日本の近代』慶應義塾大学出版会、二〇一八年

八巻一雄「大槻清慶：学者一族大槻家の源流」岩手史学会編　『岩手の歴史と人物』熊谷印刷出版部、一九七五年
洋学史研究会編『大槻玄沢の研究』思文閣出版、一九九一年
吉田厚子「青木昆陽の『阿蘭陀文字大通辞答書』と『和蘭文字略考』について―成立年代を繞って―」洋学史研究会『洋学史研究』三　一九八六年
早稲田大学資料影印叢書『大槻玄沢集Ⅰ～Ⅴ』早稲田大学出版部、一九九四～一九九六年

執筆者紹介（生年／所属）―執筆順

相馬美貴子（そうま　みきこ）　一九六四年生まれ／一関市博物館
小岩弘明（こいわ　ひろあき）　一九五八年生まれ／一関市博物館
岡部幹彦（おかべ　みきひこ）　一九五三年生まれ／元文化庁文化財部美術学芸課
菊池勇夫（きくち　いさお）　一九五〇年生まれ／一関市博物館（館長）
髙橋　紘（たかはし　こう）　一九九〇年生まれ／芦東山記念館

学問の家 大槻家の人びと
玄沢から文彦まで

二〇二四年（令和六）十一月一日 第一刷発行

編 者 一関市博物館

発行者 吉川道郎

発行所 株式会社 吉川弘文館
郵便番号一一三―〇〇三三
東京都文京区本郷七丁目二番八号
電話〇三―三八一三―九一五一〈代〉
振替口座〇〇一〇〇―五―二四四番
https://www.yoshikawa-k.co.jp/

印刷＝株式会社 三秀舎
製本＝株式会社 ブックアート
装幀＝河村 誠

ISBN978-4-642-08458-1